지식의 생산

-사회과학 연구의 과제

The Production of Knowledge

The Challenge of Social Science Research

William H. Starbuck
김주엽 옮김

지식의 생산

원서명 | The Production of Knowledge
(The Challenge of Social Science Research)
지은이 | William H. Starbuck
옮긴이 | 김주엽
펴낸이 | 한헌주
펴낸곳 | 도서출판 **경문사**
등　록 | 1995년 11월 9일 제300-1995-138호
주　소 | 서울특별시 서대문구 독립문로 21-9
전　화 | 738-7035(대표)
FAX | 722-4678
e-mail | kmsp@korea.com
홈페이지 | http://www.kmsp.co.kr

초판 발행 | 2021년 6월 10일

값 **20,000**원
ISBN 978-89-420-0931-2 03300

• 잘못된 책은 교환해 드립니다.

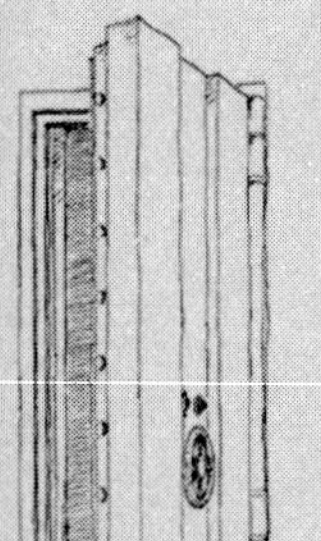

| 추천의 글 |

이 책은 사회과학자들이 학술적으로 누리고 있는 안락한 관습들을 향해 던지는 희귀하고도 용감한 도전이다. 현재의 사회과학의 실제에 대한 깊숙한 애정을 그것의 우상파괴와 결합하고 있는, 반항과 변호, 개혁에 관한 책이다. 이 책의 주장, 그리고 분명하면서도 상쾌한 문체는 독자들에게 주목하라고 요구하고 있는데, 전 세계적으로 사회과학과 경영학 박사과정 프로그램에 한 자리를 차지할 만한 가치를 가진다.

Andrew M. Pettigrew, FBA, School of Management, University of Bath

학제적 문제들을 해결하고, 사회과학을 좀 더 효과적인 것으로 만드는 일에 관심이 있는 학자들, 대학원생들, 그리고 사려 깊은 컨설턴트들은 마땅히 이 흥미진진한 책을 읽어야만 한다. 핵심주제는 "환멸 속으로의 여행" 속에 유려하게, 그리고 분석적으로 제시되어 있다. 그런 다음, Starbuck 교수는 우리에게 "희망의 여행"을 떠나는 데 도움을 줄 수 있는 권고들을 제공해준다.

Chris Argyris, James Bryant Conant Professor Emeritus, Harvard University and Director of the Monitor Group, Cambridge, Massachusetts

'이 뛰어난 책은 모든 사회과학을 통틀어서 가장 독창적인 정신세계를 대변하는 것들 중 하나로, 과학을 좀 더 나은 것으로 만드는 방법을 제시한다. Bill Starbuck 교수는 진정한 학자들이란 단지 그들의 결과물뿐만이 아니라, 투입물에 의해서도 정의되는 사람들이라고 주

장한다. 그의 자서전적인 글(제2장과 제4장) 속에서 찾을 수 있는 투입물들은 사회적 복잡성을 이해하기 위해서 우리가 사용하는 도구들을 날카롭게 벼리는 데 필요한 교훈 (제3장과 제5장)으로 전환되고 있다. 이 책은 학술적 장인의 솜씨를 그것을 개선하는 심오한 지침들과 함께 살려내고 있는 의미심장한 삽화다!'

Karl E. Weick Rensis Likert Distinguished University Professor of Organizational Behaviorand Psychology, University of Michigan

Bill Starbuck 교수는 40여년에 걸친 자신의 연구와 교육의 삶을 매력적으로 설명하는 속에서, 방대한 양의 조직 연구에 대해 독창적이면서, 면도날처럼 날카롭고, 때로는 무지막지한 비판을 가한다. 동시에 그는 조직에 관한 지식을 좀 더 유용하고 집적적인 것으로 만드는 방법에 이르는 길을 제안한다. 이 책은 조직을 연구하고자 원하는 사람이라면 누구나 반드시 읽어야할 필독서로, 우리 학문의 고전이 될 것이다.

Danny Miller, Rogers-J.-A.-Bombardier Chair of Entrepreneurship, Hautes Etudes Commerciales, Montréal

| 역자 서문 |

이 책은 발간되지 않은 것을 포함해서 내가 네 번째로 행하는 번역작업이었다. 이 작업을 하면서 다시 한 번 내가 다짐하고 다짐했던 것은 앞으로 절대로 번역 작업은 하지 않으리라는 마음가짐이었다. 그만큼, 이번 번역 작업은 나에게 심한 자괴감과 좌절감을 거듭해서 안겨주는 지난한 경험이었다. 그러나 이제 이 작업을 끝내놓고서, 긴 한숨과 함께 이 작업이 그럴만한 가치가 있는 것이었음을 확인한다.

독자 제현들을 다 아시겠지만, William Starbuck 교수는 반세기가 넘는 시간을 조직학 분야에서 탁월한 학자이면서 연구자로 활동해오고 있다. 만약, 조직학 분야의 노벨상이 있다면, 누구보다도 먼저 그 상을 받을만한 위치에 있다고 인정을 받는 분이다. 저명한 조직관련 학술지인 *Administrative Science Quarterly*의 편집장과 미국 경영학회장을 역임했으며, New York University 교수를 거쳐, 현재는 University of Oregon(at Eugene) 레지던스 교수로, 아직도 왕성하게 집필 활동을 하고 있다.

그가 2006년도에 집필한 이 책은 말 그대로 한 분야의 거장만이 행할 수 있는 작금의 연구 현실에 대한 신랄한 비판과 함께, 앞으로 우리 후세대 학자들과 연구자들이 마땅히 해야 할 올바른

지식 생산의 길을 제시하고 있다. 번역을 하는 내내, 문장 하나하나가 역자의 폐부를 찌르는 듯 했고, 어느 문장 하나도 허투루 쓰이지 않았다는 생각에 전율하기도 했다. 그래, 이 책 번역하기 정말 잘했다.

그러나 두렵게 고백할 말이 있다. 스타벅 교수의 글이 종종 학문적 깊이가 너무 깊고, 혹은 소위 미국 냄새를 진하게 풍기는 것들도 포함하고 있어서, 이것을 우리말로 만들어내는 일이 정말이지, 어려웠다. 그래서 아마도 번역하는 과정에서 저자의 뜻에서 벗어난, 어리석은 번역들을 종종 하게 되지 않았을까 싶은 것이다. 그건, 역자의 지적 빈약함으로 인해 어쩔 수 없이 빚어질 수밖에 없는 문제로, 그저 선배 동학들에게 엎드려 사죄하는 밖에 다른 길을 알지 못하겠다.

그래도 이 번역 작업을 하면서 크게 하나 자랑할 것이 있다. 실로 모처럼 책 한 권을 처음부터 끝까지, 그것도 네 번이나 읽어냈다는 것이다!

2021년

김주엽

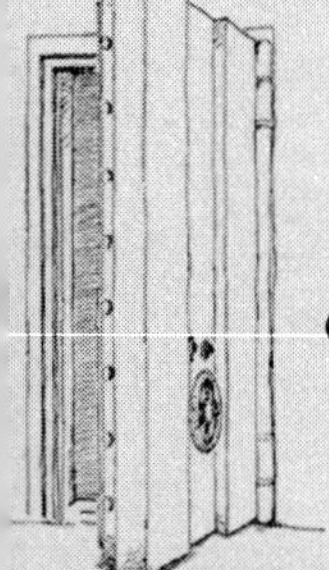

| 차 례 |

The Production of Knowledge

지식의 생산

01

더 나은 사회과학 만들기

13세기에 파리대학교 교수들은 추운 날 밤에 기름을 집 밖에 내어놓았을 때 응고하는지를 알아보고자 했다. 교수들은 이 문제를 조사하기 위한 연구 프로젝트를 시작했다. 그들에게 연구란 아리스토텔레스(Aristotle)의 저작에서 해당 사실을 찾아보는 것을 의미했다. 많은 노력을 기울인 끝에, 교수들은 아리스토텔레스의 글들 속에는 이 문제에 대한 해답이 들어있지 않다는 사실을 알게 되었고, 그래서 이 문제는 답을 얻을 수 없는 문제라고 결론지었다.

이 일화의 중심에 담겨있는 진실은 파리의 교수들이 옳았다는 것이다. 그들이 추종했던 연구 전통 안에서는 그 문제에 대한 해답을 구할 수 없다는 사실 말이다. 연구 책략(research tactics)은 연구가 진행되고 있는 문화에 의해서 형성되는 것이기 때문에, 연구 결과들이 연구 대상인 현상에 대해서보다도 연구자가 채택한 책략(tactics)에 대해서 더 많은 것을 알려주는 일이 흔히 발생하곤 한다. 다른 연구 책략보다 유용한 연구결과를 산출할 가능성이 더 큰 연구 책략들이 존재하기 때문에, 그러한 책략들을 지원하는 문화가 필요한 것은 당연하다. 그러나 모든 연구 책략들은 예외 없이 그 속에 결함들을 포함하고 있으므로, 더 나은 책략을 개발하도록 지원하는 문화 또한 중요한 것이다.

이 책은 저항의 외침, 개혁을 위한 변론, 희망의 표현을 모두 담고 있다. 저항편은 현재 널리 활용되고 있는 많은 연구 책략들이 실제로는 사람들에게 그들 자신과 그들이 처한 환경을 이해하는 데 실질적인 도움을 제공하지 못하고 있다는 주장을 편다. 쓸 만한 지식을 별로 얻지도 못하면서 시간을 축내고 있으며, 특정한 주제를 중심으로 지속적으로 이어지고 있는 연구들은 시간이 갈수록 설명해주는 내용이 줄어들고 있다. 학술지에 게재된 연구들 대부분은 발표 후로 전혀 재생산이 이루어지지 않는 결과들만을 제공하고 있을 뿐이다. 변론편은 대안적 연구 책략이 더 효과적일 수 있다는 주장을 편다. 현재 사용되고 있는 책략이 비효과적이기 때문에, 기존 책략과 다른 대안들을 실험해본다고 해서 손해 보는 일은 거의 없으리라는 것도 분명한 사실이지만, 일부 대안들은 자신들의 가치를 증명해 보이고 있다고 충분히 믿을만한 근거를 보여주고 있다. 희망편은 사회과학자들이 연구를 좀 더 효과적으로 수행하고 싶어 한다는 확신, 그리고 많은 사회과학자들이 현재의 연구 상황에 대해서 불만족스러워하고 있다는 인식에서 출발한다. 개혁이 필요하다고 호소하는 사람들을 포함하여 많은 이들이 그들의 학문 분야 속에 분명하게 똬리를 틀고 앉아있는 냉소주의와 낙관주의에 대해 환멸을 느끼고 있다.

개혁은 광범위한 지지를 필요로 할 것이다. 왜냐하면, 시도조차 해보지도 않은 채 연구를 포기해 온 저 실망한 영혼들을 제외한 나머지 사회과학자들 모두가 사회과학 연구들이 저질러 온 실패에 힘을 보탠 공모자들이기 때문이다. 나 자신도 그러한 실패에 공헌한 사람들 중 하나다. 통계기법을 부적절하게 활용해온 사람들 모두가 '통계적 유의성'이 중요성을 의미한다고 호기롭게 외치는 사람들과 마찬가지로 통계기법을 오용한 책임을 벗어나지 못한다. 회고적 연구를 미래를 예측하는 것으로 해석한 사람들 모두는 사람이나 사회시스템을 안정적이며 반응을 보이지 않는 존재로 가정하고 있는 것이고, 오로지 논리만을 기반으로 연구를 공격하고 있는 사람들은 인간의 생리가 환경의 복잡성보다 우위를 점한다는 게 틀림없다고 주장하고 있음에 다름이 아니다. 논리란 인간생리에 속한 특성 중 하나인 까닭이다. 학술지에 자신의 논문을 투고하는 사람들은 모두가 암묵적으로 그 학술지의 편집 관행을 받아들이는 것으로, 자신의 논문을 질은 낮지만 더 적합한 학술지에 투고하는 것보다 명성이 높은 학술지에 투고하고자 하는 자는 지식의 실질적인 통합보다는 사회적 명성을 얻는 데에 우선순위를 두고 있는 것이다.

이 책의 구조는 꽤나 특이하다고 할 수 있다. 비상식적으로 긴 자서전적 글을 실은 제2장과 제4장 등, 두 장은 내 주장을 요약하고 있는 제3장과 제5장에 대한 서문 역할을 한다. 이 구조는 매우 뛰어난 영국 출신 연구자들이 모여 있는 고급 경영관리원(the Advanced Institute of Management) 소속 연구원들과의 만남에서 비롯된 것으로, 이 연구원들은 그 당시에 출판 준비 중이던 본인의 저서에 관해서 설명해달라면서 나를 초청했다. 내가 당시에 실제로 계획하고 있던 책은 이 책보다 더 막연한 편이었던 데다가, 이야기를 준비할 시간도 며칠밖에 남지 않았기 때문에, 나는 당시에 광범위하게 사용되고 있던 연구 책략에 대해서 불만족스럽게 생각하고 있음을 설명하고, 후에 다시 방문하여 대안 책략이 더 나을 수 있는 이유에 대해서 말할 기회가 있는지 물어보기로 했다. 그 당시 널리 사용되고 있던 연구 책략에 대해서 내 나름으로 생각하고 있던 반박의 틀을 대충 잡은 다음에, 나 자신의 연구 과정에서 경험한 것들 몇 가지를 덧붙여 이야기하는 것이 내가 현재의 연구 책략에 대해 비판적이거나 회의적일 수밖에 없노라는 이유를 설명함에 있어 합리적인 접근방식이 되리라는 결정을 내리게 되었다. 이러한 설명방식이 일련의 연구 경험을 관통하는 자서전적 여행이라는 형식을 취하게끔 했다. 나는 청중들에게 강연에 대한 반응을 물었고, 그들은 내가 택한 자서전적인 접근이 마음에 든다고 말해주었으며, 개선안도 기꺼이 들어보겠노라고 했다. 그래서 변화를 위한 제안들에 관해 설명할 목적으로 두 번째 자서전적 여행편을 마련하게 된 것이다. 그 결과 첫 번째 자서전적 여행은 이 책의 제2장을 구성하게 되었으며, 제3장은 현재 유행을 타고 있는 연구 책략에 대한 반대 의견을 요약하여 제시하는 모습을 갖추게 되었다.

나는 자서전적 사건들에 대해서 내 나름의 해석을 거의 덧붙이지 않고, 있는 그대로 기술했다. 그 결과 본서의 장들은 서로 아귀가 맞지 않는 경험들에 관해서 기술하고 있고, 주제들을 이리저리 건너뛰고 있어서, 결과적으로 여러 범죄들과 용의자들, 그리고 느슨한 단서들로 버무려진 탐정소설 비슷한 것이 되어버렸다. 두 개의 여정을 보고하면서, 시간상의 일관성을 유지하려고 노력했다. 종종 독자들에게 내가 경험한 사건들의 결과에 대해서 논하지 않은 채 지나치기도 했는데, 그 이유는 그러한 결과들이 몇 년 후에나 실현되었기 때문이다. 경험한 것들의 중요성을 그 당시에는 이해하지 못했었기 때문에, 경험한 것들에 함축되어 있는 의미를 이야기하지 않고 지나친 경우도 있다. 독자들 대부분도 그 당시에 내가 그랬듯이 내가 경험한 것들의 무게를 따져보고 싶어 하리라고 생각한다. 한편으로는 정직하고자 했고, 또 한편으로는 나 자신이 모든 해답을 쥐고 있지 않다는 것을 알고 있었기 때문에, 내가 저지른 실수와 오해들을 가감없이 기술하고자 하였다.

두 개의 여정에는 두 요약 장에 제시된 이슈들보다 더 많은 이슈들이 담겨져 있는데, 어떤 이슈들을 다른 이슈들보다 더 강조하고 싶은 것이 주된 이유다. 제3장은 연구자들이 신뢰할만한 지식의 창출을 고취하기보다는 사적으로 도움이 되는 것들을 우선하여 수행하고 있음을 주제로 삼는다. 연구자들은 지식의 존재와 본질에 대해서 서로 다른 견해를 가지고 있기 때문에, 그리고 이미 밝혀진 것이라고 인정되는 것에 대해서도 불확실성을 유지하려는 연구 관행 때문에, 연구 질문들은 끊임없이 이어질 터이고, 모호성에 대해서 마침표를 찍을 일도 일어나지 않는다. 연구자들은 지식보다는 학술지에 논문을 게재하는 일에 더 관심을 집중하기 때문에, 그리고 그들 모두가 새로운 발견을 했다고 주장할 수 있기 때문에, 연구자들의 생산 잠재역량은 무궁무진하며, 마침내는 그들 모두가 도전을 받지 않는 천재가 될 수 있는 것이다. 지식에 기여한 것들은 인간의 신체와 사회시스템들의 특성들을 되돌려 들려주는 것이어서, 거의 모든 연구는 연구자가 연구하는 것에 관해서 보다도 연구자 자신, 그리고 그들이 설정한 가정들을 더 많이 드러내 보여주게 된다. 그 대체적인 결과는 연구가 지식에 대한 순수한 기여의 원천이라기보다 의식화된 연극이 되어버리고 만다는 것이다.

연구자들이 많은 이들을 매우 생산적인 사람으로 보이게끔 만들어주는 사회시스템에 감사함을 느낀다는 것은 이치가 닿는 말이긴 하지만,

그러한 시스템에는 비용이 발생한다. 수십만 명에 달하는 재능있는 연구자들이 지속적 가치를 지닌 지식들을 거의, 또는 전혀 산출해내지 못하고 있다. 그들의 연구가 지닌 유용성이 너무 낮기 때문에, 사회는 그들의 연구에 거의 관심을 기울이지 않으며, 연구자 자신들만의 재미에 빠져 노닥거리는 사람들로 여기고 있다.

많은 연구자들의 관심이 정년보장(tenure)이나 승진과 같은 사회적 목표에 우선적으로 쏠리면서, 연구자들은 애초에 그들을 지금의 직업으로 이끈 이상을 잃어버리고 있다. 일부 연구자들은 그들의 행위가 누구에게도 도움을 주지 못한다는 것을 알고 있으며, 그들 자신 이외에는 어느 누구에게도 책임감을 느낄 필요가 없다고 인식하면서 이기적인 욕구에만 매달리고 있다.

사회과학 연구가 전체 사회에 더 많은 가치를 제공하고, 연구자 자신도 더 나은 대접을 받기 위해서는 연구자들 스스로가 연구 결과의 신뢰성에 대해 더 높은 기준을 설정해야 할 필요성이 있다. 제5장은 연구 결과의 유의성과 신뢰성을 개선할 수 있는 연구 책략에 초점을 맞춘다. 당연히 이러한 책략들이 모든 문제를 해결할 수는 없겠지만, 그 책략들이 누가 연구를 수행했느냐에 덜 의존하는, 좀 더 기본에 충실한 지식을 산출해낼 수 있을 것이다. 이 장에서는 연구자들이 자신의 선입견을 흔들어 스스로의 사고행위에 의문을 던지고, 자연적 실험들을 관찰하고, 상황의 균형상태를 (고의적으로) 깨뜨려서 자신의 지식이 타당함을 증명해 보이도록 노력해야 한다는 주장이 제기된다. 이어지는 절에서는 신뢰할 만하고 탄탄한 지식의 생산을 강조하는 통계 방법에 주목한다. 마지막 장은 지식이라는 것이 본질적으로 인간적이면서 사회적인 것임을 인정하면서, 연구자들에게 우리가 알고 있는 것, 즉 우리가 지금까지 쌓아올린 '사실'들과 그 사실들이 지닌 보편성과 한계에 대해서 합의를 끌어내고자 노력할 것을 촉구한다.

감사의 말

무척 많은 이들이 내 사고행위에 지대한 영향을 미쳤기 때문에 본문을 통해서 그 감사를 표현할 수밖에 없다. 친절하게도 Mikelle Calhoun, Gino Cattani, Roger Dunbar, Alan Meyer, 그리고 Danny Miller 같은 이들이 이 책의 초고에 대해서 값진 제언들을 해주었다.

The Production of Knowledge

02

환멸 속으로의 여행 - 문제의 발견

이 장은 내가 경험한 지적 여행의 한 단면을 서술한 것으로, 연구방법과 관련된 문제, 그리고 주제의 개념화와 관련된 문제들을 노정하고 있는 사건들에 관해 서술하고 있다. 다음의 제3장은 이 여행의 짝을 이루어 보완적 측면을 구성하는 것으로, 이 문제들에 대해 가능한 해결책들을 암시하는 사건들을 서술할 것이다. 때늦은 깨달음 덕분에, 내가 당면했던 일부 문제들에 대해서 처방전을 제시하려고 시도하기에 앞서, 먼저 문제들의 범위에 관해서 서술하는 것이 더 나으리라고 생각했다. 그러나 문제에 초점을 맞추다 보니 이 장이 실망들로 가득한 것이 되어버리고 말았다.

이 글은 개략적으로 사건이 일어난 순서대로 썼다. 연대적인 접근방식을 취하면, 글이 사건 중심적이고 얼마간은 혼란스러운 것이 되고 말겠지만, 단절과 혼돈은 내 여정에 이미 내재된 것이었고, 그런 것들은 많은 독자들도 자신들의 경험 속에서 이미 인식하고 있는 속성일 터이다. 연구자들은 거의 모두가 상이한 주제를 연구하고 상이한 연구방법들을 적용하면서 지적인 여행을 떠돌게 된다. 물론 각자의 여행은 자기 나름의 차별적인 요소들을 지니고 있겠지만, 많은 사회과학자들이 내 글을 읽으면서 유사한 논쟁거리들을 인식할 수 있었으면 한다.

정확히 기술하려고 애는 쓰겠지만, 내 글이 완전히 사실에 기반하고 있다고는 장담할 수가 없다. 연구에 의하면, 어떤 사람도 사건들을 정확히 기억할 수 없다고 한다. 우리의 두뇌는 부지불식간에 사건을 발생 가능한 것으로, 그리고 논리적인 것으로 만들기 위해서 우리의 기억을 바꾸어버리기 때문에, 우리가 기억하는 세세한 부분들은 종종 소설처럼 가공된 것이 되어버리고 만다는 것이다. 난 일기를 쓰는 사람도 아니고, 간직하고 있는 오래된 귀중한 문서들도 별로 없어서, 어떤 날짜들은 추정해서 적었으며, 따라서 기억하는 것들이 시기적으로 뒤섞이기도 했을 것이다. 한마디 덧붙이자면, 다른 사람들이 이 사건들 중 많은 것들을 나와 달리 보았다는 점에서, 그 사건들에 대한 객관적인 사실들은 애초에 존재하지 않았을 가능성도 있다.

2.1 1950년대

대학원 과정과 그 후로 수년 동안, 합리적인 사고야말로 깨달음(understanding)을 생성해내기 위해서 활용할 수 있는 유일한 도구라고 믿고 있었다. 나는 내가 처한 물리적, 사회적 환경이 실재하는 것이라고 믿으면서, 인간과 사회행위의 실체를 이해하고 싶었다. 나는 특정한 법칙들이 인간행동을 지배하며, 연구자들이 이러한 법칙들을 밝혀내기만 하면, 그 법칙들은 물리 법칙이나 화학 법칙처럼 보편적이며 시간을 초월하는 것이 되리라고 생각했다. 그런 법칙들이 심리학이나 사회과학에 희귀한 이유는 그것들의 방법론이 그 기준에 미칠만큼 충분한 엄격성을 갖추지 못하고 있기 때문이라고 생각했다. 나는 수학적 모형이나 컴퓨터 시뮬레이션, 체계적인 실험들에 기반한 진정한 '행동과학'을 창조하는 일에 일조하고 싶었다.

나는 이러한 관점을 고등학교, 대학교, 대학원을 거치면서 습득하였다. 고등학교에 다닐 때부터 나는 과학자, 그중에서도 물리학자가 되고 싶었다. 그래서 나는 대학생 때, 대학원 과정에 개설된 수학이나 전자공학 과목 등을 수강하면서 과학을 공부했는데, 그것들이 물리학보다도 더 재미있었다. 과학 선생들은 수학공식과 체계적 실험의 신뢰성을 강조하곤 했는데, 그 결과 나는 행동연구가 수학이론 측면이나 체계적 실험 측면에서 부족함을 노정하고 있다고 생각하게 되었다.

1950년대 초기에 들어서면서 나는 컴퓨터에 흥미를 느끼게 되었다. 대학에 들어가자마자, Wiener의 *Cybernetics, or, Control and Communication in the Animal and the Machine*(1948)이라든가, Diebold의 *Automation: The Advent of the Automatic Factory*(1952)와 같은 책들을 읽으면서, 컴퓨터에 큰 흥미를 느끼게 되었다. IBM이 연구인력을 채용할 목적으로 하버드 졸업생을 파견했는데, 마침 그때 나는 여름 아르바이트를 구하는 중이었고, 결과적으로 IBM의 첫 번째 대용량 컴퓨터인 the binary 701과 the decimal 705를 제작하는 일에 참여할 수 있었다.

나는 응용수학 전공으로 박사학위를 받을 생각이었지만, 아마도 IBM에서 일하면서 전공이 컴퓨터 설계사로 바뀌었던 것 같다. 그러나 단지 아버지와의 관계를 개선할 목적으로, 카네기 공대(지금의 카네기 멜론 대학교의 공과 대학: 역자 주)에서 산업경영 전공으로 석사학위를 취득하기로 하였다. 내 석사과정 연구는 Dick Cyert와 Jim March가 몇 가지 실험을 수행할 조교로 나를 고용하면서 박사과정으로 이어지게 되었다(Starbuck,1993a). 컴퓨터에 미쳐있던 나는 직접 실험을 수행하는 대신에 실험을 자동적으로 시행하고 자료를 기록하는 전자 장치를 설계했다. Cyert와 March는 내가 박사과정에 진학한다면 학비와 생활비를 제공하겠다고 제안했고, 난 그 제안을 받아들였다.

박사논문 제출 자격시험을 준비하면서, Kelly and Thibaut(1954)가 *Handbook of Social Psychology*에 게재한 소집단 행동에 대한 실험연구에 관한 글을 읽고 완전히 매료되었다. 그들은 멋지게 수백 개의 실험을 통합하고 혼돈세계에 깨달음을 부여했다. 그들의 글은 그 당시에 너무나 혁명적인 것이어서 사회심리학자라면 누구나 읽어야만 했었는데, 그들의 분석이 너무나 인상 깊었기 때문에 난 사회심리학을 전공으로 삼기로 마음먹었다.

박사과정에서 공부하는 동안, Herb Simon(Herbert Simon: 역자 주)이 수학적 모형화의 가치를 지지한다는 소문을 듣고 Alan Newell 교수의 '수학적 사회과학' 과목을 수강하였다. Newell과 Simon은 인간의 문제해결 과정을 모형화한 컴퓨터 프로그램을 작성 중이었고, Cyert와 March는 관리자와 회사의 의사결정 과정을 모방한 시뮬레이션 프로그램을 만들고 있었다. 나는 몇 가지 논문을 써보았는데, 하나는 Koppers 사의 한 부서에 대한 컴퓨터 시뮬레이션을 내용으로 삼고 있었고, 나머지 두 개는 수학적 모형구축을 내용으로 삼고 있었다. 나는 컴퓨터가 대수학보다 이론적 복잡성을 훨씬 더 많이 수용한다고 믿고 있었으며,

당연히 그러한 복잡성이 더 바람직할 뿐만 아니라, 인간과 사회적 행위를 적절하게 기술하는 데 필수적이라는 생각을 가지고 있었다.

*　　*　　*

나는 Herb Simon이 우리에게 수동형 동사를 사용할 것을 권한다는 소식을 들었다. 그 당시에 미국 심리학회(American Psychological Association)의 저자 지침은 1인칭과 2인칭의 사용을 금하고 있었다. 이러한 제한은 과학자는 모름지기 객관적이어야 하며, 개인적인 가치가 연구에 영향을 미치도록 허용해서는 안 된다는 것, 따라서 과학적 저술은 인간적인 냄새를 완전히 제거한 것이어야 한다는 규범이 널리 퍼져있었던 상황에 따른 것이었다. Simon은 수동형 동사를 사용하면 누가 어떤 조치를 했다는 것을 구체적으로 서술하지 않아도 되기 때문에, 그러한 제한은 수동형 동사를 쓰도록 제안하는 것이라고 지적했다. 예를 들어, '나는 클리블랜드에서 자료를 수집하였다.'라고 말하는 대신에, '자료는 클리블랜드에서 수집되었다.'라고 말해야 한다는 것이다. 불과 몇 년이 지나지 않아서, 나는 그러한 글쓰기 행위가 얼마나 해로운 영향을 끼치는지 깨닫기 시작했다.

2.2 1960년대

퍼듀대학교 교수로서 첫 직장생활 시작하고 얼마 되지 않아 처음으로 만났던 동료인 Ed Ames와 Stan Reiter가 그 당시에는 호기심을 자극하는 정도로밖에 여겨지지 않았지만, 25년 넘어 흐른 후에는 내 방법론적 깨달음에 커다란 영향력을 끼친 실증연구 하나를 발표하였다. 한 변수가 시간이 흐르면서 보여주는 연속적인 값들을 '시계열'이라고 한다. Ames와 Reiter는 경제 변수들 사이에 나타나는 상관관계를 이 변수들의 시계열 사이에 존재하는 상관관계를 들여다봄으로써 이해하려고 하는 거시경제학자들의 노력에 대해서 회의적인 시각을 가지고 있었다. 사회학자들은 종종 시계열 사이의 상관관계를 계산하고는 하는데, 한 예를 든다면, 현재 운영 중인 제철공장과 국민총생산 사이의 상관관계 같은 것 말이다. 그러나 대부분의 시계열은 꽤 강한 자기상관관계를 가지기 때문에, 신뢰할 만한 추론을 도출해내는 데에서 의문을 남긴다. 나중 값은 이전의 값과 상관관계, 즉 자기상관관계를 갖게 되는데, 높은 자기상관관계는 아무런 인과관계가 없는 시계열 사이에도 높은 상관관계를 산출해낸다. 결과적으로, 사회과학자들은 시계열들이 직접적인 인과관계를 가지지 않음에도 불구하고, 그 시계열들 사이에서 높은 상관관계를 쉽게 얻을 수 있는 것이다.

Ames and Reiter(1961)는 실제의 사회·경제적 시계열을 연구해서 자기상관관계가 함축하고 있는 실질적 의미를 증거를 통해 보여주었다. 이들은 미국의 역사 통계(*Historical Statistics for the United States*)에서 무작위로 100개의 시계열을 뽑았다. 각각의 시계열은 1929년에서 1953년에 걸친 25년 동안의 것이었다. 일 년을 기준으로 했을 때, 전체 시계열의 5/6에서 0.8 이상의 자기상관관계를 보여주었으며, 자기상관관계의 평균은 0.837에 달했다. Ames와 Reiter가 시계열에서 선형적 추세(linear trend)를 제거했을 때도, 1년을 기준한 자기상관관계 평균은 0.675였다. 자기상관관계는 기간이 늘어나면 상관관계가 있는 값들을 떼어놓기 때문에, 일반적으로 줄어들게 된다. Ames와 Reiter는 3년 기준 자기상관관계가 0.599, 5년 기준치가 0.453임을 발견했다. 0.45의 상관관계라고 하더라도 꽤 강한 유사성을 가지는 것인데 말이다.

이어서, Ames와 Reiter는 무작위로 선택된 시계열 사이의 상관관계를 구해 보았다. 그들은 무작위로 추출한 한 짝의 시계열 사이의 상관관계가 평균적으로 (절대 가치) 0.571에 달함을 발견하였다. 5년 기간을 기준으로 할 때, 무작위로 추출한 짝들의 46%에서 두 시계열 사이의 상관관계는 0.7 이상이었다.

마지막으로, Ames와 Reiter는 당시에 널리 사용되던 높은 상관관계를 가진 시계열 짝을 찾아다니는 연구관행을 시뮬레이션 해보았다. 하나의 시계열을 무작위로 추출해서 목표 시계열로 삼은 다음, 그것과 무작위로 추출한 다른 시계열들과 비교하여 보았다. 목표 시계열의 분산을 50% 이상 '설명하는' 것으로 나타날 정도로 목표 시계열과 높은 상관관계를 가진 시계열을 평균적으로 세 번 만에 찾아낼 수 있었다. 모든 시계열을 선형적 추세를 고려하여 수정했을 때조차도, 평균적으로 다섯 번째 만에 목표 시계열의 분산을 50% 이상 '설명하는' 두 번째 시계열을 구할 수 있었다.

그 당시에는 Ames와 Reiter가 수행한 연구가 지닌 함의를 완전히 이해하지 못했었지만, 경험적 자료로부터 추론해낸 것은 신뢰하기 힘들다는 교훈은 항상 내 경력과 함께 자리했다.

* * *

내가 1960년대에 수행한 연구는 수학적 모형, 실험실 실험, 그리고 컴퓨터 시뮬레이션 등을 내용으로 삼고 있었다. 내 실험은 개인에 의해서 내려지는 선택(현재 행동 의사결정 이론으로 불리는 것), 두 사람 사이의 협상, 그리고 컴퓨터 기반 시장에서 서로 경쟁하고 있는 가상회사를 경영하고 있는 학생팀 등에 집중되어 있었다. 실험연구를 촉진하기 위해서 Vernon Smith와 협력하고 있었는데, 그는 경제행위에 대해서 실험적 접근을 맨 처음으로 시도하고 있었고, 그것으로 나중에 노벨 경제학상을 수상했다. Vernon은 고액의 연구비를 타내기 위해서 나를 끌어들였고, 그와 나는 공동으로 연구기금을 받아서 실험연구를 위한 실험실을 설계하고 건립까지 할 수 있었다(Fromkin, 2969). 나는 실험을 자동적으로 수행하는 독특한 전자 시스템을 고안해내었는데, 내가 박사과정 학생일 때 만들었던 장치를 더 크게 만든, 그 장치의 자식뻘이 되는 것이었다.

실험방법에 대한 열정은 1960년대 중반, 경제 행동에 대한 실험연구 워크숍에 참석한 후에 한풀 꺾이게 되었다. 이 모임의 주최자는 이 모임을 통해 실험 경제학에 관한 관심을 높이고자 하는 의도를 가지고 있었지만, 나에게는 정반대의 영향을 끼치고 말았다. 우리가 토론하고 수행하는 실험들은 실험자를 순수한 마음으로 돕고자 하는 '피실험자'를 보유하게 된다는, 매우 중요한 점을 나에게 일깨워주었다. 기꺼이 돕고자 하는 피실험자는 연구자의 지시에 따르려고 하겠지만, 반대로 실험의 권위를 훼손하려고 마음먹은 피실험자는 매우 용이하게 그 목적을 달성할 수 있는 것이다.

워크숍 주최자들은 자신도 모르는 사이에 잘못 운영된 실험방식의 본보기가 될 만한 사례 하나를 촉발했다. 첫 번째 세션에서 주최측은 참여자들 중 한 사람이 실험을 진행하고 나머지 모두가 피실험자로 참여할 것을 우리를 대신해서 미리 약속했다고 말했다. 몇몇 참여자들은 즉각 자신들의 의도와는 무관하게 참여를 요구받았다는 사실에 대해서 불만을 표시하였다. 실험자는 우리를 세 명이 경쟁하는 집단으로 나누고, 각자는 세 명으로 구성된 시장에서 경쟁 입찰을 시연해주도록 요청했다. 그런 다음, 실험자는 우리에게 지시문을 건네주고 그것을 읽어보라고 했다. 피실험자들이 그 지시문에 대해서 질문을 하려고 하자, 실험자는 무례한 반응을 보이거나 질문을 사소한 것으로 무시했다. 그게 나일지도 모르지만, 누군가가 지시문에 '실험자가 눈치챌만한 결탁행위는 없어야 할 것이다.'라고 씌어 있음을 지적하면서, "이건 우리가 결탁하기를 원하지 않는다는 것을 의미합니까?"라고 물었다. 실험자는 "종이에 쓰여 있는 지시에만 따르시오."라고 대답했다.

기회가 오자마자 '경쟁자' 두 명과 나는 비밀스럽게 모여서 어떻게 하면 실험자가 눈치 채지 못하도록 결탁할 수 있는지에 대해서 상의했다. 우리는 우리 시장에서의 입찰가격은 일정한 간격으로 증가하는 것으로 하고, 정확한 증가액과 경쟁 입찰의 승자는 실험자가 입찰가격을 적어내라고 할 때 그 실험자가 말한 단어의 수와 같이 임의적인 사건에 따라 결정하자고 의견을 모았다. 우리 중 누구도 실험자의 성과 기준에 따라 좋은 성과, 즉 가상의 산업에서 가상의 이익을 얻으려는 마음을 가지고 있지 않았다. 우리 모두는 실험자를 골탕 먹일 수 있었다는 사실에 만족했다. 우리는 나중에 다른 몇몇 조들도 비밀리에 만나서 어떻게 결탁할 것인지를 상의했으며, 조마다 하나같이 실험자의 기대에 반하여 그들이 어떤 행동을 취할 것인가를 인위적인 행동 패턴을 만들어 대신 사용했음을 알게 되었다.

물론 이는 참여를 강요당한 피실험자들에게 무관심으로 일관하고 우쭐대기만 하면서 융통성마저 없었던 실험자 때문에 빚어진 극단적인 상황이긴 하다. 실험자들 대부분은 실험자가 원하는 것이 무엇인지 이해하게 되면 실험자의 지시에 따르고자 노력한다. 그러나 내가 직접 목격했듯이 이 일화는 가장 핵심적인 사항을 강조해 보여준다. 즉, 실험자는 피실험자의 행동을 고도로 통제할 수 있다는 것이다. 만약 실험자가 기꺼이 도우려는 마음을 가진 피실험자들의 호감을 사고, 완전하고 정확한 지시를 내리기만 하면, 피실험자들은 거의가 이러한 지시사항에 따르려고 모든 노력을 아끼지 않는다. 실험자가 애매한 지시를 내리면 피실험자는 자기들이 원하는 대로 행동하게 되고, 따라서 피실험자들은 제각각 행동할 가능성이 크다. 예컨대, 실험자가 피실험자에게 '될 수 있는 대로 많은 돈을 벌어라.'라고 말하면, 거의 모든 피실험자는 돈의 액수가 그들의 관심을 끌만한 액수가 아니라고 해도 돈이 인생의 전부인 양 행동할 것이다. 물론, 실험자는 단계를 밟아 피실험자들이 자신의 지시를 잘 이해하는지를 확인하고, 신중하게 지시사항을 따르도록 동기부여할 수는 있을 것이다. 예컨대, 실험자는 좀 더 많은 액수의 돈을 지불할 수도 있을 것이고, 즉각적으로 현찰을 제공할 수도 있겠으며, 동정심을 유발할 수도 있을 것이다.

몇 해를 지나면서, 나는 정상적으로 수행되는 실험마저도 쓸모가 없다는 결론에 도달했다. 사람들은 융통성이 있고 다재다능한 존재이기 때문에, 그들이 어떤 행동들을 할 수 있다는 점을 보여준다는 것만으로는 수행할 만한 가치가 있는 연구가 되기 힘들다. 실험은 특정한 행동들이 실제와 같은 조건, 즉 실제로 지급되는 상여금, 실제 훈련, 실제 경험, 참여자를 실제로 선발하고 그들에게 과업을 할당하는 과정 등과 같은 조건에서 발생한다는 것을 보여주어야 한다. 그러나 실험자는 현실의 조직 세계에서 발생하는 보상과 사회화 경험을 실험실에서 비슷하게나마 만들어낼 수가 없다. 사람들은 실험실 밖의 현실에서는 세월을 같이 보내면서 서로를 알아가기도 하고, 그들이 몇 개월 또는 수년 동안 훈련에 참여하며 받는 보상은 상당한 임금수준의 변화나 승진, 수년 동안 이어진 사회적 지위, 단기간에 걸친 과업 수행 후 상당 기간이 흐른 후에야 가시화되는 결과 등일 가능성이 큰 것이다.

그래서 나는 실험실 실험을 지시문을 쓰는 연습, 실험실 밖에서는 거의 아무런 의미가 없는 과업을 수행하는 피실험자를 동기부여하는 연습으로 보기 시작했다. 내가 분명하고도 완벽한 지시문을 작성하고 피실험자들이 그 지시사항을 이해하고 그에 따를 마음이 생기게만 한다면, 내가 원하는 행동을 얼마든지 뽑아낼 수 있었다. 그런데 정말 이것이 의미가 있는 것인가? 지시문을 작성하고 피실험자들을 그에 따르게 할 수 있다는 것을 입증하는 것이? 확실히, 내 실험의 결과는 사전에 전혀 이해하지 못하던 것일지라도, 나 자신의 목표와 내가 관찰하고자 했던 행동에 대한 믿음을 강하게 반영하고 있었다. 따라서 내가 한 실험은 나 자신이 가진 믿음의 많은 부분을 드러내 보여주었으며, 피실험자의 복종 이외의 특성에 대해서는 거의 밝혀주는 게 없었다. 이거 정말 어리석은 놀이가 아닌가? 마침내 나는 내 연구들이 가치가 없어 보여서 내가 행한 실험연구 대부분을 학술지에 제출하지 않았고, 그와 같이 결함투성인 방법론에 기반한 논문을 쓰고자 하는 마음이 더는 생겨나지 않았다. 물론 이건 내 편에서 볼 때 매우 좋지 않은 행동이었다. 그건 여러 달 동안의 작업을 수행하고도 발표한 논문이 별로 없다는 것, 그리고 내 실험연구 자금을 지원하고 있던 국가과학재단(National Science Foundation)에 보고할 게재논문이 없다는 것을 의미했으니까.

*　*　*

실험실 연구에 대한 회의가 커가는 와중에, 난 그것이 컴퓨터 시뮬레이션과 놀라울 정도로 유사하다는 것을 인식하게 되었다. 시뮬레이터들은 자신의 가정을 올바르게 표현해내는 프로그램을 작성하려고 애쓰고, 결과적으로 컴퓨터는 연구자의 프로그램이 제안하는 것들을 시연해 보여주게 된다. 만약에 프로그램이 연구자의 가정들을 정확하게 대변하고 있으면, 컴퓨터는 연구자의 가정이 논리적으로 함축하고 있는 것들을 보여주게끔 작동한다(Starbuck & Dutton, 1971; Starbuck,1983a). 따라서 컴퓨터 시뮬레이션은 연역 과정을 돕도록 되어있다. 실험실 연구는 실험자가 피실험자들로 하여금 지시사항을 따르도록 동기부여해야 하는 반면에, 지시사항을 정확하게 따르는 문제에 한해서라면 컴퓨터 시뮬레이션은 시뮬레이션 설계자가 컴퓨터에 의존할 수 있다는 점에서 이 둘은 차이가 있다. 컴퓨터는 지시받은 것들만 행할 수 있지만, 실험에 참여한 피실험자들은 스스로 지시사항들을 지어낼 수도 있을 것이란 점에서 말이다.

John Dotton과 나는 시뮬레이션의 활용을 더욱 확대하고 좀 더 엄정하게 만들기 위한 노력의 하나로, 인간행동에 대한 컴퓨터 시뮬레이션 문집을 편집하는 일에 착수했다(Dutton and Statbuck, 1971a). 그뿐만 아니라, 우리는 6년 동안 간헐적으로 Charlie라는 이름을 가진 생산일정 관리자를 이해하고 시뮬레이션하려고 시도했다. 일련의 실험들이 인간행동을 이해하고 그것을 이론화하는 데 필요한 통찰력들을 다수 제공해 주었다. 어느 해 겨울에, 우리는 Charlie가 매일 여러 번 반복적으로 수행하는 작업을 측정하는 일에 관심을 집중하고, 그가 수행하는 이 작은 행동 조각들에 대해서 577번의 실험을 수행하였다. 실험은 우리에게 그가 어떤 식으로 사고하는지, 우리가 어떻게 그의 사고를 모형화할 수 있는지, 그리고 그의 사고 절차를 현실화한 시뮬레이션이 실제로는 추상적인 대수학적 모형보다 정보적 측면에서 오히려 못한 이유가 무엇인지를 이해할 수 있도록 해주었다. 이 실험들은 우리들이 작은 행위 하나하나에 막대한 노력을 기울였을 뿐만 아니라, Charlie가 직접 실험 설계를 도와주기도 했기 때문에 잘 작동하였다(Dutton and Starbuck 1967, 1971b).

수학적 분석은 컴퓨터 시뮬레이션과 매우 유사한 방식으로 연역 과정에 도움을 줄 수 있다. 수학적 모형을 구축할 때에는 가정들을 진술한 다음에 대수학을 활용해 그 가정들이 함축하고 있는 것들을 도출해낸다. 모형이 자신이 원하는 특성들을 보여줄 때까지 여러 상이한 가정들을 시도해볼 수 있으며, 경우에 따라서 특정한 특성들로 이끄는 일단의 가정들을 정할 수도 있다. 대수학적 분석이 가능한 경우라면, 대수학적 표현이 가정들과 그 가정들이 함축하는 것들을 좀 더 분명하고 좀 더 일반화된 방식으로 연결지어주기 때문에, 컴퓨터 시뮬레이션보다 더 적합하다. 그러므로 어떤 이론을 수학적으로 모형화하는 방법을 모르는 경우에만 컴퓨터 시뮬레이션을 주된 방식으로 사용해야 할 것이다.

대수학적 분석을 사용할 수 없을 때가 종종 발생한다. 특히 수학을 선형 함수로 제한하지 않으면, 수학 공식들을 조작하기가 힘들어진다. 반면에 선형적 공식들은 매우 많은 방정식들을 포함하고 있어도 해결이 가능하다. 거의 모든 비선형 함수들은 도저히 어떻게 해볼 수 없는 과제들을 던져주는데, 특히 공식들이 여러 개의 방정식을 포함하고 있을 때에는 사정이 더 곤란해진다. 비선형 함수는 변수의 값이 달라짐에 따라 방향이 변하는 함수들과 갑자기 가지가 갈라지는 함수들을 포함하고 있기 때문이다. 즉 A이면 B인데, A가 아니면 C가 되어버리고 마는 식이다. 컴퓨터 시뮬레이션은 연구자들로 하여금 비선형적 가정들이 논리적으로 함축하고 있는 것들을 빈틈없이 깔끔하게 개발할 수 있도록 해주고, 컴퓨터는 모형이 복잡하더라도 그에 대해 미미한 제약만을 가할 뿐이다. 원칙적으로 시뮬레이션은 복수의 비선형적이고 단속적이며 상호작용하는 가정들로부터 초래되는 결과를 도출해 보여줄 수 있다.

시뮬레이션은 신중하지 못한 사람들에게는 덫이 될 수 있다. 수많은 비선형적, 단속적, 상호작용적 가정들이 신비롭고 마술적인 결과물을 산출하는 잠재력을 가지고 있다. 시뮬레이션은 절차들을 한 단계씩 처리하기 때문에, 그 절차들에 대한 적절한 정보를 가지고 있지 못하더라도 단계마다 그 절차들을 구체화해 주어야 한다. 규모가 크고 복잡한 시뮬레이션은 필요한 정보를 모두 다 얻을 수 없기 때문에, 세세한 데까지 인증하는 것은 실제로 불가능하다. 여러 수많은 상이한 절차들이 매우 비슷한 결과들을 산출할 수도 있기 때문에, 결과물만을 가지고 결과를 산출해낸 과정을 추론하는 일은 감히 상상도 할 수 없는 일이다. 컴퓨터는 논리를 설명해주지 않으면서 결과를 산출하는 것이다. 연구자들은 연산 순서를 기록하는 프로그램에 지시사항들을 덧붙일 수는 있지만, 시뮬레이션 프로그램들은 전형적으로 수많은 자잘한 단계들을 포함하고 있기 때문에, 그것들을 설명한다는 것 자체가 자료분석이라는 난제를 제기한다. 결과적으로, 연구자들은 시뮬레이션된 행동의 원인들이 무엇인지 이해할 수 없을 가능성이 크다.

이런 식으로, 시뮬레이션은 보니니의 역설(Bonini's paradox)에 직면하게 된다. 보니니의 역설을 내 나름대로 풀이한다면, '모형이 점점 더 현실적인 것이 되어감에 따라, 그것이 대변하고 있는 현실 세계의 과정들과 마찬가지로 이해하기가 점점 더 어려워진다.'라는 것이다. 연구자는 인과관계에 대한 이해를 얻거나 보여주고자 모형을 만드는 것이고, 그러한 모형을 그가 현실적인 것으로 믿는 복잡한 가정들을 포함하고 있는 컴퓨터 시뮬레이션으로 묘사한다. 그리고 그 시뮬레이션 결과는 모형화된 상황 속에서 관찰된 것들과 유사한 산출물들을 만들어 내놓는다. 그렇지만, 그 모형 자체가 매우 복잡할뿐더러, 서브루틴들(다수의 프로그램에서 되풀이해서 사용되는 독립된 명령군 : 역자 주) 사이의 상호의존성이 모호하기 때문에, 원래의 인과관계가 이해하기 어려운 것처럼 모형 또한 이해하기가 어려워지는 것이다.

나는 이러한 현상을 보니니의 역설이라고 부르고 있는데, 그 이유는 그러한 현상을 Chuck Bonini의 박사논문에서 처음으로 조우했기 때문이다. Bonini와 나는 박사과정을 같이 밟고 있었으며, 함께 기업들에 대한 컴퓨터 시뮬레이션을 만들어보고자 했었다. 내가 기업을 모형화하는 노력을 포기한 반면에, Chuck은 나보다 훨씬 성공적이어서, 마침내 시뮬레이션을 완성하여 우수논문상을 받았다. 그가 만든 모형은 가상적인 기업이 얼마만큼 생산하고, 가격을 얼마로 매길 것인가 등과 같은 결정을 내릴 때 보여주는 구체적인 의사결정을 표현해내고 있었다. 그는 짧은 시간 내에 수년에 걸친 의사결정들을 죽 나열하여 보여줄 수 있었고, 기업의 의사결정과 환경요인들 모두를 변경할 수도 있었다. 그럼에도 불구하고, Bonini(1963: 136)는 자신의 논문에서 다음과 같이 적고 있다. '우리는 왜 기업이 어떤 특정한 방식으로 행동하는지 그 이유들을 완전하게 설명할 수는 없다. 우리가 모형화한 기업은 매우 복잡하고, 따라서 그 기업 전반에서 일어나는 행동 패턴들을 낱낱이 추적할 수 없기 때문이다. … 그러므로 이 모형 속에서 명확한 인과 메커니즘을 밝혀낼 수는 없다.'

복잡한 시뮬레이션을 이해하기가 매우 어렵다고는 하지만, 매우 복잡한 시뮬레이션조차 사람보다는 훨씬 더 단순하리라는 생각을 했다.

* * *

1966년에, 한 실험 결과를 분석하고자 노력하던 과정에서 합리성이라는 것이 내가 사는 세상을 이해하는 데 이용할 도구로서 얼마나 기만적인 것이 될 수 있는지를 인식하게 되었다. 나는 비즈니스 게임을 수행한 팀들의 행동에 관한 논문을 쓰고자 했다. 나는 조교를 고용해서 게임을 운영하고, 자료를 학교 컴퓨터를 이용하여 통계적으로 분석했다. 결과는 8인치 두께의 컴퓨터 인쇄물로 나타났다. 그러나 결과를 이해하고자 하는 내 노력은 통계분석 결과가 내가 연구를 설계할 때 설정했던 가설과 너무나 달랐기 때문에 헛수고가 되고 말았다. 나는 다양한 수정작업들을 시도해보았지만, 전혀 소용이 없었다. 그래서 나는 그 자료들이 도대체 무엇을 말하고 있는지를 귀납적으로 알아보기로 했다. 나는 높은 상관관계는 굵은 선으로, 낮은 상관관계는 가는 선으로 나타낸 다이어그램을 그려놓고 '왜 X는 Y하고 상관관계를 가지지만, Z하고는 상관관계를 가지지 않는지'와 같은 탐정 놀이를 시작했다. 2~3주를 씨름한 후에, 나는 변수들 사이의 관계들에 대해서 완전하면서도 논리적으로 통합된 설명을 할 수 있게 되었다.

그럼에도 불구하고, 내가 기대한 것들과 실제 결과들 사이에 존재하는 엄청난 차이 때문에 계속 신경이 쓰였다. 내가 도출해낸 이론은 논리적이긴 했지만 내가 연구를 설계할 때 설정했던 것과 크게 어긋나 있었기 때문이었다. 연구 조교가 원자료를 통계치로 치환했기 때문에, 나 자신은 원자료나 계산에 직접 관여하지는 않았었다. 나는 통계분석 전체를 다시 한 번 샅샅이 훑어보기로 마음을 먹었다. 자료와 분석과정을 꼼꼼히 살펴보다 보면, 내가 처음에 기대했던 것과 연구 결과 사이에 존재하는 차이가 왜 발생했는지를 이해할지도 모른다는 생각 때문이었다. 놀랍게도, 연구 조교가 분석 초두에 자료를 입력하는 과정에서 작은 실수를 하나 저질렀는데, 그것이 나중에 커다란 결과로 이어지게 되었음을 발견할 수 있었다. 실험에서는 네 차례의 조치가 취해졌기 때문에, 몇몇 통계분석들에서 그러한 조치들을 비교 가능한 것으로 만들어 줄 수정 요인들을 첨가해야 할 필요가 있었다. 연구 조교가 네 가지 조치들 중 하나를 수정할 때, 두 개의 마이너스 부호를 빠뜨리면서 빼야할 것을 더해버리는 실수를 저지르고 말았다. 그 결과 해당 조치는 나머지 세 개의 조치들과 비교 가능한 것이 되는 대신에 극단적인 값으로 변해버렸지만, 이어진 분석들은 조치들 사이에 중요한 차이가 존재하지 않은 것으로 가정해버렸다. 그러니까, 나는 체계적으로 발생한 광범위한 오류들을 포함하고 있는 통계치들의 의미를 파악하고자 몇 주일을 씨름했던 셈이고, 따라서 내가 구축한 이론의 바탕이 된 상관관계는 말 그대로 완전 엉터리였다. 결과적으로, 나는 무작위적으로 발생한 오류에 기반해서 논리적으로 볼 때 만족스러운 이론을 구축했던 것이다. 그것도 꽤나 성공적으로 말이다!

*　*　*

내가 초기에 수행했던 실험실 연구들 중 하나가 실제 일어난 일들이 통계적으로 계산된 평균값 안에 들어있는 경우가 거의 없거나, 혹은 전혀 존재하지 않을 수도 있음을 예증해주었다. Frank Bass와 나는 785명의 사람들에게 신제품 잠재시장에 대한 정확한 정보를 얻기 위해서 얼마만큼의 시간을 기꺼이 사용할 수 있는지에 대해서 물었는데, 중앙값이 정확하게 이론적인 최적값과 일치하였다(Starbuck and Bass, 1967). 그러나 이 중앙값에 근접한 수치를 제공한 사람은 거의 없었다. 정보를 얻기 위해서 사용하겠다는 시간의 최적값에 근접한 값을 제공한 사람은 1 ~ 17%의 범위에 속했다.

나는 평균과 연관된 다른 문제들을 발견하기 시작했다. 예를 들어 집단을 단위로 하여 얻은 상관관계는 그 하부집단 내의 어디에서도 발생하지 않을 수 있다. 한 예로, Robinson(1950)은 여러 주(州)에서 얻은 값들을 통합하는 방식으로 계산해서 한 주의 인구에서 외국에서 출생한 인구가 차지하는 백분율과 미국식 영어를 읽을 수 있는 인구의 백분율 사이의 상관관계가 0.619임을 발견하였다. 이 상관관계는 외국에서 출생한 거주민이 미국 출생 거주민보다 문맹률이 낮을 가능성이 더 크다는 것을 의미하는 것으로 받아들여질 수 있다. 그러나 주(州) 수준에서 얻는 정(正)의 상관관계는 외국에서 출생한 사람들이 영어를 읽고 쓸 수 있는 사람들이 많이 사는 주에 거주하고 있을 가능성이 크기 때문에 발생했던 것이다. 개인 수준에서 얻는 자료로부터 얻은 상관관계는 부정적인 값으로, 그 값은 −0.118이었다.

* * *

1966년, 또는 1967년인가 즈음에, 점(point) 귀무가설에 대한 정리를 읽었다. (실제로 내가 어떤 문서를 읽었는지 기억하지는 못한다. Berkson이 1938년에 기본적인 아이디어를 제시하긴 했지만, 내가 그의 논문을 읽지 않은 것은 확실하다. 베이지안 통계학과 관련된 책들과 논문들이 1959년에서 1965년 사이에 출간되었는데, Schlaifer(1959), Nunnally(1960), Edwards, Lindman, and Savage(1963), 그리고 Pratt, Raiffa, Schlaifer가 1965년에 저술했지만 출간되지 않은 문서들이 이에 속한다.)

학교에서 우리는 모순을 이용하여 수리적 명제들을 입증하는 법을 배운다. 즉 특정한 가설이 절대로 참일 수가 없다는 것을 보여줌으로써 증명하는 것이다. 예를 들어, 어떤 소수도 그것보다 클 수 없는 최대소수가 존재한다고 가정해보는 식이다. 모순에 의한 증명을 따른다면, 그 가설에서 가장 큰 소수로 지칭하고 있는 소수보다 더 큰 소수를 제시함으로써 그 가설이 틀렸음을 보여줄 수 있다. 귀무가설에 대한 유의성 검증은 모순에 의한 증명을 모방한 것이긴 하지만, 모순에 의한 증명이 결정 논리에 근거하는 데 반해서, 귀무가설에 대한 유의성 검증은 확률적 추정에 의존한다. 즉 귀무가설에 대한 유의성 검증은 귀무가설이 참일 수 있는 확률이 매우 작다는 것을 보여주고자 함이다.

점 귀무가설은 연속선 위에 있는 아주 작은 점을 정의하는 가설이다. 두 개의 표본 평균이 완전히 동일하다는 가설은 점 가설이다. 이런 점 귀무가설들의 예로는 다음과 같은 것들을 들 수 있다.

상관관계 = 0
빈도 = 0
비율 = 0
회귀 계수 = 0
분산 1 = 분산 2

연속 변수에 대한 모든 '양측 검증(two-tailed tests)'은 한 통계치가 다른 통계치와 동일하다고 말하는 것이기 때문에 점 귀무가설을 사용한다.

내가 읽은 정리에 따르면, 점 귀무가설을 기각할 확률은 표본의 크기가 무한에 가까워질수록 1에 점점 더 가까워진다. 충분한 크기의 표본을 얻은 사람은 점 귀무가설이 기각되리라는 것을 거의 확신할 수 있는 것이다. 이 정리는 바로 점 귀무가설이 극히 작은 점, 즉 극소점을 정의하고 있다는 사실로부터 직접 유도될 수 있다. 자료로부터 계산해 낸 표본의 통계치는 어느 것이든지 그것이 가질 수 있는 값들의 범위를 정하게 되는데, 이를 신뢰구간이라고 부른다. 귀무가설이 가능한 것으로 보이려면, 귀무가설에 부합하는 극소점이 표본의 통계치를 둘러싼 신뢰구간 내에 위치해야 한다. 표본의 크기가 늘어감에 따라 신뢰구간은 줄어들게 되고, 따라서 그 구간이 귀무가설에 해당하는 점을 둘러쌀 가능성도 줄어든다. 표본의 크기가 무한대로 커지면, 신뢰구간은 한없이 줄어들어서 그 구간이 귀무가설에 해당하는 점을 둘러싸기가 거의 불가능해진다. 귀무가설에 해당하는 점이 신뢰구간 안에 위치할 가능성이 적게나마 항상 존재하기는 하지만, 그 가능성은 신뢰구간이 줄어들면서 감소한다.

구체적인 예 하나가 이게 무슨 소리인지를 잘 설명해줄 것이다. 두 변수는 아무런 상관관계를 가지고 있지 않으며, 귀무가설은 이 둘 사이의 상관관계는 영(零)이라고 진술하고 있다. 검증 결과, 자료가 이러한 가설에 일치하려면, 상관관계 추정치를 둘러싸고 있는 신뢰구간이 영(零)에 위치하고 있는 작은 점을 포함하고 있어야 한다. 그러나 변수를 측정하기 위해서 사용된 방법은 오차를 수반하기 때문에, 이렇게 상관관계 추정치를 계산하기 위해서 사용되는 숫자들은 근사치가 된다. 이 오차는 기록된 측정치가 예컨대 4자리 숫자이기 때문에 반올림을 해서 발생하는 것일 수도 있고, 이론적 구성개념을 관측치로 변환할 때 완벽한 변환이 이루어지지 않아서 발생할 수도 있으며, 자료를 제공한 사람이 실수를 저질러서 발생할 수도 있을 것이다. 상관되어 있는 변수들이 실제로 아무런 관계가 없다고 하더라도, 측정상의 오차가 존재한다는 것은 계산을 통해 얻은 상관관계 추정치가 비록 영(零)에서 아주 작은 양만큼 벗어나 있을 수는 있어도 정확히 영(零)이 될 가능성은 정말로 거의 없다는 사실을 의미한다. 표본의 크기가 점점 커짐에 따라 이 계산된 추정치를 둘러싼 신뢰구간은 계속해서 줄어들게 되고, 정확도를 증가시키는 모습을 띠면서 실제의 상관관계가 계산된 추정치와 거의 일치한다는 확신을 증가시키게 될 것이다. 결론적으로 말하면, 우리가 충분히 큰 표본을 사용한다면, 통계분석은 관찰된 상관관계가 예컨대 0.00000004와 0.00000005 사이에 위치한다고 확인해줄 것이고, 따라서 우리는 상관관계가 영(零)이라는 귀무가설을 기각할 수 있게 되는 것이다.

그렇기 때문에, 자료가 아직 점 가설을 기각하지 않고 있다고 하더라도, 연구자가 관측수를 늘려서 신뢰구간의 크기를 줄일 수만 있다면 얼마든지 기각할 수 있는 길이 열린다. 어떤 면에서, 점 귀무가설에 대한 검증이란 대안 가설이 무엇인지에 대해서는 별로 알려주는 것이 없으면서 연구자의 인내와 노력한 부분에 관해서는 많은 것을 알려주는 진술이라고 할 수 있겠다.

이 정리는 사회과학자들이 통계적 유의성을 마치 연구대상인 현상에 대한 중요성을 지적하고 있는 것으로 받아들이고 그렇게 반응하는 바로 그 순간에, 통계적 유의성을 오용하게 된다는 사실을 처음으로 일깨워 주었다. 현상의 중요성이 연구자가 얼마나 많은 양의 작업을 하는지에 달려있는 것이어서는 안 된다. 어떤 면에서, 통계적 유의성 검증이란 연구 대상인 현상에 대해서 연구자가 하는 진술인 동시에, 그 연구자가 기꺼이 기울이려는 노력에 관한 진술이기도 한 것이다.

물론, 사회과학자들이 왜 통계적 유의성 검증을 부적절하게 사용하고 있는지, 그 이유를 찾아보는 것도 힘든 일이 아니었다. 통계학 수업들이 유의성 검증을 수행하는 방법은 가르쳐주면서 그에 대한 대안들은 가르쳐주지 않았기 때문이었다. 통계학 교육은 통계학자들이 20세기 초반에 개발한 공식들에만 주목했다. 전자컴퓨터가 없었기 때문에, 통계학자들은 대수학적으로 조작이 가능한 함수들에 집중할 필요가 있었고, 많은 연구자들이 동일하면서도 포괄적인 수치표를 사용할 수 있도록 해주는 분석적 접근을 필요로 했다. 점 귀무가설은 대수학을 훨씬 간단한 것으로 만들어주었으며, '차이 없음'과 관련된 가설들은 다양한 연구 상황에 적용 가능성이 큰 것으로 보였다. 그로부터, 통과하기 쉬운 '검증'이 널리 사용되는 불행한 결과가 초래되기 시작했다(Loftus, 1996).

또한, 점 귀무가설의 검증은 나에게 연구 방법론들이 유효성보다는 합의에 더욱 의존한다는 점을 인식할 수 있도록 해주었다. 통계학 교육은 분석 자료에 어떻게 접근할 것인지, 그 구체적인 방법들을 가르쳐주는데, 통계학 교육을 받는 사람들은 거의 이 접근방법을 이해하는 것만으로 행복해서, 그것이 가지는 타당성에 대해서는 의문을 품어보지도 않은 채 무조건적으로 받아들이고 만다. 그 결과, 통계학 교육 뒤에 은폐되어 있는 전제에 대해서는 거의 의문이 제기되지도 않고, 대안적 접근에 대한 논의도 거의 이루어지지 않는다. 나는 통계학 검증을 밀교집단 구성원의 자격을 보증하는 신비로운 의식으로 생각하기 시작했다. 매우 다른 주제들을 조사하는 연구자들이 이러한 의식을 배우게 된 이후로, 발표되는 연구 내용에 대해서는 이해하지도 못하고 관심도 없으면서도 누구든지 세미나장에서 논쟁에 참여할 수가 있게 되었다. 사실, 나는 연구주제의 중요성이나 연구 결과의 중요성과는 아무런 관련이 없는 통계학적 논의로 겉돌고 있는 세미나장을 흔하게 목격하곤 한다.

* * *

1967년에 코넬대학교로 자리를 옮기고 나서, 1968년에 *Administrative Science Quarterly*(*ASQ*)의 편집장이 되었는데, 그 역할을 수행하면서 연구결과에 대한 인간의 판단을 둘러싼 모호성을 목격할 수 있었다. 내 전임자는 심사를 기다리고 있는 두꺼운 논문 원고 한 묶음을 건네주었다. 그는 지난 몇 달 동안 논문 원고들을 심사과정에 넘기지 않았는데, 그건 내가 게재 승인 논문 비율을 낮게 유지하고 싶어 할 것으로 생각했기 때문이라고 했다. 나는 많은 논문 저자들이 오랜 기간 심사 결과를 하염없이 기다리고 있었을 것이라는 생각에 당혹감을 느껴서, 부적절한 주제임이 분명한 것들을 쳐낸 다음, 나머지 논문 원고들을 수백 명에 달하는 심사위원들에게 송부했다. 그 당시, *ASQ*는 관리(management)의 모든 측면을 아우르는 쪽으로 방향을 잡고 있었기 때문에, 제출 논문들과 심사위원들도 매우 다양했다.

2~3개월 뒤에, 500편을 넘는 심사평을 받았다. 이들 심사평과 관련하여 정신이 번쩍 들도록 놀란 것은 심사평들의 불일치 정도와 노골적인 편향성이었다. 놀랄 만큼 적은 숫자의 심사자들만이 의견의 일치를 보여주었다. 게재 승인을 1, 수정을 0, 게재거부를 −1로 치환한 다음, 심사자들 사이의 상관관계를 구하여 보았다. 0.12에 불과했다. 표본의 크기가 충분히 크다는 사실을 고려할 때, 이 상관관계는 통계적으로는 의미있는 수치였지만, 현실적으로는 무의미한 것이었다. 수치가 너무 낮기 때문에, 한 심사위원이 논문 원고에 대해서 제시한 심사평을 미리 알았다고 하더라도, 두 번째 심사위원이 무슨 평을 했는지, 또는 어떤 평을 할 것인지를 알 수는 도저히 없는 일이었다. 좀 더 일반적으로 표현한다면, 심사자들은 좋은 연구를 구성하는 것이 무엇인지, 어떤 결과가 믿을 수 있는 것인지, 어떤 주제가 흥미로운 것인지, 혹은 어떤 방법론이 적절한 것인지에 대해서 거의 동의하지 않았다는 얘기다. 예를 들어, 경제학 분야의 심사자는 경제학 논리에 기반한 논의와 경제학을 특징짓는 방법론의 사용을 원했으며, 마찬가지로 사회학 분야 심사자들은 사회학적 논리과 사회학을 특징짓는 방법론의 사용을 원했다. 나는 연구의 질이 정치적 판단의 몫이라는 것과 사회과학자들 사이에 존재하는 문화적 차이가 서로를 인정할 수 있는 지식의 개발을 가로막고 있다는 사실을 이전보다 훨씬 더 잘 인식할 수 있게 되었다.

25%의 심사자들은 게재 승인을 건의했고, 25%의 심사자들은 수정을 요구했으며, 50%의 심사자들은 게재거부를 건의했다. 두 명의 심사자

가 완전히 독립적이라고 가정했을 때, 두 심사자들로부터 게재 승인을 받을 논문 원고의 확률은 25%×25% = 6%이고, 두 심사자로부터 모두 게재거부를 받을 확률은 50%×50% = 25%가 될 것이다. 나머지 69%에 달하는 논문은 서로 다른 심사평을 받게 되는 셈이다. 이 빈도는 내가 *ASQ* 편집장으로서 경험한 숫자에 근접한다. 나는 두 심사자들로부터 게재 승인을 건의 받은 6%의 원고를 게재 승인으로, 두 심사자들로부터 공히 게재거부를 건의 받은 25%의 원고는 게재거부로 처리했고, 서로 다른 심사평을 받은 69%의 원고들에 대해서는 수정을 요청하였다. 내가 수정을 요청한 논문의 저자들 중 반만이 초안과 확연하게 달라진 수정된 논문을 제출하였다. 나머지 반은 겉만 살짝 바꾼 정도의 수정 논문을 제출하거나 아예 제출하지 않았다. 따라서 저자들의 작업에 대한 동기부여와 신념이 논문의 게재 여부에 강하게 영향을 미치는 것으로 보인다. 일부 저자들은 논문을 거두어들이거나 응답하지 않음으로써 부정적인 피드백으로 반응하기도 했고, 일부 다른 저자들은 끈질김과 얼마간의 복종심을 보이는 쪽으로 반응했다. 잡음도 많고 불일치가 팽배한 환경이 문제이긴 했지만, 모호함이 저자들에게 인내심과 적응, 상징적인 행동, 지적인 마케팅 활동 등을 통하여 개인적인 경력을 성공으로 이끄는 길을 닦을 수 있는 기회를 제공하고 있었다.

* * *

1960년대 말에는 의심스러워 보이는 연구에 맞닥뜨린 사건들도 경험했다. 처음으로 맞은 충격적인 사례는 대학원을 같이 다닌 교수와 관련된 것이었다. 우수상을 받은 그의 논문은 투자를 관리하는 사람의 사고

과정을 컴퓨터 시뮬레이션으로 기술한 것이었는데, 그 전에 어느 누구도 그와 같이 복잡한 의사결정 과정을 시뮬레이션 한 적이 없었으며, 시뮬레이션 모형의 행동과 대상 인물의 행동 사이가 그처럼 일치하는 사례를 얻은 적도 없었다. 1967년에 나는 의사결정에 대한 책을 한 권 쓰고 있었는데, 제3장에 내 친구의 뛰어난 박사논문을 헌정하려는 계획을 세우고 있었다. 나는 그 논문을 잘 설명하기 위해 그것을 속속들이 이해할 필요가 있었고, 10주일 동안 그 논문의 단어 하나하나에 신경을 쓰고 세세한 것들까지 다시 해보면서, 그 논문을 완벽하게 이해하는 일에 푹 빠져 지냈다. 심지어 미국을 가로질러 여행을 해서 모형의 당사자인 투자전문가를 만나서 면담도 했다.

그러나 그 논문을 점점 더 깊숙이 통독하면 할수록 이치가 닿지를 않았고, 점점 더 많은 모순에 직면하게 되었다. 이론은 논문이 그렇다고 한 것과 같은 분석 장면들을 산출해내지 못했다. 이론뿐만 아니라 분석 단계에서도 논문이 지적하고 있는 결정안을 산출해내지 못하고 있었다. 해당 의사결정자는 그 논문을 열심히 읽어보았지만 이론과 자신의 사고 과정 사이에 아무런 유사점도 없었기 때문에, 그 이론이 자신의 결정과 유사한 결과를 얻었다고 했을 때 깜짝 놀랐다고 했다. 나는 이 유명한 연구가 파렴치한 연구일 것이라는 결론을 내릴 수밖에 없었다. 나는 정말이지 환멸을 느꼈고 구역질이 나서, 내 책의 원고초안을 내던져버리고 출판사에서 받은 선금을 되돌려주고 말았다(Starbuck and Dutton, 1971).

두 번째 사례도 학위 논문에 관한 것이었다. Chick Perrow가 *ASQ*가 최근에 게재하기로 확정한 논문의 신뢰성에 대해서 의문을 제기하는 쪽지를 보내왔다. 논문 원본에 대한 심사평에서 Perrow는 면접 증거를 보고 싶다고 했다. 저자는 그러한 피드백을 받은 두 달 후에, 50개의 회사에서 실시한 700개의 면접들을 통해서 얻은 자료를 포함한 수정 논문을 보내왔다. 그러나 면접 증거는 이상할 정도로 간단했다. 통계치는 [표 2.1]과 매우 흡사했다.

표 2.1 새로 제출된 자료

	결과 A	결과 B	결과 C
조건 1	0%	5%	95%
조건 2	25%	50%	25%
조건 3	95%	5%	0%

의심이 든 Perrow는 다른 주로 건너가 도서관에 가서 그 논문의 초고가 근거로 삼고 있는 학위논문을 조사하였다. 그는 그 학위 논문에서 면접을 시행한 결과를 찾아볼 수가 없었다는 쪽지를 보내왔다. 논문의 저자는 초고에 대한 심사평을 받은 후에 면접을 실시했음이 분명했다. 어느 누구도 2개월 안에 50개의 회사에서 700명을 면담할 수는 없는 일이었다.

나는 저자에게 *ASQ*는 그의 논문을 게재하지 않겠다고 통보했다. 그는 청문회를 요구했다. 나는 사회학자들로 패널을 구성한 다음, 저자에게 모든 자료를 가지고 청문회에 참석하도록 요청했다. 그는 한 상자의 펀치 카드만을 가지고 모임에 참석했다. 우리는 그가 3~4개월 전에 수행한 면담자료를 보자고 요구했다. 그는 펀치 카드에 모든 자료를 기록한 다음에 원자료를 폐기했다고 주장했다. 우리는 펀치카드를 조사했다. 그 많은 카드들은 한 회사당 한 장의 카드로 준비된 총 50개의 카드를 여러 차례 복사한 것으로 드러났다. 카드에 담긴 유일한 정보는 그의 논문에서 표로 정리한 정보뿐이었다.

심사 위원회는 논문을 게재하지 않겠다는 의견을 견지했다. 또한 위원회는 미국사회학회에 편지를 써서, *American Sociological Review* 에 실렸던, 이 자료에 근거한 저자의 논문에 대해 경고장을 게재할 것을 제안했다. 학회는 담당 변호사가 '그렇게 되면, 한 논문을 예외적으로 선정한 것이 될 것이기 때문에', 그와 같은 경고장을 게재하지 말라고 조언했다는 답장을 보내왔다.

2.3 1970년대

1970년에 나는 풀브라이트 장학생으로 런던 경영대학에서 한 해를 보냈는데, 여러 차례 지적인 경이로움을 경험하였다.

환경과 조직의 관계에 관한 글(Starbuck 1976)을 쓰는 동안, 나는 점점 조직이 환경과 분명하게 구별되는 것이 아니라는 것, 조직과 환경과의 경계가 이 둘 사이를 딱! 하고 분리하는 것이 전혀 아니라는 사실을 깨닫게 되었다. 사실, 조직과 환경 사이의 경계는 적지 않게 관찰자가 만들어내는 발명품이다. 일부 활동은 분명히 특정 조직의 내부에 속하는 것이고, 또 어떤 활동들은 분명히 조직 외부에 속하는 것이라고 할 수 있겠지만, 그 외 수많은 활동들은 조직과 환경이 함께 관여하고 있는 상호작용의 영역에 속하는 것들이다. 따라서 내부가 끝나고 외부가 시작되는 분명한 시점은 없는 것이다.

그래서 나는 어떤 사람, 어떤 행위가 조직의 가운데, 또는 바깥 가까운 곳에 위치하는지의 정도를 측정할 수 있는 방법에 대해서 고민해보기 시작했다. 난 Dotton과 내가 시뮬레이션하려고 했던 생산일정 관리자 Chalie를 고용하고 있던 회사 사람들을 대상으로 그들에 관해 설명해주고 있는 변수들을 계산하여 이 아이디어를 조사해보고자 했다. 가능한 측정치 여러 개가 서로 아귀가 맞지 않았다. 예를 들어, 어떤 측정치에 따른다면, 회사 사장은 가운데에 위치하는 사람이지만, 다른 측정치에 따르면 가운데에서 크게 벗어나 바깥 언저리에 위치하는 사람이기도 했다. 조직과 환경의 경계는 관찰자가 어떤 행위를 고려하고 있느냐에 달려있을 뿐만 아니라, 그 경계라는 것이 시간에 따라 달라질 수도 있는 것이다. 게다가, 조직은 여러 상이한 종류의 환경들, 즉 법적, 재정적, 사회적, 교통, 기술적 환경 등과 상호작용을 맺고 있다.

그 결과, 나는 조직을 다른 것과 구별되는 하나의 독립된 사회시스템으로 보는 생각에 점점 회의적이 되어갔으며, 오히려 관찰자나 사회관습에 의해서 창조되는 임의적인 범주로 보기 시작했다. 내가 이전에 객관적인 실체로 보았던 현상은 증기가 되어 정신적, 사회적인 구축물들 속으로 사라져가고 있었다.

*　　*　　*

Derek Pugh는 런던 경영대학에서 연구 집단 하나를 이끌고 있었는데, 그 집단은 매주 만나서 그들의 연구 진행 과정에 관해서 얘기를 나누곤 했다. 그들은 자신들의 연구를 아스톤 연구(Aston Studies)라고 명명하고 있었는데, 이 연구가 아스톤 대학교(University of Aston)에서 시작되었다는 것이 그 이유였다. 그들의 연구 활동에는 조직을 기술하는 설문지를 만들고 채워 넣는 일, 그리고 이들 자료를 통계적으로 분석하는 일들이 포함되어 있었다. 그들은 주로 통계적 유의성 검증, 요인분석, 그리고 회귀분석을 활용했다. 그들의 연구방법은 그 당시에 연구를 선도하던 사람들의 방법을 따른 것으로, 오늘날의 지배적인 연구방법과 매우 흡사한 것이었다. 나는 *ASQ*의 편집장으로서, 그 당시에 최첨단을 달리고 있던 방법론의 견본을 제공하던 그들의 논문을 게재하는 일로 흐뭇한 기분이었다.

그러나 그들이 자신들의 작업에 관해 논의하는 것을 지켜보면서, 나는 이들의 방법론이 가장 중요한 사회현상에 대해서는 거의 눈을 감고 있다는 생각을 하기 시작했다. 그들이 지각하는 세상이란 완전히 정태적인 것이었다. 모든 것이 균형점 안에 놓여 있었다. 변화는 발생하지 않으며, 권위에 도전하거나 다른 규칙들을 요구하는 사람은 아무도 없었다. 물론, 많은 사회과학자들이 균형상태가 이론을 좀 더 간단하게 해주기 때문에, 또는 횡단적 연구가 변화를 논하는 무대를 제공하지 않는다는 이유를 들며 오로지 균형에만 관심을 집중하고 있지만 말이다.

그러나 나는 몇 가지 영향을 받은 탓으로, 변화의 가능성을 무시하는 논의에 대해서는 의심의 눈초리를 보내는 청중이 되어 있었다. 내가 마무리를 짓지 못하고 있던 논문 중의 하나가 사람들의 열망, 특히 어떤 특정 목표를 가능하면 빨리 이루고자 하는 열망을 다루고 있었다(Starbuck, 1964). 또한, 조직의 성장, 개발, 변형 등에 관한 글도 쓰고 있었는데, 그것들은 분명 균형상태를 다룬 글들이 아니었다(Starbuck 1965, 1968). 그뿐만 아니라, Dotton과는 컴퓨터 시뮬레이션의 역사에 관한 연구라는, 또 하나의 발전 과정을 연구하고 있었다(Starbuck and Dutton, 1971). 나는 진화 과정이 조직을 환경과 상호작용하는 관점에서 바라보는 효과적인 사고틀을 제공해줄 수 있으리라고 생각하면서, 그에 상응하는 제안도 하고 있던 터였다(Starbuck, 1976).

내가 맨 처음에 보인 반응은 아스톤 연구자들에게 변화를 연구해보도록 부추기는 것이었지만, 그와 함께 사회과학자들이 사용하는 자료의 종류와 그들이 지각하는 세상에 대해서 좀 더 포괄적으로 생각해보기 시작했다. 변화에 대한 무시는 단지 문제의 일부에 불과하다. 사회과학자들은 변화를 무시할 뿐만 아니라, 연구자의 자극이나 간섭이 없이 발생하는 자발적 현상에만 매달리고 있다. 자발적 현상이 흥미로울 수 있겠지만, 그것들은 거의 모든 성인들이 갈색 눈동자를 가지고 있다거나, 거의 모든 암석은 몇 가지 범주로 분류되며 거의가 다이아몬드와 같은 값진 광물을 가지고 있지 않다거나, 정신질환자들은 정신과 의사가 들어주길 바라는 것들을 말한다는 등, 통계적으로 이미 익숙한 것들로 도배되어 있기 때문에 흥미롭지 못할 가능성이 더 크다. 자발적 자료는 일반적으로 균형상태에 있거나 균형상태 가까이 놓여 있는 시스템 측면들을 기술하고 있는데, 그러한 측면들이 안정적인 것은 그것들이 누군가가 이의를 제기할 만큼 중요하지 않거나, 아니면 누구도 감히 의문을 제기할 수 없을 만큼 중요한 제약조건을 충족시켜주기 때문일 것이다. 게다가 자발적 자료는 일반적으로 정치적인 이해관계를 반영한다. 나는 Kopper사의 한 부서에 대한 컴퓨터 시뮬레이션을 구축해보고자 노력했지만 그 노력이 헛된 것이 되어버렸던 기억을 떠올렸다. 나는 본사에서 자료를 모으기 시작했었다. 그러나 일부 자료를 얻지 못해서 한 공장에 보존되어 있던 자료를 살펴본 적이 있었다. 그때 나는 공장에 있는 자료가 그 공장이 본사에 보낸 자료와 크게 차이가 난다는 점을 발견했다. 그 자료는 공장이 좀 더 수익성이 있는 것으로 기술하고 있었던 것이다. 다른 두 개의 공장을 더 조사해 보았으나 마찬가지였다.

나는 공장에 존재하고 있는 회사를 모형화할 것인지, 아니면 본사에 존재하고 있는 회사를 모형화할 것인지를 결정하지 못해서 그 프로젝트를 포기할 수밖에 없었다. 두 개의 현실이 존재하고 있는데, 그 두 개의 현실 중 어느 것도 진실한 것이 아닐 수 있다는 생각이 내 상상력 저 너머에서 어렴풋이 떠오르고 있었다.

Howard Aldrich(1972)도 아스톤 연구를 예의 주시하고 있었는데, 나와는 매우 다른 관점을 취하고 있었다. 그는 새로운 통계기법인 경로분석을 통해서 볼 때, 아스톤 집단이 잘못된 추론을 하고 있다고 믿고 있었다. Aldrich는 경로분석이 연구자로 하여금 이론이 설명하고자 하는 내생변수에 미치는 중요한 영향력 모두를 일방향 인과관계들을 사용해 분명히 표현하도록 강제하기 때문에, 회귀분석보다 더 나은 통계기법이라고 주장했다. 그는 이러한 엄격한 요구가 연구자들로 하여금 더욱 강력한 추론을 도출할 수 있도록 해준다고 주장했다. 나는 둘 다 거기서 거기라고 생각했다. 시뮬레이션은 연구자들에게 프로그램이 제대로 돌아가게 하려면 엄격한 요구사항들, 즉 인과과정에 대한 세세한 정보를 제공해줄 것을 요구하는데, 그로부터 초래되는 결과 중 하나가 연구자들이 프로그램을 돌리기 위해서 필요한 모든 종류의 가정들을 설정해내려고 머리를 쥐어짠다는 것이었다.

Pugh는 Aldrich의 비판에 대응하고자 Gordon Hilton(1972)을 고용했는데, 그는 나에게 깊은 인상을 남기는 주장을 폈다. 그는 아스톤의 자료들이 세 가지 대안적 이론들과 모두 일치한다는 사실을 입증해 보여주었다. 그 하나는 아스톤 집단이 주장하는 것이고, 다른 하나는 Aldrich가 주장한 것, 그리고 또 다른 하나는 다른 두 이론의 요소들을 결합한 이론이었다. 그런 다음, Hilton(1972 : 3)은 다음과 같이 언급했다.

'인과추론 기법은 엉뚱한 네트워크들을 기각할 수 있으리라는 희망을 줄 수 있겠지만, 선험적 사고도 그 점에서는 마찬가지다. 자료들은 항상 몇 가지 이론들과 일치할 것이다. 이러한 이론들 중에서 어떤 것을 선택할 것인가 하는 결정은 다른 바탕 위에서 내려져야 한다.' 그는 또한 인과추론 기법이 실제로 인과의 방향을 식별해주는 것은 아니라고 지적했다. '자료는 관계의 크기를 결정할 뿐, 방향을 말해주는 것은 아니다. 소위 관계의 방향에 대한 결론이라고 하는 것은 사실은 결론이 아니고 가정에 불과하다(Hilton 1972: 54).'

* * *

1971년에 나는 베를린으로 자리를 옮겼는데, 거기서 독일의 몇몇 교수들이 미국의 연구를 머리를 쓸 필요가 없는 실증주의로 인식하고 있다는 사실에 크게 놀랐다. 그중 한 교수는 미국의 사회학자들을 쳇바퀴 속에서 달리고 있는 다람쥐와 같다고 했는데, 다람쥐가 미친 듯이 달리고, 달리고, 달리지만 어디에도 가지 못한다는 점에서 그렇다는 얘기였다. 물론 처음엔 그렇게 생각하지 않았지만, 결국 나도 많은 실증 연구들이 이전의 연구를 모방만 하고 별다른 가치를 덧붙이지는 못하면서 이력서에 몇 줄의 연구성과 목록을 올려놓는 것에 불과한 것이라는 사실을 깨닫게 되었다. 몇 년을 보내면서, 몇몇 유럽 학자들이 보여준 통찰력을 존경하게 되었는데, 미국으로 돌아와서는 동전의 다른 측면, 즉 미국의 실증주의의 우수성에 대한 자부심, 그리고 실증주의 색채가 약한 유럽 사회과학에 대한 경멸에 가득 찬 미국인들을 접하게 되었다. 그 뒤로도 다른 나라에 가서 생활 때마다 느끼는 것이지만, 내가 생활했던 모든 나라가 자신의 지식인들과 교육제도, 지적인 전통에 대한 우월성을 철석같이 믿고 있었다.

* * *

베를린에 있는 동안, Wold(1965)가 저술한, 상세한 시계열분석 입문서를 접하게 되었다. Wold는 계열의 새 값들이 이전의 값에 의존하는 경우에 계열이 기대값으로부터 얼마나 벗어날 수 있는지를 컴퓨터 시뮬레이션을 사용해서 예증해 보여주었다. 실제적인 예로서, 월별 국가취업률 계열, 매일의 월마트 주식의 종가 계열, 이리호의 일자별 평균기온 계열 등을 꼽을 수 있을 것이었다. Wold는 그러한 계열들이 발생했을 수 있는 방식을 매우 간단한 세 개의 모형으로 가정한 다음, 이 모형들을 이용해 계열을 생성해내고 세 모형 중에서 어떤 것이 해당 계열을 생성했는지를 추론해보고자 했다. 그는 100개의 연속 관측치를 가진 계열을 한 사례로 살펴보았지만, 추정 가망성이 거의 보이지 않았다. 그래서 각각의 계열마다 100개의 사건들을 200번 복사해서 20,000개의 관측치를 만들었더니, 꽤 정확한 중심추세 추정치를 얻을 수 있었다. 그렇지만 그렇게 많은 사건들을 생성해내면서 안정적인 상태를 유지할 수 있는 사회과정은 존재할 수 없는 법이다.

자신의 과거 값에 계열은 인과적으로 연계되어 임의적으로 발생하는 교란요인들(random disturbances)을 증폭시키고 영속화하기 때문에, 그로부터 얻은 추정치는 신뢰하기가 힘들다. 그와 같은 과정은 임의적으로 발생한 교란요인들을 잊지 않고 간직하고 있다가, 미래값을 산출할 때 반응한다. 그와 같은 과정이 반복될 때마다 기대값으로 부터 엉뚱하게 벗어난, 매우 다른 계열이 만들어지는 것이다. 이것이 의미하는 바는 관측된 계열들이 그것들을 생성한 과정에 대해서 불충분한 증거만을 제시할 뿐이라는 것이다. 그러니까 단 하나의 계열이나 단지 몇 차례의 반복 관찰만으로는 잘못된 추정을 제시할 가능성이 크다(Pant and Starbuck, 1990).

Wold는 계열을 생성하기 위해서 한 개의 변수를 가진 매우 단순한 방정식을 사용하였다. 그렇게 간단한 처리방식은 사회경제 분석에서는 찾아보기 힘든 것이다. 나는 사회과학자들이 대개의 경우 종단적 자료들로부터 도출해내고자 하는 일종의 통계적 추론방식 같은 것들을 모방할 심산으로, Wold의 연구를 확장해서 Ames와 Reiter가 관찰했던 특성들을 포함한 자동상관 계열(autocorrelated series)을 만들어 보았다. 즉 모든 계열을 선형적 추세를 포함하면서 자동상관 계수가 0.6 이상인 2차 자동상관 관계를 가지고 있는 것으로 했다. 각각의 계열은 25개의 사건으로 구성되었는데, 앞서 출간된 연구들이 전형적으로 가지는 크기였다. 분석은 세 개의 계열을 가지는 것으로 했다. 즉 계열 Y는 계열 X에 인과적으로 연결되어 있지만, 계열 W는 X 와 Y 모두와 인과적인 관계가 없는 것으로 했다.

시계열 분석에 허용되는 수순을 이용하여, Y가 X 및 W 모두에게 의존하고 있다는 틀린 가설을 세우고 있는 방정식의 계수를 추정하여 보았다. 계수 추정치는 거의 모든 경우에 Y와 W 사이에 통계적으로 의미있는 상관관계가 있음을 보여주었고, 상관관계는 인과관계와 다르다는, 곧잘 무시되는 경고를 상기시켜주었다. 모형의 중앙값 계수 추정치는 그런대로 정확했는데, 대부분의 오차가 10%와 50% 내에 위치했다. 그러나 영(零)에 근접한 상관계수 추정치는 심각한 오차 백분율을 보여주었다.

Wold가 반복적인 관측치가 중심추세 추정치를 더 잘 예측해준다는 사실을 보여주었기 때문에, 나도 반복 관찰이 상관계수를 더 잘 예측해 줄 수 있을 것으로 기대했다. 나는 잘못 규정된 모형에서 인과적 의존성을 독립성과 구별해내기 위해서 얼마만큼의 반복 관측이 필요한지를 알아보고자 했다. 놀랍게도, 연구 종료 후에 되돌아보면 그러한 결과가 나오는 게 당연하게 생각되지만, 반복 관측이 도움이 되는 것만큼이나 해가 되기도 한다는 사실을 발견하였다. 분석대상이 된 맨 처음의 계열이 평균 상관계수 추정치보다 더 정확한 결과를 산출하는 경우가 거의 40%에 달했고, 계속해서 뒤따르는 반복 관측으로 인해 평균적인 오차가 더 심해지는 결과를 얻었던 것이다. 그러므로, 반복 관측은 실제로는 추정치의 평균 정확도를 떨어뜨리면서, 상관계수 추정치의 신뢰도를 증가시키는 셈이 된다.

* * *

내가 시계열에 관심을 가지게 된 이유는 수년 전에 발생했던 독일 대학들의 변혁에 대한 통계 자료를 분석하고 싶었기 때문이었다. 합리적 사고의 신뢰성에 대해서 의혹이 커지고 있었음에도 불구하고, 나는 수학적 논리를 줄기로 삼고 있는 논문들을 계속해서 발표하고 있었고, 급격하고도 극적인 혁명을 경험하게 될 사회시스템이 필요로 하는 조건들을 수리적으로 특정하고 있는 논문을 게재한 적도 있었다(Starbuck, 1973). 수학은 그러한 변혁이 시작된 이유를 설명하려고 하는 것은 별 의미가 없다는 입장을 표방한다. 즉, 변혁이 시작된 시간을 구체적으로 적시할 수는 있지만, 왜 바로 그 시기에 시작되었는지, 그 이유에 관해서는 설명을 할 수 없는 것이다.

나는 실제로 변혁을 경험했던 시스템을 수학적으로 기술할 수 있는지를 알아보고 싶었다. 변혁이 발생한 것 자체가 독일 대학들이 수학적으로 필요한 특성들을 가지고 있었으리라는 사실을 암시하고 있었다고 하더라도, 이러한 특성들이 실제로 발생한 변혁 속에서 어떤 성질을 가질 수 있게 되는지가 자못 궁금했다. 나는 프리(Free)대학교 도서관으로 가서 숫자들을 기록하기 시작했는데, 그 과정에서 변혁이 그 이전에 수집해오던 자료들을 변경해버렸다는 사실을 깨달았다. 변혁 전에 사람들이 관측했던 변수들은 변혁 전에 존재했던 시스템과 관련되어있는 것들이었으며, 변혁 후에 의미있는 것으로 전환된 변수들을 포함하고 있지 않았다. 그와 대조적으로, 변혁 후에 사람들이 관측한 변수들은 변혁 후에 존재했던 시스템과 관련된 것들이었으며, 변혁 전에 의미를 가지고 있던 변수들에 관해 관측하는 일을 그만두었던 것이다. 실제로, 대학교가 변혁 전에 축적해오던 자료들 중, 변혁 후에도 수집을 계속한 것은 별로 없었다. 반대로, 대학교가 변혁 후에 모아오고 있던 자료 중에 변혁 전에 수집했던 자료 또한 별로 없었다. 이러한 경험은 많은 자료들이 (지배 엘리트층의 이해관계를 대변하고 있다는 점에서) 정치적인 색깔을 띠고 있다는 점을 좀 더 분명하게 보여주었으며, 그 이후로 나는 자발적 자료는 조심스럽게 접근할 필요가 있다고 생각하게 되었다.

* * *

변혁적인 변화를 경험한 사회시스템에 대해서 논한 수학 논문을 끝으로, 나는 수학적 접근을 하는 논문 쓰기를 그만두기로 했다. 난 내 분석을 매우 흥미로운 것으로 생각하긴 했지만, 고급 수학을 내용으로 한 논문을 읽는 것에 흥미를 느낄 사람들은 거의 없을 것으로 여겨졌다. 나는 읽는 사람이 거의 없는 논문을 쓰는 데 내 인생을 허비하지 않기로 마음을 먹었다.

좀 더 널리 읽히는 논문을 쓰고자 하는 열망으로, 나는 저술 스타일에 대한 아이디어를 탐색해보기 시작했는데, 그러다가 동사 '… 이다(to be)'의 남용에 대해서 쓴 논문을 읽게 되었다. 그 논문은 '… 이다(to be)'라는 표현은 상황을 정적이고, 균형상태에 놓여 있는 것으로 묘사하는 것이기 때문에, 글의 재미가 덜해지는 경우가 왕왕 있다고 지적하고 있었다. '… 이다(to be)'가 사회과학자들로 하여금 정태적인 준거틀을 구축하도록 하고, 사회를 안정적인 것으로 바라보도록 유도하기 때문에, 궁극적으로 동적인 사건들을 보지 못하게끔 부추기고 있다는 생각이 퍼뜩 들었다.

*　*　*

동료인 Bo Hedberg가 스웨덴 정부로부터 침체에 빠진 산업을 연구할 연구비를 받았다고 알려 왔다. 그는 왜 일부 산업들이 침체의 늪에 빠지고, 기업이 망하고, 사람들이 실업자가 되는지를 알고 싶다고 했다.

내 학문적 배경과 지향점이 사회심리학적이어서인지는 모르겠지만, 나는 그 책임이 환경보다는 기업에 있다는 생각을 하고 있었다. 나는 다음과 같이 에둘러 말했다. "자네 생각은 완전히 잘못됐어! 진짜 흥미로운 질문은 왜 어떤 산업들이 침체에 빠지는가 하는 것이 아니네.

기술은 항상 발전하는 것이고, 사람들은 항상 들락거리고 있으며, 가격은 항상 오르락내리락하지 않나. 변화는 피할 수 없는 일이고, 그 중 어떤 변화들은 어떤 산업들을 진부한 것으로 만들어버릴 것이네. 오히려 더 의미 있는 질문은 이런 것이 될 거야. 기업을 경영하는 총명한 사람들이 자신이 속한 산업이 침체에 빠지고 있음을 인식하고 있으면서도, 왜 그 산업에 그대로 머무는 선택을 하느냐 하는 것이네. 왜 자신이 속한 산업이 침체에 빠져들고 있는데도 좀 더 장래가 보이는 산업으로 옮겨가지 않는 것일까?"

그도 나와 비슷하게 에둘러 대충 다음과 같이 말했다. "자네는 학술적인 공상만 늘어놓고 있구먼. 무엇을 어떻게 만들어서 어떻게 팔아야 하는지를 아는 기업이 제품라인과 기술자들을 무작정 뽑아내서 다른 산업에 꽂아 넣을 수는 없는 법이네. 그 기업들이 지닌 특화된 기술과 사업 연계망이 그들을 그 환경 속에 갇히게 만드는 것이지. 한 산업에 속한 기업들은 같이 진화해야만 하는 것이잖나. 산업들에 활력을 불어넣고 그 기업들이 사회적 욕구와 기술적, 경제적 기회에 맞추어서 진화하도록 하는 유인책을 조성하는 것, 그것이 사회가 짊어져야 할 과제야."

분명히 우리는 매우 큰 의견의 차이를 보이고 있었다. 나는 산업의 정체가 개별 기업들의 경영자들에게 과제를 던지는 것이라고 말하고 있는 것이고, Hedberg는 산업 전체가 정부의 정책입안자들에게 과제를 안겨주는 것이라고 말하고 있는 것이었다. 우리는 우리가 보인 이견을 이 논제들을 같이 연구하면서 해소해보기로 했다. Hedberg와 내가 밀워키로 자리를 옮기고 나서 Paul Nystrom이 프로젝트에 참여했으며, 우리 셋은 그 후로 10년 동안 내내 협력관계를 유지했다.

우리가 협력한 결과물 중에는 위기에 직면한 조직들을 사례 연구한 것들이 있었다. 우리는 연구 초반에 예외적인 사건들을 찾아서 그러한 예외적인 사건들이 시간이 흐르면서 어떻게 전개되어 갈 것인가를 알아볼 생각을 하고 있었기 때문에, 사례연구를 하기로 했다. 우리는 대부분의 조직들과 산업들이 대부분의 시간 동안에 꽤 성공적으로 운영되지만, 가끔은 바이러스나 박테리아와 같은 균이 조직이나 산업을 오염시켜서 질병에 걸리게 된다고 생각했다. 병이 심각해지면, 감염된 조직이나 산업은 갑자기 헤어날 수 없는 위기에 봉착하게 되고, 결국 파국을 맞게 된다는 생각이었다. 우리는 매우 심각한 위기에 봉착한 조직을 찾아내어서 왜 그들이 그러한 심각한 곤경에 처하게 되었는지, 그러한 곤경에 처하고 있었을 때 어떤 행동을 취하는지 등을 연구하고자 했다.

물론, 우리는 환경 변화 때문에 곤경에 처하게 된 조직을 특별히 찾아다닌 것은 아니었다. 우리가 그런 사례를 일부러 배제한 것은 아니었지만, 환경 변화가 우리가 연구할 사례를 고르는 선택 기준은 아니었다. 우리는 단지 심각한 곤경에 처해 있다는 표식들을 찾고 있었으며, 따라서 곤경에 처해 있는 다양한 조직 및 산업들, 또는 곤경의 표식들을 찾아다녔다.

우리가 발견한 것은 우리가 시작할 때 기대했었던 것과 크게 달랐다. 말하자면, 우리는 너무나 많은 사례들에 파묻혀버리고 말았던 것이다. 우리가 바라보는 곳에는 어김없이 위기가 도사리고 있었다. 그런 사례들은 신문과 잡지를 도배하고 있었으며, 동료들은 우리에게 관련 사례들을 뽑아서 건네주었다. 우리의 연구를 회의적으로 바라보고 있던 사람들도 사례들을 보내왔다. 우리는 우리가 정상적인 상황을 보고 있다는 것, 즉 실패들, 그리고 심각한 실패 위험은 어디에나 널려 있다는 사실을 점차 깨닫기 시작했다. 거의 모든 조직이 언젠가는 심각한 위기에 직면하게 되고, 그들 중의 일부가 되풀이되어 맞게 되는 위기들을 극복하고 살아남는 사실 말이다.

연구 초기에는 우리 사이에 의견의 불일치가 존재했는데, 이러한 의견의 불일치가 우리로 하여금 사건을 다르게 해석해보도록 자극을 했고, 마침내 우리가 도출해낸 몇 가지 핵심 추론들은 수년에 걸친 토론과 우리들 각자가, 또는 둘 이상이 초기에 제기했던 반대의견들을 극복하고 나서야 도달할 수 있었던 것들이었다. 우리가 아주 힘들게 도출한 추론들 중 하나는 위기가 그렇게 만연한 이유는 조직이 성공을 굳건히 하기 위해서 취하는 조치들까지도 위기를 촉발하기 때문이라는 것이었다(Miller, 1990). 성공적인 조직은 행동을 프로그램화하기도 하고, 조정하기가 어려운 행동들 사이에 완충장치를 만들어 넣기도 하면서 지속해서 성공의 길을 모색한다. 또한 그들은 자신이 처한 환경을 안정시키고자 노력하기도 한다. 이러한 조직의 노력들이 단기적으로는 원하는 결과들을 산출하기도 하지만, 환경을 안정시키려는 조직의 노력에도 불구하고 프로그램화된 조치들이 환경이 진화하고 변화하는 과정에 수반되는 위협요소와 기회요소들에게 부적합한 것들로 되어가면서 장기적으로 장애가 되어버리고 만다.

그뿐만 아니라, 이 연구에서 일관되게 나타난 주제는 최고경영자는 외부인(그리고 내부인)이 사실이라고 여겼을 법한 기업 및 시장의 환경 관점과 사뭇 다른 관점을 발달시키고 있었다는 것이었다. 이러한 차이가 나는 이유는 기업은 그들에게 가장 중요한 것으로 비치는 영역에 정보수집에 필요한 자원을 배분하고, 그렇게 함으로써 경영관리자들의 신념과 기대에서 벗어난 환경 사건들에 대해서는 눈을 감아버렸기 때문이었다. 두 번째 이유는 최고경영자가 부하들로부터 올라오는 정보보다는 자신의 경험을 더 확신하기 때문이었다. 우리가 연구한 위기들 모두에서, 최고경영자는 부하들로부터 정확한 경고와 진단의 목소리를 듣고 있었지만, 그 목소리에 거의 관심을 기울이지 않았다. 심지어는 그러한 것들을 종종 비웃기조차 했다.

Hedberg와 나는 우리 둘 다 부분적으로 옳았다는 결론을 내림으로써 마침내 이견을 해소할 수 있었다. 물론, 그와 같은 결과는 수년에 걸친 협력관계를 통해서 날이 갈수록 더욱 두터워진 우리의 우정이 빚어낸 결과였을 것이다. 우리는 Hedberg가 처음에 생각했었던 방식과 똑같지는 않지만, 위기가 조직의 환경에 의해서 생성되기도 하고, 처음에 내가 생각했던 것과는 어느 정도 다르긴 하지만, 조직 자체에 의해서 야기되기도 한다는 결론을 내릴 수 있었다.

*　*　*

1970년대에 발생한 몇 가지 사건들이 실재하는 것과 그렇지 않은 것 사이의 차이와 관련해서 내가 가지고 있었던 신념을 바꾸어야 한다고 일깨워주었다. 조직과 환경 사이의 관계에 대해서 내가 품고 있던 생각을 하나의 장을 할애하여 실었던 책이 출간되었는데, 그 바로 다음 장에 회사 구성원들에게 소속 회사의 구조와 문화의 특징에 관해서 진술한 것을 분석한 연구 100여 편을 개괄적으로 검토한 Roy Payne & Derek Pugh(1976)의 글이 실려 있었다. 그들은 사람들 대부분이 자신들이 속한 조직을 부정확하게 알고 있다고 추정했다. 그들이 제시한 자료는 서로 다른 부서에 속한 구성원들이 조직의 거의 모든 특성에 대해서 크게 다른 의견들을 제시하고 있어서, 평균적인 인식에 대해서 말하는 것 자체가 의미가 없을 뿐 아니라, 자신의 조직에 대한 구성원들의 인식이 객관적으로 측정 가능한 조직특성과도 매우 약한 상관관계를 가지고 있음을 보여주었다. 달리 말한다면, 조직특성들은 합의라는 지원마저도 받지 못하고 있다는 얘기다. 조직특성이란 불가사의한 것일 뿐 아니라, 조직이 실제로 특성이란 것을 가졌는지도 의문을 던져볼 만하다. 그렇지만 Payne과 Pugh는 사람들은 자신들이 큰 조직, 또는 작은 조직에서 일하고 있다는 사실은 알고 있다고 보고해서 나에게 한 조각의 위안을 선사해주기도 했지만 말이다!

내 사고에 의문을 던진 또 하나의 연구는 King이 행한 현장 실험연구(1974)로, 그 연구는 행위의 결과가 겉으로 나타나는 행위보다도 실험자의 이론에 더 크게 의존한다는 점을 암시하고 있다. 이 연구는 그냥 보기에는 두 종류의 직무재설계 방식을 비교하는 데에 목적을 두고 있는 것 같지만, 그에 더해서 상사가 공장 관리자에게 변화를 추진하는 이유를 달리 전달하는, 2×2의 연구 설계를 채택하고 있었다. 두 종류의 직무설계 방식은 매우 유사한 생산성과 결근율을 보였지만, 상사가 전했던 직무재설계 이유에 따라 생산성과 결근율에서 변화가 목격되었다. 즉, 실제 작업행위의 변화 자체는 결과에 있어서 미세한 차이를 보이는 데 그쳤지만, 변화를 시도한 이유에 따라 결과 측면에서 상당한 차이가 초래된 것으로 나타났다.

나는 한 학회에서 주관적인 인식과 객관적인 자료의 비교를 내용으로 한 논문을 발표했다. 발표 후에, Karl Weick가 질문했다. "객관적인 자료가 아예 없다면 어떻게 하지요?" 나는 이 질문이 무슨 의미인지 이해하기 힘들었다. 그런데도, Weick의 현명함에 커다란 존경심을 느끼고 있던 나는 소위 '객관적인' 자료는 정신적인, 또는 사회적인 과정을 거쳐서 구축되는 것으로 해석해보는 실험을 시작했다.

* * *

Peter Grinyer & David Horburn(1975)이 저술한 논문 한 편이 전략적 계획을 향한 내 열정에 생채기를 내면서 사회과학의 진화에 대해서 생각해보도록 촉구하는 씨앗을 심어주었다. 그들은 전략적 계획수립과 그에 따른 이윤과의 관계를 검토하였는데, 이익을 내는 사업체들은 전략적 계획수립을 공식적으로 사용하는 여부와 상관없이 이익을 내고 있었으며, 이익을 내지 못하는 사업체에서도 사정은 마찬가지였다. 나는 전략수립 과정이 기업으로 하여금 이익을 증대시키고자 하는 데 도움이 되리라고 막연히 생각해왔었기 때문에, 이 연구 결과에 흥미를 느껴서 수익성과 전략수립 사용 사이의 관계에 관한 논문들을 가능하면 많이 발굴해보려고 했다. 가장 오래된 논문은 Thune & House(1970)가 저술한 것이었는데, 상당히 높은 긍정적인 상관관계를 보고하고 있었다. 이 강한 상관관계 발견을 디딤돌 삼아, 다른 연구자들이 둘 사이의 관계에 대해서 따져보기 시작했는데, 자신들이 Thune & House(1970)의 연구를 좀 더 개선할 수 있으리라는 생각이 일부 작용했을 것이다. 시간이 지나면서, 수익성과 전략수립 사이에 대해서 보고되는 상관관계는 영(零)을 향해 줄어들었다. 마침내는 수익성과 주가를 측정한 몇몇 연구에서는 그 둘 사이의 상관관계가 영(零)을 중심으로 맴돌고 있었다.

나는 세상에 널리 퍼져있는 현상 하나를 본 것은 아닌가 하는 생각이 들었다. 사회과학자들이 무엇인가 상당히 강한 상관관계를 발견했다고 보고하는 현상 말이다. 그 관계가 꽤 일반적이고 강한 것일 수도 있겠지만, 그러한 결과가 방법론적인 결함으로 인해 나타났을 수도 있고, 분석에 사용된 자료의 특수성 때문에 초래되었을 수도 있다. 강한 관계의 발견은 다른 연구자들의 관심을 끌게 되고, 이제 연구자들은 애초의 연구가 가진 결함을 발견할 수 있거나, 새로운 자료를 사용해 연구해볼 수 있게 된다. 그 결과, 그들도 관계를 발견하기는 하지만, 전보다는 약한 관계를 발견한다. 그 뒤로 또 다른 연구자들이 나타나서 조금 다른 분석 방법론과 다른 자료를 분석에 사용한다. 그리고 전보다 더 약해진 관계를 발견하게 된다. 마침내, 방법론이 진화하면서 보고되는 관계성은 영(零)을 중심으로 맴돌게 되고, 연구자는 흥미를 잃어버리고 마는 것이다.

* * *

나는 Tosi, Aldag, & Storey(1973)의 연구와 Downey, Helliegel, & Slocum(1975)의 연구를 통해서 자발적 자료와 관련된 또 다른 문제를 인식하게 되었고, 전략의 유용성에 대해서 더 강한 의심을 품게 되었으며, 이러한 생각은 10여 년 후에 나를 지각의 정확성에 관한 연구 프로젝트로 이끌게 된다.

Lawrence & Lorsch(1967)는 1967년에 기념비적인 논문을 발표하였다. '환경 조건이 다르다고 한다면, 그에 따라 어떠한 조직 형태가 가장 효과적일까?'라는 질문을 던진 다음에, '기업 조직의 특성이 그 기업이 처한 환경의 특성과 잘 정렬되어 있을 때 성과가 더 높아진다.'라고 추론했다(1967:134). 그러나 그들이 사용한 자료는 관리자의 지각이었을 뿐, 조직의 특성이나 환경적 특성, 그 어느 것도 측정되지 않았다.

Lawrence와 Lorsch가 발견한 것은 기업의 성과가 부진할 때에는 관리자들이 기업의 구조와 그 기업의 환경 사이의 불일치를 더 잘 인식할 가능성이 크다는 것에 다름이 아니라고 해석될 수 있는 것이다.

Lawrence와 Lorsch는 관리자들에게 '환경의 불확실성'에 대해서 어떻게 지각하고 있는지를 물었다. Lawrence와 Lorsch가 제시한 이론은 환경의 불확실성이 여러 개의 요소로 구성된다고 진술하고는 있지만, 그러한 구성요소들에 관해 물어보지도 않았고 이 구성요소들 사이에 일관성이 존재한다는 아무런 증거도 제시하지 않았다. 두 연구 집단이 Lawrence와 Lorsch의 방법론을 개선하고자 했다. 두 집단 모두 중간관리자와 최고관리자에게 기업의 시장에 대한 불확실성에 대해서 그들의 생각을 기술하도록 하고, 이를 기업의 재무보고서와 산업통계로부터 계산해낸 변동성 지수와 비교하였다. 두 연구 집단은 소위 '객관적인' 측정치와 관리자의 지각 사이의 상관관계를 구하여 보았는데, 두 집단 모두 상관관계가 0에 가깝거나, 상관계수가 긍정적인 값보다는 오히려 부정적인 값이 더 빈번하게 관찰되고 있음을 발견하였다. Tosi, Aldag, and Storey(1973)은 22개의 기업에 속한 102명의 중간 및 최고경영자로부터 얻은 자료를 이용하여, 환경 불확실성에 대한 관리자들의 지각과 산업 및 회사 자료들로부터 산정된 변동성 지수 사이의 상관관계가 −0.29에서 +0.07 사이에 자리한다는 결론을 얻었다. Downey, Helliegel and Slocum(1975)은 대규모 복합기업에 근무하는 51개 부서장으로부터 얻은 자료를 이용하여, 관리자들이 지각한 환경 불확실성과 환경 불확실성을 구성하는 두 요소를 산업통계로부터 산정된 변동성 지수와 비교하여 보았는데, 상관계수는 −0.17과 +0.06 사이에 자리했다. 또한 그들은 환경 불확실성 구성요소들을 환경에 대한 관리자들의 지각들과 비교하여 보았는데, 상관관계는 −0.24에서 +0.21에 자리했다. 그들은 그 외에도 기업의 환경에 대한 관리자들의 지각이 환경특성 측정치보다도 관리자의 개인적 특성과 더 높은 상관관계를 가지고 있음을 발견하였다.

Tosi 등과 Downey 등은 그들의 연구에서 보고된 상관관계가 낮고 일정하지 않은 것은 설문지에 문제가 있거나 변동에 대한 객관적인 측정치에 문제가 있기 때문일지도 모른다는 의견을 제시했다. 그러나 나는 그와는 매우 다른 해석이 가능하다고 생각했다. 이 연구들은 관리자들이 지각하는 환경의 변동성이 환경의 변동성에 대한 '객관적인' 측정치와 상관관계를 가지고 있지 않다는 것을 의미하는 것일 수도 있다는 것이다. 또한, 나는 그들, 그리고 Lawrence와 Lorsch가 모두 단 하나의 방법으로 단 한 차례에 걸쳐 자료를 얻었다는 점에 주목했다. 연구자들은 하나의 설문지, 또는 한 번의 인터뷰에 설문 항목들을 포함함으로써, 응답자들에게 이 항목들 사이에 관계가 있음을 발견할 수 있어야 마땅하다는 점을 암시한다. 그에 더하여, 항목들을 작위적인 방식으로 나열함으로써, 연구자들은 항목들이 어떻게 관계를 맺어야 하는지를 암시한다. 감각이 무딘 응답자가 아니라면 그렇게 강력한 힌트를 보지 못하고 지나칠 수 없는 일이다. 사실, 응답자들은 항목들이 임의적으로 나열되어 있다고 하더라도 그 항목들 사이의 관계를 알아볼 수 있어야 마땅하리라고 생각했을 수도 있다. 게다가, 응답자들이 그들의 세상을 객관적인 방식으로 이해하지 않는다고 하더라도, 세상에 대해서 어떤 식으로든 이해해오고 있음은 거의 확실하다. 예를 들어, 관리자들이 Lawrence와 Lorsch에게 진술한 내용이 다른 어떤 사람이 독립적인 측정방식으로 평가해도 그렇다고 할 만큼 정확한 서술일 수도 있었을 것이고, 관리자들이 지각하고 있는 관계들을 정확하게 기술한 것일 수도 있었겠지만, 이러한 지각들이 그 외의 다른 사람이 독립적인 측정방식으로 평가한 것과 상당한 차이를 보일 수 있는 것이다(Starbuck, 1985). 관리자들이 동료들과 그러한 지각들을 공유하고 있기 때문에, 그렇게 이해한다고 해서 놀랍다고 할 생각할 사람이 어디 있겠는가? 어떤 신념에 대해서 합의가 이루어지면, 다른 사람들이 똑같은 결과를 얻어낼 수 있는 것만을 사실로 받아들이는 것이 아니라, 그 신념을 공유하고 있는 사람들 사이에는 그 합의된 신념 자체가 사실로서 인정될 수 있는 것이다.

* * *

Greenwald(1975)는 *Journal of Personality and Social Psychology*에 논문을 발표한 사람들과 심사위원들을 설문조사하여 귀무가설에 대한 편향성을 발표하였다. 그는 수많은 연구들이 후에 심리학자들이 진실인 것으로 판단한 귀무가설을 부정하고 있음을 보여주는 몇 가지 사례를 들어, "제 1 오류 유형(Type 1 error)이 광범위하게 퍼져있는 현상"이 지속적으로 나타나고 있음을 보고하고 있다. 통계 철학은 제 1 유형의 실수를 저지를 확률(0.01 ~ 0.05)이 낮으므로, 열 개의 연구를 예로 들었을 때 그 연구들 모두가 그런 오류를 저지를 확률은 매우, 매우 낮을 수밖에 없을 것이라고 주장한다. 그러나 그렇지 않다. 왜 그렇게 매우, 매우 낮지 않은지를 설명해주는 이유의 하나로 연구의 편향성을 들 수 있을 것이다(Blaug, 1980).

* * *

나는 1976년부터 1979년까지 시간의 대부분을 *Handbook of Organizational Design*에 글을 써준 사람들의 원고에 대한 피드백을 전달하면서 보냈는데, 그 피드백 행위가 언어적 관습이 사회과학 연구에 미치는 미묘한 영향력에 나 스스로가 민감하게 반응하기 시작하는 계기를 마련해주었다. 그 책은 수많은 장들로 구성되어 있었는데, 그 장들에 대해 반복해서 유사한 언급들을 하고 있는 나 자신을 발견하였기 때문에, 의미를 왜곡하는 것으로 받아들여질 만한 용법들의 사례를 모아보기 시작했다. 후에, 여러 군데 학술지의 심사위원으로 일하면서, 그러한 사례들을 계속해서 모아갔고, 마침내 많은 양의 사례들을 모을 수 있었다.

마땅치 않은 관습의 하나는 대표적인 사례를 묘사하면서 정관사를 사용하는 것이었는데, 그런 경우라면 부정관사를 사용하는 것이 적합한 것이다. 영어 이외에 다른 언어를 배우려고 시도할 때마다 내가 얼마나 그 언어들을 말하는 것에 무능력한지를 느끼곤 했지만, 그러한 시도들을 통해서 정관사와 부정관사가 서로 다른 의미를 가지고 있다는 점을 확신하게 되었다. 원칙적으로, 정관사(the)는 이름을 붙일 수 있는 특정한 경우를 표시한다. 'The environment'는 인디애나폴리스나 영국 소시지 산업, 또는 한 관리자가 구체적으로 지적했듯이, 롱아일랜드 주에 소재하는 땅 위로 솟아있는 유대인의 무덤과 같이 하나의 특정한 환경을 의미한다. 마찬가지로, 'the organization'은 미네소타 광산회사나 노던사우스다코타 대학교처럼 하나의 특정된 이름을 붙일 수 있는 조직을 의미하는 것이다. 부정관사(a 또는 an)는 특정되지 않은 일반적인 경우를 지정한다. 따라서 'an environment'는 하나의 일반적인 환경을 의미하며, 'an organization'은 하나의 일반적인 조직을 의미한다.

정관사와 부정관사를 혼동하여 사용하도록 내버려 두면, 사회과학자들에게 특정한 사례로부터 일반화를 제조해내도록 허용하게 되는 셈으로, 이로 인해 심각한 문제들이 발생한다. 예를 들어, 조직이론가들이 사랑해 마지않는 'the organization'은 그들로 하여금 조직들 사이의 차이점을 뭉개버린 채, 마치 모든 조직들이 똑같은 방식으로 행동하는 것처럼 진술하도록 허용해버리고 마는 것이다. 마찬가지로, 조직이론가들은 'the environment'라고 언급함으로써, 특정한 조직들에 대해서 나름의 환경들이 지니는 모호성과 다양성, 선택성, 차별성의 정도를 축소해오고 있다. 사실, 'the organization and the environment'라는 방식으로 기술되었음에도 어떤 경고음도 제기되지 않은 명제는 '모든 조직 그리고 개별 조직이 처하고 있는 모든 환경들'이라고 진술할 때와 같이 터무니없는 것으로 들릴 수 있는 것이다. 어떤 특수한 회사의 특수한 이론(the theory), 특수한 규제 절차(the regulatory process), 또는 특수한 의사결정과정(the decision process)이라고 말함으로써 초래될지도 모를 오해들을 저지르지 않도록 주의해야 한다. 연구자들은 모름지기 언어상으로서가 아니라 실증을 통해서 사회현상의 동질성을 입증해야만 하는 것이다.

이 경우와 관련하여, 더욱 미묘한 방식으로, 작지만 매우 집요하게 특이성을 마모시키는 또 하나의 관습은 단수와 복수를 혼용하는 것으로, 복수로 쓰는 것이 대개 더 적확한데도 단수로 처리하는 일이 잦다. 예컨대, 저자들은 '임금획득들에 대한 기술적 및 사회적 근거(the technical and social basis for wage attainments)'이라든가, '특수한 조직들의 환경적 특성들(the properties of the environment of particular organizations)' 등으로 써오고 있다. 임금획득들(wage attainments; 복수)이 모두 같은 근거(basis; 단수)를 가질 가능성이 거의 없음에도 불구하고, '임금획득들에 대한 기술적 및 사회적 근거'라고 말한 누군가는 하나의 설명이 모든 임금획득들의 기반을 이룬다고 가정하는 것으로 이해될 수 있는 것이다. 마찬가지로, 조직들은 부분적으로 독특한 환경들을 발달시키고 있지만, '특수한 조직들의 특정한(the) 환경 특성들'이라고 말하는 사람은 상이한 조직들 모두가 동일한 환경을 공유한다고 가정하고 있는 것일 수 있다. 나는 연구자들이 종종 그러한 가정들을 하고 있음을 발견하고 있다. 언어가 그들에게 그러한 가정들을 부지불식간에 하게 만드는지, 그렇지 않은지에 대해서 내가 가타부타 말할 수는 없다. 그러나 단수와 복수를 섞어서 사용하면, 자료가 일반화를 정당화하고 있는지를 판단하는 과정에 분명하지 않은 생각들이 종종 끼어들게 된다.

과도한 일반화를 조장하는 두 가지 관행이 있는데, 특수명사 대신에 일반명사를 사용하는 것과 하나의 개념에 여러 개의 상이한 이름을 붙이는 관행이 그것이다. 예를 들어서, Happydale Nursing Home을 연구해오고 있는 누군가가 그것을 의료서비스 기관이라고 기술하게 되면, Happydale에 대한 관찰자료들이 다른 건강서비스 기관으로 일반화될 수 있음을 의미하게 된다. 대중의 반대의견이 줄어든 것을 목격한 누군가가 그 현상을 갈등 감소 현상으로 기술하면, 다양한 형태의 갈등들이 줄어든 것을 의미하고 있는 것으로 해석될 수 있다. 마찬가지로, 일관성이 없는 용어의 선택이 개념의 의미를 흐릿하게 만들어버릴 수 있다. 예를 들어, 한 저자는 '목표들(goals)'과 '결과들(outcomes)', 더 나아가서 '이해들(interests)'을 동일한 것들로 사용했다. 또 다른 한 저자는 '컨설턴트'를 '변화대리인'과 동일한 의미로 사용하고, 더 나아가서

'중재인(intervener)', '촉진자(faciliator)'까지 동일한 의미로 사용하고 있었다. 또 다른 저자는 '환경의 인과적 짜임새'를 '객관적 환경'으로, 또 '산업 환경'으로 바꿔가면서 동일한 뜻으로 사용하고 있었다. 글쓰기 구체성과 일관성을 요구하는 이유들 중 하나는 사회과학자들이 막연하고 허세로 가득한 용어들을 채택함으로써 자신의 연구가 중요하다는 점을 부각하려고 노력하는 일이 너무 잦기 때문이다.

2.4 1980년대

*Handbook of Organizational Design*의 발간을 통해 나는 흥미로운 현상을 경험할 수 있었다. *Handbook*은 연구자들이 조직 내에 변화들을 시도한 후 그 시도들이 초래하는 결과들을 관찰해보는, 조직 연구에 대한 새로운 접근방식을 촉구해보자는 의도를 가지고 집필되었다. 또한, *Handbook*은 조직 설계자들이 선호하는 기준들이 무엇이 되었든 간에 그들이 그 기준들을 준거로 삼아 더 나은 조직을 만들어보고자 기울이는 노력을 자극해보고자 하는 의도를 가지고 발간된 것이었다. 어느 쪽으로든 눈을 끌만한 행위는 별로 나타나지 않았다. 그러나 교과서 발행인들은 수년 전에 발행되었던 교과서들과 거의 동일한 내용을 담고 있으면서도, '설계(design)'라는 단어를 포함한 제목들을 내세운 새 교과서들을 여러 권 발간하였다.

* * *

1981년에, 나는 Brunsson(1982)이 한 개인에 의해 지지되고 있는 지각은 주관적이라는 지위를 가지게 되고, 그 효과는 그 사람의 행위에 제한될 뿐이라고 주장하는 논문을 읽었다. 그에 의하면, 그와는 달리 널리 공유되어 있는 지각은 '객관적'이라는 지위를 얻게 되고, 따라서 많은 사람들의 행위에 영향을 미칠 뿐 아니라, 그들의 행위들은 객관적인 사실로 지지를 받게 된다는 것이다. 이 서술은 너무 극단적이라는 생각이 들긴 했지만, 부분적으로나마 내가 경험한 것들과 맞물려 있음을 부정할 수 없었다.

그때 즈음에, Meyer and Rowan(1977)은 학교의 행정기구들(administrative structures)은 학교들을 합법적인 것으로 보이도록 하는 겉껍질(facades)일 뿐이라는 해석을 제시하면서, 행정기구들은 교실 안에서 벌어지는 일, 즉 수많은 곳에서 수십 년 동안 거의 동일하게 있어온 행위들에는 미미한 영향만을 미칠 뿐이라고 주장했다. 그 대신, 행정기구들은 학교들이 근대조직들이 보여주어야 마땅한 모습들을 보이고 있다는 인상을 조성하면서, 납세자들에게 학교들이 책임감 있게 운영되고 있음을 확신시키는 역할을 수행한다는 것이다. 만약 행정기구들이 교실에서 행해지는 행위에 미치는 효과가 미미하다고 한다면, 그것들이 학생들과 선생들로 하여금 책임감 있게 행동하도록 하는 데 미치는 영향력이 약하다는 의미다. Meyer와 Rowan은 병원들과 정부기관들도 마찬가지로, 사회가 가치 있는 것으로 판단하는 규칙들을 추종함으로써 생존 기회를 증대시킨다고 주장했다.

이 생각은 Nystrom과 나(1984)로 하여금 기업경영자들이 겉껍질들을 만들어내는 다양한 방법들에 대해 조사해보도록 자극했다. 우리는 기업경영자들이란 환경이 애지중지하는 규칙들에 순응하는 자들이며,

그들의 그런 순응 행위가 바람직할 수도, 그 반대로 바람직하지 못할 수도 있는 결과들을 초래할 수 있다는 주장을 개진했다. 그 연구 결과들 중에는 그들이 연구한 행동들이나 조직의 속성들이 겉으로 보여주는 모습(superficiality)을 인식하지 못한 조직학자들에 의해 수행된 바보스런 연구들의 결과들도 일부 속해 있다. 사실, 나 스스로 그러한 실수를 저지른 적이 있다. 기업들의 연말보고서에 게재되어 있는, 주주들에게 보내는 편지들을 분석해보려고 했던 박사과정 학생들을 지도한 적이 두 번 있었다. 이러한 편지들에는 회사 사장의 서명이 들어있긴 하지만, 일부는 홍보 전문가들에 의해 작성되기도 한다. 그런 경우에는 글쓴이들이 당연히 현 최고경영진들이 잘 해내고 있다는 느낌을 주려는 의도를 가지고 편지들을 작성하기 때문에, 그 편지들은 결과적으로 회사의 결점들 중 가릴 것은 가리고 나머지 것들에 대해서는 합리화하는 것이 되고 만다.

* * *

바로 이 즈음해서, 나는 아스톤 연구들을 조직의 표피성(superficiality)과 겉모습(facades)을 연구하는 것들로 바라볼 수 있게 되었다. 이들 연구에 대해 평을 해달라는 요청을 받고, 이전보다 더 세밀하게 그들의 연구들을 들여다보았다. 나는 정밀하게 보이는 숫자들이 적합하지 않은 이름을 붙인 것들과 중복된 개념들로 가득 차있는 늪을 가리고 있으며, 강한 상관관계라는 것들도 별반 의미가 없는 것들임을 발견할 수 있었다. 한 가지 예로서, 연구자들이 이름을 붙인 표식들(labels)을 해독한 결과 알게 된 사실은 그 연구자들이 발굴해낸 것이란 게 고작 자율적인 조직들은 대규모 조직들의 하위부서들보다 상부로부터의 지시들을 받을 개연성이 적다는 진술이었다. 꽤 의미가 있다고 말할 수 있는 몇몇 발견들은 후에 이루어진 반복연구에서 증명되지 않았는데, 그 발견들이란 것들이 결과가 나온 후에 꿰맞추어 만들어낸 것들이었기 때문일 수도 있다. 가장 믿을만하다고 할 수 있는 발견들은 아스톤 연구가 시작되기 전에 이미 폭넓게 인정들을 받고 있던 아이디어들이었던 것으로 드러났다. 즉, a) 비율적으로 딱 그렇지 않을지 모르지만, 대개의 경우 규모가 큰 조직들이 작은 조직들에 비해서 더 관료적이며, b) 규모가 크고 더 관료적인 조직에서 일하는 사람들은 규모가 작고 덜 관료적인 조직에서 일하는 사람보다 상이한 가치들을 신봉하고 서로 다른 지각들을 발달시키고 있다는 생각들이 바로 그것들이었다. 아스톤 연구자들은 모든 조직들에게 통용될 수 있는 일반적인 특성들을 발견하고자 연구를 시작했지만, 실제로 그들이 수행한 일은 그러한 특성들이 별 것 아닌 것들임을 확인하는 것이 되고 말았던 것이다.

많은 문제들이 아스톤 연구자들이 일반화에 집중한 결과 때문에 나타난 것들로, 그런 일반화에 대한 과도한 관심이 그들로 하여금 조직들 서로를 구별 짓게 하는 특성들을 무시하거나 경시하도록 몰아갔다. 예를 들어, 아스톤 연구는 자율적 조직 여덟 곳과 조직의 하위부서들 서른여덟 군데를 조사하면서 출발했는데, 연구자들은 하위부서들도 마치 하나의 조직인 것처럼 취급하고 자료들을 분석했다. '우리는 조사에 띠강(strip steel), 장난감, 2층 버스, 초콜릿 바, 사출장치, 맥주 등을 만드는 제조업체들과 체인스토어, 관공서 부서, 교통회사, 보험회사, 저축은행 등과 같은 서비스 조직들을 포함했다(Pugh, 1981: 141).' 이 조직들의 일부는 지역사회에, 다른 일부는 전국적으로 제품이나 서비스를 제공하고 있었다. 게다가, 그들은 모든 조직에 공통적으로 의미가 있을 것으로 생각되는 측정치들을 주도면밀하게 선택했다. '항목들 중에 그것이 무엇이 되었든 모든 작업 조직들에 적용되지 않는 것들은 제거했는데, 그것이 이 프로젝트의 강점이면서 약점이기도 하다. 이러한 목적 때문에 정보를 수집할 수 있었던 몇 가지 항목들이 희생될 수밖에 없었다. 연구 가이드라인을 마련하기 위해서는 폭넓은 조사가 수행될 수밖에 없다는 연구 전략 때문에, 결과적으로 자료의 표피성과 일반성은 어쩔 수 없이 부담해야만 하는 것이 되고 말았다(Pugh et al., 1968: 69).'

일반이론을 향한 뜨거운 열망이 연구자들로 하여금 저축은행은 돈을 안전하게 관리하는 곳이고, 철강회사는 뜨거운 철물을 굴리는 회사라는 사실을 무시하고 이 둘을 비교하는 쪽으로 끌고 갔다. 대부분의 조직들은 어느 정도는 가까이에 있는 다른 조직들이 하지 않은 특수한 기능을 수행하기 때문에 존재하는 것이며, 어떤 조직들은 다른 조직들이 수행하지 못하는 기능들을 수행함으로써 흔치 않은 성공을 거두기도 하는 것이다. 연구자들은 조직들 서로를 구별짓도록 하는 자료를 제외시켜 버림으로써, 왜 조직 연구가 중요한지를 보여줄 수도 있었던 자료들을 처음부터 제거해버렸다. 모든 조직들이 가지고 있는 속성들이란 집안 돌보는 일(기록 보관, 회계)을 기술하고 있는 변수들이나 겉으로 보이는 관리형태 변수들처럼 대개가 조직의 핵심적인 기능들에게 미약한 영향을 미치는 것들이었다.

그뿐만 아니라, 아스톤 연구자들이 발견한 것들은 그들이 사용한 측정치들 속에 내장되어 있는 가정들에게 매우 강하게 의존하고 있었음에도 불구하고, 그들이 발표한 보고서들 속에서 그러한 가정들이 그들이 발견한 것들에게 강한 영향을 미쳤다는 사실을 스스로 인식하고 있었다고 생각할만한 징표를 발견할 수 없었다. 연구자들이 발견한 것들 중 많은 부분이 그들이 변수들에게 부여한 명칭들이 함축하고 있는 의미들과는 큰 차이가 있는 상식적인 해석들에 그치고 있었다 (Starbuck, 1981). 연구자들은 설문지에 들어있는 몇 개의 항목들로부터 얻은 점수들을 합산하는 방식으로 변수들을 제작해내었는데, 상이한 이름들이 붙여진 변수들이 왕왕 동일한 항목들로부터 획득한 자료들을 포함하고 있었다. 그 결과의 하나로 나타난 것이 변수들 사이의 상관관계들로, 이런 현상은 전적으로 연구자들의 방법론 때문에 초래된 것이었다. 사실, 아스톤 연구 집단이 발견한 것들은 연구자 자신들이 사전에 가지고 있던 신념들, 방법론에 대한 결정들, 표식들을 정하고 해석을 내리는 행위들과 같이, 연구자 자신들에 관한 발견물들이라고 해도 과언이 아니게 되고 말았다.

아스톤 연구가 볼품없이 수행되었다고 한다면, 연구자 오류라던가, 세밀함의 부족, 또는 무능 때문이라고 비난할 수 있을 것이다. 그러나 그 연구들은 후에 영국 조직연구 인명록(Who's Who)에서 찾아볼 수 있는 탁월한 학자들에 의해서 세심하게 설계된 것들이었다. 그뿐만 아니라, 아스톤 집단에 속한 많은 이들은 그들이 보여준 높은 판단기준들과 지적수준, 성실함에 나 스스로도 존경심을 느끼고 있던, 내가 사랑해 마지않던 친구들이었다. 사실, 그들의 방법론은 널리 존중받았고, 그들의 논문들은 가장 권위있는 학회지들에 게재되었으며, 다른 연구들과 교과서에 폭넓게 인용되었다. 그런 까닭에, 나는 이 연구들을 한 방법론적 접근방식을 이상화한 것으로, 그리고 그 연구 결함들을 이 접근방식이 가지는 속성들로 받아들이기로 했다.

* * *

또 하나의 방법론적 교훈을 캘리포니아주 버클리시 의사인 Kenneth Pelletier가 들려준 재미난 이야기로부터 얻을 수 있었다. Pelletier의 이야기는 인과과정을 서술하고 있지 않는 합산 자료(aggregate data)에 기반해서 인과관계를 도출해내는 행위에 내재된 불확실성을 생생하게 드러내 보여주었다. 그는 어떻게 하면 사람들이 140세까지 살 수 있는지 조사하고 싶어서, 이것을 연구할 목적으로 연방정부의 연구비를 신청하였다. 연구비 신청서에 기재할 가설들을 도출하기 위해서 사람들이 140세까지 사는 것을 보통으로 여긴다고 추정되는 사회들을 네 군데 선정한 다음에, 이들 사회에서 공통적으로 발견되는 특성들을 조사해보았다.

그는 그 사회들이 서로 매우 상이한 기후 안에서 살고 있기 때문에, 특성 조건들 중에서 기후를 쉽게 제외시킬 수 있었다. 또한, 그는 그 사회들 중 어떤 사회도 의료 서비스를 전혀 갖추고 있지 않았기 때문에, 의료서비스 조건도 제외할 수 있었다. 그런 후에도, 그는 이들 사회에서 공통적으로 발견할 수 있는 다섯 가지 특성들을 지정할 수 있었다.

처음으로, 그들은 채식주의자들이다. 꼭 선택해서 그런다고 하기보다, 고기에 접근할 수 있는 가능성이 매우 낮다.

두 번째로, 이들 사회 모두에서는 사람들 모두가 힘들게 일하면서 일생을 살아가고 있다. 은퇴란 있을 수 없으며, 먹기 위해서는 일해야만 한다.

세 번째, 이 사회들은 강력한 사회적 유대감을 보여주고 있다. 두 사람이 같이 살다가 한 사람이 죽으면, 이웃 사람들이 그 사람을 가족의 일원으로 거두어준다.

네 번째, 일주일에 한 번쯤, 마을 사람 모두가 한데 모여서 술을 먹고 만취해서 돌아다닌다. Pelletier는 이것이 행해지는 사회적 상황과 주기성이 알코올 중독증을 일으키지 않으면서도 스트레스를 경감시키고, 유대감을 강화한다고 생각했다.

마지막으로, 이들 사회에 살고 있는 사람들은 적어도 120살에 이를 때까지 성생활을 지속한다.

* * *

Dick Cyert는 한 학술지의 특별호 편집장직을 맡으면서, 나에게 Dutton과 내가 문집을 발간한 이후로부터 십여 년 동안에 컴퓨터 시뮬레이션 분야에서 벌어진 진행 상황을 검토해줄 것을 요청했다. 나는 시뮬레이션이 더 폭넓게 활용되지 않았다는 사실과, 과거에 시뮬레이션에 열성적으로 매달렸던 몇몇 연구 영역들이 시뮬레이션을 포기해버렸다는 사실에 크게 놀랐다(Starbuck, 1983a). 1980년과 1981년에 발표된 몇 개 되지 않는 시뮬레이션 논문들조차 일, 이십년 전에 발표되었던 논문들에 비해 더 엄정하지도 않았고 더 잘 다듬어져 있지도 않았다. 종종, 연구자들이 자신들이 구축하려고 했다고 주장하는 모형들을 개략적으로 소개하는 논문들을 발표해오고는 있었지만, 연구의 작업 결과들을 보고하는 논문들은 없었다. 도시개발, 지역분산, 교통 흐름들을 예측해보려는 노력들이 연구자들을 너무나 실망시켰기 때문에, 시뮬레이션을 포기해버렸던 것이다. 연구자들이 수행한 시뮬레이션들은 연구자들이 단지 자료 부족과 컴퓨터 능력의 부족으로 정확한 예측을 하지 못했던 것이 아니라, 적합한 이론들의 부재로 그러한 결과들이 초래되었음을 계속해서 보여주었다. 오로지 경제학자들만이 시뮬레이션들을 지속적으로 개발해오고 있었지만, 시뮬레이션을 향한 그들의 노력들은 설득력이 떨어지는 결과만을 양산하고 있었다. 경제학자들로 구성된 팀들이 거시경제 추세를 예측하고자 수행한 네 개의 프로젝트 중에서, 세 개는 선형 외삽법(linear extrapolation)보다 정확성이 확연히 떨어졌으며, 네 번째 것만이 선형 외삽법과 비슷한 정도의 정확성을 보여줄 뿐이었다 (Elliot, 1973).

*　　*　　*

누군가가 나에게 Hayek(1975)가 노벨 경제학상을 수상했을 때 했던 연설문을 보내왔다. Hayek는 사회과학자들이 계량적 측정치들을 가지고 있는 현상들에만 관심을 집중하는 현상, 그리고 인과과정을 제대로 이해하지 못하는 상황에서 인과적 추론을 시도하는 것에 반대한다고 주장했다. 계량적 측정치들은 현상에 대해서 제한된 측면만을 기술하고 있을 뿐이고, 사람들이 복잡한 현상들의 결정요인들을 이해하거나 측정할 수 있는 일은 매우 희귀한 경우에나 해당하는 것이며, 이론화 작업에서 널리 유행을 타고 있는 편도함수 사고(partial derivative thinking)조차도 불과 몇 개의 결과들만이 약하게 상호작용한다고 가정한다. Hayek의 주장에 의하면, 그러한 결과의 하나가 경제학자들이 경제 현상들이 지닌 복잡성을 크게 축소시키고, 결과적으로 경제문제들을 더 악화시키는 정책들을 낳는 단순한 이론들을 개발해오고 있는 현상이라는 것이다. 특히, Hayek는 경제학자들이 실업사태를 구제할 목적으로 개발한 경제정책들은 인플레이션 가속화 추세가 멈추면 어김없이 대량 실업 사태를 초래한다고 주장했다.

* * *

조직행동의 이론 구축에 대해서 장(chapter) 하나를 써달라는 부탁을 받고, 상관관계가 영(零)에 계속 접근해가는 일련의 연구들에 대해서 일찍이 생각하고 있었던 바를 탐색해보는 기회를 얻게 되었다(Webster and Starbuck, 1988). 공저자인 Jane Webster는 학술적으로 조직행동론의 자매격이라고 할 수 있는 산업심리학에서 오랜 기간 중요한 것으로 인정받아오던 아홉 가지 관계들을 발굴해서 그 관계들을 시간에 따라 분석해보았다. 이 관계들은 오랜 기간 매력적인 연구주제로 인정되어왔었기 때문에, 우리는 그것들을 연구해보면 관계의 강도가 시간이 흐르면서 고정적이거나 또는 증가하는 모습을 보여주리라고 기대했다. 연구자들이 더 나은 측정도구들을 개발하고, 더 적합한 자료를 얻고, 더 정교한 통제력을 적용하게 되면서 그 강도들도 증가하리라는 생각에서였다.

[그림 2.1]은 직무만족과 결근, 직무만족과 직무성과, 그리고 리더에 대한 부하직원의 지각과 리더의 지능 사이의 상관관계를 보여주고 있다. [그림 2.2]는 목표설정과 행동수정이라는 두 가지 형태의 중재(intervention)를 시행한 후에 그에 따르는 성과 개선분을 백분율로 표시한 것이다. 우리가 검토한 아홉 개의 관계들 중에서, 직무만족과 결근, 현실적 직무면접과 이직, 직무충족화와 이직, 행동수정과 성과 개선, 관측 결과들과 Fiedler의 리더십 상황이론 사이의 상관관계 등, 다섯

그림 2.1 시간에 따른 상관관계 평균

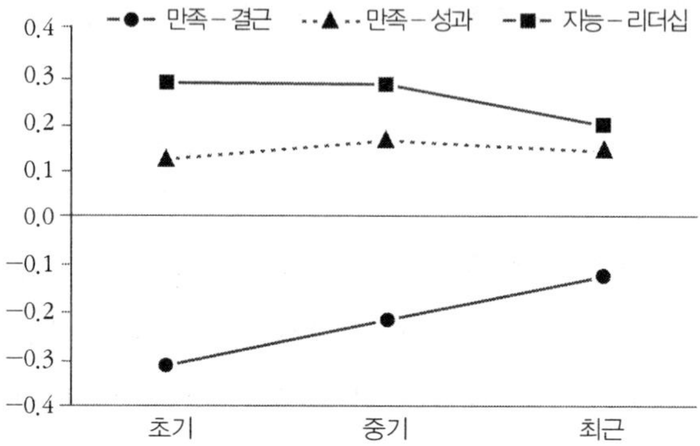

그림 2.2 시간에 따른 중재 후 개선 백분율

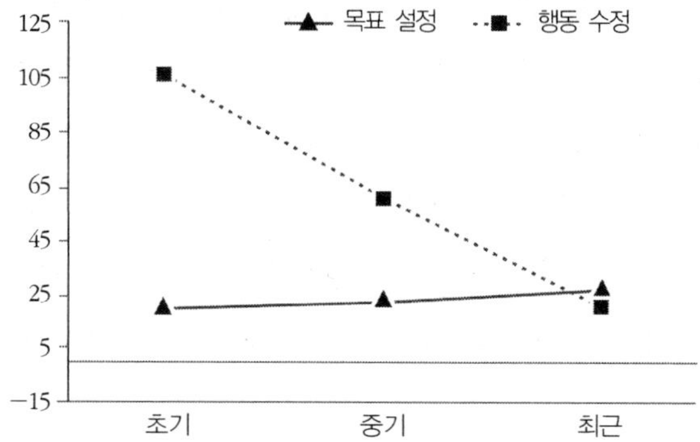

가지 관계들은 영(零)을 향해 줄어드는 추세를 보여주었다. 직무만족과 직무성과의 상관관계, 목표 설정에 따른 직무성과 개선, 리더에 대한 부하직원의 지각과 리더의 지능 사이의 상관관계 등, 세 개의 관계는 오랫동안 거의 일정한 수준을 유지했으며, 단 하나의 측정치만이 증가 추세를 보였는데, 이 증가추세는 매우 약한 관계가 있음을 보고한 아주 오래된 연구에 거의 완전하게 의존한 결과 때문에 초래된 것이었다.

게다가, 그 관계라는 것도 시시하기 짝이 없는 것으로, 사석에서 일을 그만둘 생각이라고 말하는 사람들 중 일부는 실제로 일을 그만둔다는 것이었다.

Webster와 나는 이들 효과의 크기들이 초기 수년을 지난 후에도 어느 것 하나 눈에 띌 만큼 증가하지 않은 이유로 다섯 가지를 생각해낼 수 있었다. 첫째로, 연구자들이 이론의 타당성을 부정하는 증거들이 존재함에도 불구하고, 틀린 이론들에 매달려있기 때문(Staw, 1976)인지도 모른다는 것이다. 이런 현상은 다양한 해석들이 가능하도록 여지를 마련한 연구 결과들 때문에 발생할 가능성이 크다. 예를 들어, 매우 낮은 상관관계들은 임의적인 잡음(random noise)이 어떤 체계적인 관계들보다도 우위를 점하는 것처럼 보이게 하고, 발견되지 않았거나 관심을 끌지 못하는 영향력들이 파악된 영향력들보다 더 큰 효과를 가지는 것처럼 보이게 해서 결과적으로 연구 결과에 대해서 여러 가지 해석들이 가능한, 즉 해석의 모호성이 자라날 수 있는 토양을 마련해준다.

두 번째로, 연구자들은 전통적인 정보수집 방식들이 추가적인 정보를 생성하지 못하는데도 그 방식들을 더 세밀하게 다듬는 일에 계속해서 매달리기 때문인지도 모른다. 예를 들어서, 연구자들은 1950년 초반에 매우 훌륭한 리더십 설문지들을 개발해 놓았다. 아마도 이들 초기 설문지들은 설문지들이 수집할 수 있는 리더십에 대한 정보란 정보는 모두 수집했을 것이다. 그래서 다음에 나온 설문지들은 그럴 만한 가치가 있는 개선들을 이루어내지 못했을 수 있는 것이다. 그들은 단지 표본추출에 따른 변이들을 일반론으로 오인해왔는지도 모른다.

세 번째로, 탁월한 연구들이 생산해낸 진짜 유용한 정보를 대부분의 연구들이 제대로 활용하지 못하는 데에 그 이유가 있을지 모른다. 연구

학회지들은 널리 배포되고 있고, 연구자들은 다른 사람들이 수행하고 있는 연구들에 대한 보고서들을 쉽게 구해서 읽을 수 있기 때문에, 이 이유만으로는 설명이 충분하지 않다. 그러나 임의적으로 발생하는 변이들에 대해 사후에 소급해서 행하는 해석들이 그때그때 땜질하듯 논리화 작업들을 거치면서 실제 정보를 식별해내기 어렵게 만들기 때문에, 연구를 활용하고자 하는 사람들은 진짜 정보와 가짜 정보를 구별하는 데 어려움을 겪을 수 있다.

네 번째로, 크기 면에서 가장 큰 결과를 얻은 연구들은 특이하거나 알지 못하는 이유로 그런 결과들을 얻었을지도 모르고, 따라서 일반화할 수 있는 지식을 아예 만들어내지 못할 개연성이 있다. 0.5 이상의 상관계수를 보고하고 있는 연구는 그 수가 매우 적기 때문에, 거의 모든 연구가 잘못된 인과관계와 잘못된 해석의 여지를 많이 남겨놓는 것이고, 학술지에 게재된 해석들은 연구자들이 관측된 현상들을 자신들이 기대하고 있는 관계들을 보여주는 것으로 해석해대는 연구자들의 성향에 의해 편향되어 있다(Snyder, 1981; Faust, 1984; Klayman and Ha, 1987). 연구보고서들은 일반적으로 연구된 곳이나 조사대상자, 상황들에 대한 정보를 거의 제공하지 않고 있기 때문에, 추후 연구들이 이전의 발견들을 발판 삼아 새로운 이론들을 구축하기 어렵고(Orwin and Cordray, 1985), 연구자들은 그들의 연구 결과에 영향을 미치는 변수들조차 인식하지 못하는 수도 있을 것이다(Latham, Erez, and Locke, 1988).

마지막으로, 사람들의 성격이나 행동들이 사회과학자들의 이론이나 측정도구들이 개선되는 것보다 더 빠르게 변하고 있는지 모른다. Stagner(1982)는 산업-조직심리학의 상황이 지난 세월 동안 괄목할 만하게 변화되어 왔다고 주장했다. 경제는 생산 중심에서 서비스 산업으로 전환되고 있고, 직무는 중노동에서 인지적인 기능수행들로 진화하고 있으며, 피고용인의 교육수준은 상승하고 있고, 법적 요건들이 급격하게 불어나면서 변화하고 있는데, 특히 그러한 변화는 차별적 측면에서 두드러진다. 예를 들어, 미국의 고용 인력에서 공무원, 재무, 및 전문 서비스 인력이 차지하는 비중이 1950년에는 17%였지만, 2001년에는 46%로 증가했다. 가장 빠르게 성장하고 있는 직업들은 전문인력과 기술인력, 그리고 관리자와 행정직원들이다. 관리자들의 교육년수는 적합한 리더십에 대한 그들의 생각과 상관관계를 가지고 있으며(Haire, Ghiselli, and Porter 1966), 그렇기 때문에 교육은 부하직원들이 생각하는 적합한 리더십의 개념을 변화시키고 있다(Dreeban, 1968: Kunda, 1992). 1950년에는 성인의 11%가 5년 이하의 학력을 가지고 있었고, 33%가 12년의 학교생활을 마친 사람들이었다. 그런데, 1998년에는 단지 1.6%의 성인만이 5년 이하의 학력이고, 82%가 12년의 교육과정을 마친 사람들이었다. Haire와 Ghiselli, Porter 등은 관리자들의 리더십에 대한 신념들에서 나타나는 분산의 25%가 국가간 차이 탓이라고 지적했다. 국가들 사이에, 또는 땅덩이가 큰 나라 안에서 사람들의 이동성이 높아지면서, 지역들 사이의 차이점들이 파괴되고 있고, 한때 서로 구별되던 신념들이 뒤섞이면서 새로운 신념들이 창조되고 있다. Cummings와 Schmidt(1972)는 적합한 리더십에 대한 신념들은 산업화 정도에 따라 다른데, 범세계화가 전 세계에 걸쳐 산업화를 퍼뜨리고 있다고 추정했다. 바다를 가로질러 이루어지는 여행이 1985년에서 1998년 사이에 세 배 이상 늘었고, 바다를 건너 이루어지는 의사소통이 1986년에서 1997년 사이에 28배가 증가했다. 사정이 이렇기 때문에, 효과적인 리더십을 구성하는 실무적 관행들이 연구자들이 효과적인 리더십을 구성하는 것이 무엇인지 이해하려고 시도하고 있는 와중에도 계속해서 변하고 있는 것이다.

Webster는 산업-조직심리학은 패러다임에 대한 합의를 결여하고 있어서 보잘 것 없는 결과들을 내놓고 있는지 모른다는 의견을 제시했다. Kuhn(1962)은 과학적 진전은 짧은 기간에 폭발적으로 발생하는 급격한 변화와 오랜 기간에 걸친 합의 구축과정 사이를 반복한다고 주장했다. 산업-조직심리학이 합의 구축이라는 긴 세월을 거쳐 온 적이 있기나 했었던가? 산업-조직심리학자들은 합의라는 걸 내놓기나 했었던가? 여러 검토 논문들이 산업-조직 심리학자들 사이에 이론들의 내용을 둘러싸고 의견의 불일치를 보이고 있음을 지적해왔다. 산업-조직심리학자들은 패러다임에 대한 합의의 수준은 낮지만, 높은 패러다임 합의성을 전제로 하는, 대규모 표본을 이용한 계량적 연구방법들을 채택하고 있는 것은 아닐까?

우리는 학술지들에서 패러다임 합의성 정도를 측정하는 측정치들, 즉 인용 반감기, 동일한 학술지에 대한 참고 비율, 논문당 참고문헌 수 등, 세 개의 측정치를 조사해보았다. [그림 2.3]은 사회학, 조직행동, 심리학, 산업-조직심리학, 화학, 물리학, 경영학, 경영정보시스템 등의 학술지들에서 보이는 인용 반감기를 표시하고 있다. 인용 반감기는 학술지 속에 실려있는 참고문헌들의 지속년수의 중앙값을 의미하는 것으로, 개념들이 진화하는 속도를 나타낸다. [그림 2.4]는 동일한 학술지를 참고하고 있는 문헌들의 백분율을 보여주고 있다. 높은 백분율은 높은 패러다임 합의 수준을 암시한다. [그림 2.5]는 논문당 참고문헌의 수를 보여준다. 참고문헌의 숫자가 많다는 것은 높은 패러다임 합의 수준을 암시하는 것일 수 있다. 이들 측정치에 따르면, 산업-조직심리

그림 2.3 인용반감기에 걸리는 년수

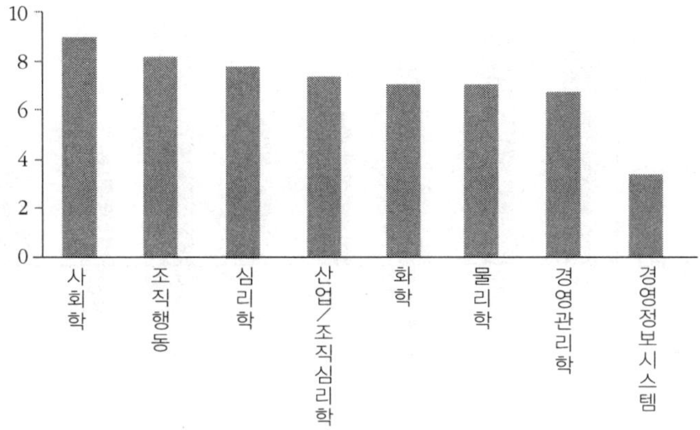

그림 2.4 동일한 학술지에 대한 참고문헌 백분율

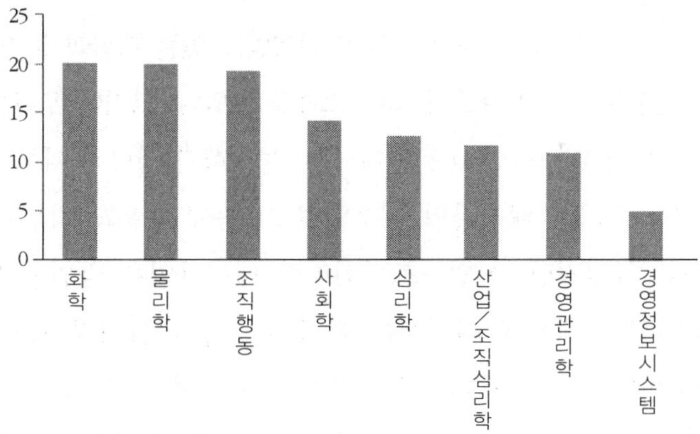

학은 조직행동이나 일반 심리학과 대동소이했다. 물론 이는 전혀 놀랄 일이 아니다. 산업-조직심리학은 경영정보시스템학과는 차이를 보였는데, 후자는 패러다임에 대한 합의가 부족하고 아주 빠르게 변화하고 있는 듯한 모습을 보여주었다.

그림 2.5 논문당 참고문헌 수

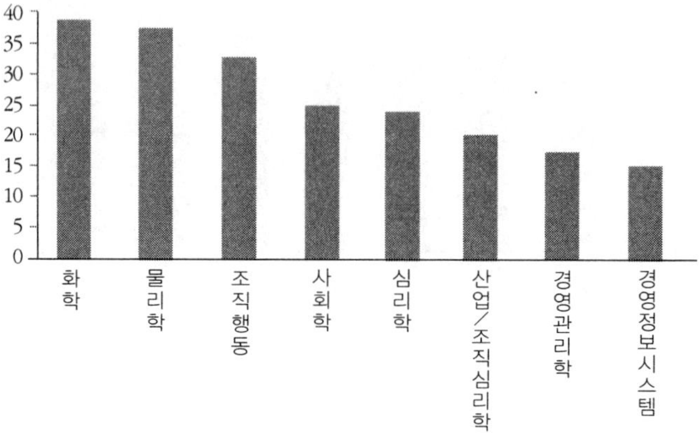

놀랍게도, 산업-조직심리학은 패러다임 합의 수준이 높고 빠른 발전 속도를 보이고 있는 것으로 널리 인정받고 있는 화학과 물리학이라는 두 학문 분야와 크게 다르지 않은 모습을 보였다. 그러나 우리는 산업-조직심리학이 패러다임 내용면에서는 물리학과 상당히 다를 것이라고 생각했다. 물리학 패러다임은 분명히 그 속에 내용과 방법론 모두를 포함하고 있었지만, 산업-조직심리학 패러다임은 방법론을 강하게 강조하면서도 내용에 대해서는 거의 관심을 기울이지 않고 있었다. Webster와 나는 이러한 내용상의 합의 수준 결여가 겉으로 보이는 모습일지도 모른다고 생각했지만, 산업-조직심리학자들은 인간행동의 내용에 관해서 서로가 의견이 일치하지 않는 것처럼 행동해오고 있었다.

우리가 합의 정도를 구하기 위해 채택한 측정치에는 내용에 대한 합의와 방법론적 합의를 구별하는 기준이 없었다. 그러나 Garvey, Lin and Nelson(1970)은 사회과학의 편집 관행은 자연과학보다 방법론을 더 강조한다고 추정한 바 있었다. 그런가 하면, Campbell, Daft, and

Hulin(1982)은 미국의 산업-조직심리학자들에게 해당 분야에서 '연구가 필요한 중요한 주제들'을 추천해달라고 요청했는데, 105명의 심리학자들이 146개의 주제들을 제안했고, 그것들 중 106개가 중복되지 않는 주제들이었다. Campbell, Daft, and Hulin(1982: 71)은 '이 분야는 그것이 하고자 하는 것이 무엇인지에 대해 생각을 제대로 정리하지 못하고 있다. 주된 이슈들의 상대적 중요성에 대해서 합의를 거의 이루어내지 못하고 있었다.'라고 결론내리고 있다. 이런 이유로, Webster와 나는 산업-조직심리학자들은 주된 이슈들의 상대적 중요성에 대해서는 의견을 달리하지만, 적합한 연구 방법론에 대해서는 의견의 일치를 보고 있는지 모른다고 추정했다.

사실, 산업-조직심리학자들은 자신들이 실증 연구로부터 추정한 것들을 믿을 수가 없기 때문에, 방법론을 강조하고 내용을 경시하는지도 모른다. 우리는 연구자들이 채택한 연구방법론이 작지만 통계적으로는 유의미한, 그러나 내용적으로는 무의미한 관계들을 양산해내고 있음을 이유로 들어서, 연구자들은 그들이 도출해낸 추론들을 믿지 않아야 마땅하다는 의견을 피력했다.

귀납법은 오염된 관계들(소음)로 혼탁해진 배경 안에서 뚜렷이 눈에 띄는 유의미한 관계들(신호)이 존재하고 있어야 한다는 조건을 필요로 한다. 그러나 배경 안에 자리하고 있는 약하고 무의미하거나, 또는 내용면에서 부차적인 상관관계들이 귀납법을 믿을 수 없는 것으로 만들어버린다. 많은 일들에서, 사람들은 강한 배경 잡음 속에서도 약한 신호들을 식별해낼 수 있다. 그 이유는 신호들과 배경 잡음 둘 다 익숙한 패턴을 보이기 때문이다. 예를 들어, 낯익은 목적지로 향하는 운전자는 경험을 통해 유용한 것으로 여기고 있는 표식물들에 관심을 집중한다. 사람들은 신호들과 잡음이 엇비슷한 곳, 또는 신호들과 잡음이 낯선 특성들을 보여주는 곳에서는 이 둘을 구별하는 데 어려움을 겪는다. 예를 들어, 가본 적이 없는 목적지로 가기 위해 낯선 도로를 운전하는 운전자는 표식물들을 발견하고 적정한 곳에서 회전하는 일에 어려움을 겪을 가능성이 큰 것이다.

사회과학 연구는 후자의 특성들을 가진다. 이 (사회과학 연구라는) 행위는 그 결과들이 알려져 있지 않기 때문에 연구라고 불린다. 그리고 신호들과 잡음 모두가 체계적인 요소들로 구성되어 있고, 제멋대로 변동하는 요소들을 포함하고 있다는 점에서 이 둘은 매우 비슷한 모습을 하고 있다. 그렇기 때문에, 연구자들은 신호들을 잡음으로부터 구별해내기 위해서 통계기법들에 의존하게 된다. 그러나 이러한 기법들은 a) 소위 임의적인 오차들이 실질적으로는 서로서로를 상쇄해서 그들의 평균값들이 영(零)에 수렴하며, b) 상이한 변수들 속에 존재하는 소위 임의적인 오차들은 서로 상관관계가 없다고 가정한다. 이 두 가지 가정은 연구자들이 설정한 가설들이 연구자들이 예측하지 못했거나 측정하지 못한 효과들을 포함하여, 말 그대로 자료 속에 존재하는 모든 체계적인 효과들을 포괄하고 있다고 전제하는 것이기 때문에 매우 강한 가정들이다. 이러한 가정들이 충족되지 않으면, 통계기법들은 잡음을 신호로 오해하고 연구자들이 설정한 가설들에게 그것들이 받아 마땅한 중요성보다 더 큰 중요성을 부여하는 경향을 띠게 된다.

나는 Ames and Reiter(1961)가 거시경제학자들이 내용적으로 무의미하지만 통계적으로 유의미한 상관관계들을 발견하는 일이 얼마나 용이한지에 대해서 언급했던 것을 기억해내고, 횡단적 자료 수집으로 인해 유사한 현상이 벌어질 수 있는 이유들로 다섯 가지를 찾아낼 수 있었다. 첫째로, 성별이나 나이, 지능, 사회계급, 수입, 교육수준, 또는 조직의 규모와 같은 몇 가지 널리 활용되고 있는 인간과 사회시스템들의 특성들이 사회과학 자료들 속에 넘쳐나고 있다. 그와 같은 특성들은 많은 행동들과 연계되어 있으며, 서로서로와도 상관관계를 맺고 있다. 둘째, 자료를 어떻게 다룰 것인가에 대한 연구자들의 결정이 변수들 사이의 상관관계를 직조해낸다. 예를 들어, 아스톤 연구자들은 요인분석을 사용하여 집계변수들(aggregate variables)을 새로 구성해낼 때, 이 변수들 사이의 상관관계들을 암암리에 정하였다. 셋째, 소위 표본이라고 불리는 것들이 무작위적으로 이루어지지 않는 경우가 빈번하게 일어나는데, 예컨대 그 표본들이 한 회사에 속한 종업원들로만 이루어진 것처럼 완전히 하위모집단들인 경우가 흔하다. 한 예로, 같이 살고 있는 사람들, 같이 일하고 있는 사람들, 사회활동을 같이 하고 있는 사람들은 물리적으로, 사회적으로 멀리 떨어져 있는 사람들에 비해 태도들이나 신념들, 행동들에서 공통점을 더 많이 가지는 경향이 있다는 증거를 보여주는 연구들이 연이어 보고되고 있는데도 말이다. 넷째, 어떤 연구들은 응답자들로부터 한 시점, 한 방법으로 자료를 얻는다. 하나의 설문지나 면접 안에 설문항목들을 다 집어넣음으로써 연구자들은 응답자들에게 이 항목들이 서로 연관성이 있다는 점을 암시한다. 마지막으로, 대부분의 연구자들은 성공적인 삶을 살아가고 있는 지적인 사람들이다. 그들은 사람들과 사회시스템의 행동들을 예측하는 어떤 직감 능력을 가지고 있을 가능성이 크다. 그들은 그들의 직감에 반하는 가설들보다는 직감과 일치하는 가설들을 꾸려낼 가능성이 훨씬 크다. 그들이 영(零)에서 벗어나 있는 상관관계와 차이들을 조사할 가능성은 상당히 높겠지만, 영(零)에 근접한 상관관계들과 차이들이 관측되리라고 예측되는 경우를 조사할 가능성은 낮을 것이다.

Webster와 나는 상관관계가 없다고 진술하고 있는 귀무가설에 대한 통계적 검증이 통계적으로 유의미하다는 쪽으로 편향되어 있으리라는 가설을 설정했다. Webster는 *Administrative Science Quarterly, the Academy of Management Journal, the Journal of Applied Psychology* 등 세 학술지를 뒤져서 상관관계 행렬들을 추려냈다. 그녀는 연구자들이 실제로 가설들에 포함시킨 변수들뿐만 아니라, 연구자들이 귀납적으로 추정할 때 지각했던 모든 변수들 사이의 관계들을 들여다보기 위해서 완전한 상관관계 행렬만을 추려 일람표로 작성했다. 물론, 연구자들 중 일부는 발표한 변수들 이외에 추가 변수들에 대한 자료들도 수집했을 수도 있었겠지만, 그것들이 결과변수들과 매우 약한 상관관계를 가지고 있기 때문에 이 변수들을 제외했을 가능성은 있다. 우리들은 우리들 자료들 중 64%에 해당하는 상관관계들이 연구자들의 가설들과 연관되어 있다는 결론에 도달했다.

[그림 2.6]은 14,897개 상관관계들의 분포들이다. 세 학술지 모두에서 상관관계 평균과 상관관계 중앙값이 +0.09에 근접하고 있었으며, 세 상관관계 분포들이 매우 유사했다. 이 변수들 모집단에서 유의미한 상관관계들을 발견하는 일은 우스울 정도로 용이하며, 특히, 연구자들이 상관관계가 없다는 귀무가설을 양측 검증하는 경우에는 더욱 그렇다. 연구자가 두 개의 변수를 임의적으로 선택하는 경우, 첫 번째 시도에서 유의미한 상관관계를 발견할 확률은 1/2, 세 번의 시도 안에 유의미한 상관관계를 발견할 확률은 1/24이 된다(Hubbard and Armstrong 1992를 볼 것). 게다가, 관측된 상관관계가 긍정적일 확률은 1/2보다 크고, 긍정적인 상호관계들이 부정적인 상관관계들보다 통계적으로 의미가

그림 2.6 세 가지 학술지에 보고된 상관관계들

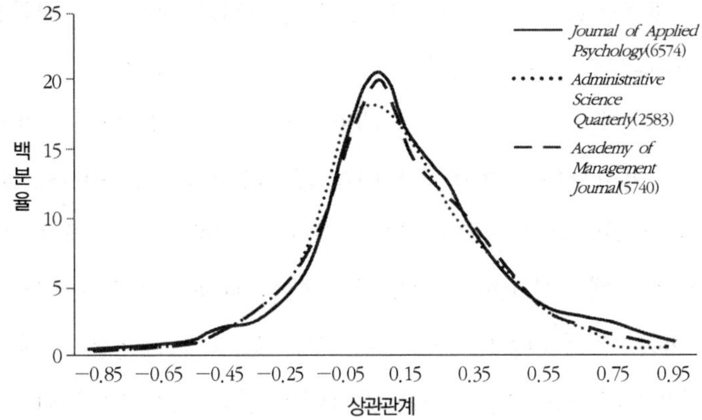

있을 가능성이 더 크다. 연구자들은 작은 상관관계를 얻었을 경우에 더 많은 자료를 수집하기 때문에, 관측수가 많은 연구들이 보여주는 긍정적 편향성이 약간 낮다. 관측수가 70개 미만인 연구들에서 나타난 상관관계 평균은 180개 이상의 관측수를 가진 연구들에나 나타난 상관관계 평균의 약 두 배에 달한다.

내가 이들 통계치로부터 도출해낸 핵심 추론은 사회과학은 통계적으로는 유의미하지만 의미없는 잡음 속에 빠져 죽어가고 있다는 것이었다. 사회과학자들이 검증하는 차이들과 상관관계들은 가설 검증이 가정하고 있는 분포와 사뭇 다른 분포들을 가지고 있기 때문에, 사회과학자들은 마구 뒤섞여 있는 배경 관계들에게 통계적 유의성을 할당하는 검증방식을 사용하고 있는 것이다. 사회과학자들은 통계적 유의성을 유의미한 관계들과 동일한 것으로 취급하기 때문에, 어지럽게 뒤섞여 있는 배경 관계들을 이론적으로 중요한 정보로 오인하는 일이 흔하게 발생한다. 결과적으로, 사회과학 연구는 실질적인 의미도 전혀 없을뿐더러 실제로 유의미한 관계들을 흐릿하게 만들어서 과학적 진전을 방해하는, 통계적으로나 유의미한 차이들과 상관관계들로 잔뜩 채워진 구름을 만들어내고 있는 것이다.

관찰 가능한 모든 관계들의 대략 10%가 이론적으로 의미가 있는 것이고, 나머지 90%는 아무런 의미가 없거나 핵심적인 10%가 함축하는 것들로부터 연역해낼 수 있는 것들이라고 가정해보자. 그러나 우리들은 현재 어떤 관계들이 10%에 해당하는 핵심 관계들인지 모르는 것이고, 그렇기 때문에 우리들의 연구라는 것은 짚더미를 온통 뒤져서 훨씬 많은 지푸라기들로부터 바늘을 골라내는 일과 같은 것이 되어버린다. 여기서 우리가 지푸라기 하나하나를 바늘과 거의 동일한 것으로 보이게끔 만들어주고 매년 수천 개의 바늘들을 어찌어찌 발견해내고 있는 탐색 방법을 채택하고 있다고 가정해보자. 겉보기에 바늘과 같아 보이는 것들의 90%는 실제로는 지푸라기인데, 정작 우리는 어떤 것이 어떤 것인지 알아낼 방법이 없다. 다음에 우리가 하는 일이란 겉보기에 바늘이 분명한 것들을 '설명하는' 이론을 직조해내는 것이다. 우리가 주장하는 이론 속 명제들 중 어떤 것들이 우연히 맞을 개연성은 존재한다. 그러나 매우 많고도 많은 명제들이 지푸라기를 설명하고 있다는 점에서, 그 명제들은 올바르지 않거나, 우리를 잘못된 곳으로 인도하고 있는 것이다. 그럴 리는 거의 없겠지만, 비록 이 이론이 우리가 과거에 아마도 발견해왔다고 여기는 바늘들 모두에 대해서 합리적으로 설명해 보려고 해도, 이론 자체가 강력한 자기충족적 예언(Eden and Ravid, 1982)으로 작동하지 않는 한, 그 이론이 우리가 취한 행위의 결과들에 대해서 정확도 높은 예상들을 할 수 있을 가능성은 거의 없다. 물론, 우리 이론이 몇 가지 올바른 예상들을 할 수도 있을 것이다. 왜냐하면 그 수많은 변수들이 상관관계를 맺고 있다면, 아무리 잘못된 이론이라고 하더라도 '참'으로 판명되는 예상들을 만들어낼 가능성이 얼마만큼은 존재할 것이기 때문이다. 따라서 우리는 올바른 예상들조차도 우리 이론이 옳다는 것을 증명하는 증거로 받아들이는 만용을 부려서는 안 된다.

*　*　*

나는 1980년대 중반에 도움이 되는 논문 두 개를 읽었다. Lovell은 데이터 마이닝이 통계 검증에 어떻게 영향을 미치는지를 분석했다. 연구자들은 흔히 여러 상이한 통계 모형들을 대상으로 계산들을 해보는데, 통계 소프트웨어가 많은 대안적 모형들을 자동적으로 시험해보는 방법들을 제공해주고 있다(예컨대, 순차적 회귀 등). 그런데다가, 연구자들이 잘 들어맞지 않는 결과들을 산출할 것으로 여겨지는 계산들을 보고하지 않는 일이 흔히 발생한다. 보고 여부와 상관없이, 추가적으로 시행되는 계산은 매번 겉으로 보기에 명백하게 유의미한 결과를 얻을 확률을 증가시킨다. Lovell은 '자료를 마이닝 하는 자가 동일한 자료 뭉치에 대해 수많은 대안적 회귀계산들을 시도해서 0.05 신뢰구간에서 유미한 것으로 보이는 *t* 통계치를 찾아냈을 때, 귀무가설이 참인데도 그것을 부정하는 제1종 오류를 저지를 확률은 주장되고 있는 5%보다 훨씬 크다.(1983:1)'는 사실을 발견했다. 그는 설명 변수들(explanatory variables)을 찾아보는 과정에서 괄목할 만한 다중 상관관계들과 높은 수준의 유의성들이 양산되고 있음을 보여주면서, 분석대상인 특정 표본을 뛰어넘어 분석결과의 일반화를 주장하지 말아야 한다는 건의 등을 포함한 다양한 수정 조치들을 제안했다.

Peach and Webb은 통계적 분석들이 여러 대안적 경제모형들에 대한 선택 과정에서 부적절한 선택 기반을 제공한다고 주장했다. 그들은 '거시 경제모형에 전형적으로 포함되어 있는 것과 유사한 시계열 변수들을 이용하고 있는 거의 모든 회귀 방정식은 그것이 어느 것이 되었든 … 실제의 자료점들(data points)에 대해서 통계적 적합도가 높을 개연성이 있다. 즉, 문헌에서 이론적 명제들을 지지하고 있는 증거로서 인용되는 회귀추정치 만큼 높다(1983: 697).'는 사실을 보여주었다. 그들은 더 나아가서 한 종속변수와 세 개의 독립변수들을 무작위로 결합한 50개의 묶음을 선택하고, 이것들을 세 가지 선형 모형들과 두 시점에서 얻은 자료들을 분석해서 300개의 가설적인 '모형들'을 조합해내고, 그로부터 모형과 자료 시점에 따라 64%에서 71%에 이르는 독립변수들이 '통계적으로 유의미한' 상관계수를 가진다는 결과를 얻을 수 있었다. 단순 선형모형에서는 변수들의 결합 묶음들의 64%가 0.99의 결정계수를 얻었고, 94%가 0.95를 넘는 결정계수를 얻었다. 변수들을 1차 차분들(first differences)로 변환하면 자기상관이 크게 줄어들게 되는데, 그 때에는 변수들의 결합들 중 32%가 0.60이 넘는 결정계수를 얻었으며, 10%가 0.80을 넘는 결정계수를 얻었다. 결정변수의 시차값들(lagged values)이 방정식 오른쪽에 보였을 때에는 변수들의 조합 묶음들 중 80 ~ 90%에서 0.99가 넘는 결정계수를 보여주었다.

* * *

1980년대 중반에 뉴욕대학교로 자리를 옮겼는데, 거기서 미래예측

(forecasting)을 강의할 기회가 주어졌다. 나는 미래예측자들이 다른 사람들보다 미래를 예측하는 법을 실제로 더 잘 알고 있을 것이라는 환상을 가지고 있었고, 이 전문성의 핵심을 구성하는 것이 무엇인지에 대해서 호기심을 느끼고 있었다. 이 강좌를 강의한 경험이 통계분석과 실증연구 전반에 걸친 내 관점을 바꾸어놓았다(Pant and Starbuck, 1990).

아마도, 미래예측이 나에게 가르쳐준 가장 심오한 교훈은 미래에 대해 진술하는 데 유용한 이론들은 과거에 대해 진술하는 데 유용한 이론들과 다르다는 사실을 예상했어야만 했다는 것이다. 과거에 일어난 사건들에 대한 분석들은 복잡하고도 섬세한 설명들, 그리고 자료들의 성격들에 대해 강한 가정들을 전제로 하는 우아한 기법들을 선호하는 경향이 있다. 그러지 않을 이유가 뭐가 있겠는가? 연구자들은 이미 무엇이 일어났는지를 알고 있고, 따라서 자료들의 특성들에 대해서 알고 있으므로, 자료와 일치하지 않는 이론적 추정들을 대놓고 피할 수 있는 것이다. 그러나 복잡한 설명들과 우아한 기법들은 미래를 예측하려는 자들에게 줄기차게 실망감을 안겨주어 왔다. 자료들로부터 더 많은 정보를 뽑아낼 수 있다고 장담하는 분석기법들은 잡음을 정보로 오인하는 경향이 있다. 그런 기법들은 임의적으로 발생하는 잡음이 거의 없는 안정된 상황들에서 가장 잘 작동하는 법인데, 그런 곳에서는 다른 어떤 방법들도 잘 작동하는 것이며, 상황이 빠르게 변화하는 곳이나 임의적으로 발생하는 잡음이 요란을 떠는 곳에서는 형편없이 작동한다. 한 예로, 추세의 방향이 바뀔 것으로 예측하려면, 새로운 정보에 강하면서 비선형적으로 반응하는 기법을 사용할 필요가 있다. 그러나 연산설계(computation scheme)는 발생하리라고 예상하지 못했던 새로운 사건이 별스러운 사건인지, 아니면 변화하는 추세를 보여주는 첫 번째 신호탄인지를 구별해내는 법을 전혀 갖추지 못하고 있다. 추세란 어쩌다가 변화하는 것이지만 특이한 사건들은 빈번하게 발생하기 때문에, 추세 변화들에 대한 예측은 실제로 거의 언제나 틀리는 것으로 판명되고 있다. 마찬가지로, 과거의 자료들 속에서 보이던 감지하기 힘든 관계들이 미래의 자료들 속에서도 식별해낼 수 있을 만한 효과들을 만들어낼 만큼 충분한 영향력을 가지고 반복해서 나타나는 일이란 별로 없다. 사실, 단기간이라면 미래의 사건들에 대한 정확한 예측을 가능하게 해주는 높은 수준의 자기상관관계들도 다른 한편으로는 시계열들 사이에 존재하지도 않는 인과관계를 만들어내어서 틀린 추론들을 하도록 부추기기도 한다.

예를 들어, 1950년대 이후에, 거시경제학자들은 단기간의 현상들을 잘 예측해내는, 복합적이고 수리적이면서 통계적으로 추정된 이론들을 만들어내기 위해 많은 자원을 쏟아 부었다. 이 모형들을 개발한 팀들 속에는 세계에서 가장 존경받고 있던 경제학자들도 일부 포함되어 있었고, 수백 인년(man-years)이 투자되었다. 그들은 우아한 통계적 방법론을 사용했다. 미국 정부가 자료수집과 연구기금으로 수백만 달러를 제공했기 때문에, 그들은 금전적으로나 계산 자원 측면에서나 부족함을 느끼지 않았다. 주산업에 속한 기업들은 이 모형들이 산출한 예측치들을 이용하는 대가로 거금을 지불한다. 그런 이유 때문에, 이 모형들은 경제, 또는 사회 예측에 있어서 최상급의 노력들을 대변하고 있다.

Elliot(1973)은 가장 잘 알려진 거시경제 미래예측 모형 중에서 네 개를 선택하여 이들의 예측 정확도를 검증해보았다. 물론, 모형을 구축한 사람들이 예측 정확도에 대한 증거들을 제시하고는 있었지만, 정확도에 대한 이들의 주장은 그들이 모형의 계수들을 추정하기 위해 사용했던 것과 동일한 자료들을 '예측하는' 과정에서 얻어진 것들이었으며, 네 모형은 제각각 서로 다른 기간으로부터 얻은 자료들에 맞춰서 구축되었던 것들이었다. Elliot는 네 개의 모형들을 동일한 기간에서 취득한 자료들로 맞춘 다음, 추후에 발생하는 사건들을 예측할 때 보여주는 정확도들을 측정했다. 세 가지 모형은 추후 3개월 동안 경제가 변하지 않으리라는 가설이 정확하다고 할 때에 한해서 정확한 것으로 판명되었다. 가장 간단한 모형이 가장 정확한 것으로 판명되었는데, 그것도 과거 3개월 동안의 추세가 추후 3개월 동안 지속되리라는 가설이 정확하다고 하는 한에서 정확했다.

미래예측이 나에게 가르쳐준 다른 두 가지 교훈은 대부분의 사회과학자들이 대부분의 경우에 사용하고 있는 오차제곱(squared error) 통계량에 내포된 결함에 관한 것이었다. 첫째로, 최소제곱 회귀모형은 잡음이 끼어있는 자료로부터 신뢰할 수 없는 결과를 산출한다. 회귀모형 가중치들은 단순히 예측변수들이 결과변수에 긍정적으로 또는 부정적으로 연관되어 있는지를 아는 것보다 실제로 더 적은 정보를 포함하고 있을지 모른다. 따라서 미래예측자들이 어떤 예측변수가 다른 변수보다 결과변수와 더 강한 상관관계를 맺고 있음을 추론하기 위해 회귀모형을 사용한다면 정확도가 떨어지는 예측을 하게 될지도 모른다. 둘째, 연구자들이 오차제곱을 역사적 자료에의 적합도와 미래예측 정확도를 측정할 목적으로 사용한다면, 매우 짧은 기간에 걸친 예측이라고 하더라도 적합도가 높은 모형들이라고 해서 예측을 더 잘하지는 못한다. 그러나 연구자들이 오차제곱 규준을 그보다 더 신뢰할 만한 적합 측정도구로 대체한다면, 적합도가 높은 모형들이 더 나은 예측을 할 수 있을 것이다.

나는 먼저 종업원 선발과 신입생 선발의 결과들을 예측하고자 많은 노력을 쏟아 부었던 과정들에 관해 읽으면서 세 가지 문제점에 맞닥뜨리게 되었다. 취업지원자나 대학입학 지원자에 대한 평가는 지원서에 씌어 있는 지원자들의 속성들을 죽 검토하면서 이루어진다는 오래된 전통을 가지고 있다. 평가자들은 검토지에 표시된 점수들을 합해서 응모자들의 적합성 정도를 결정하게 되는데, 이러한 방식은 암묵적으로 각각의 항목에 동일한 가중치를 할당하는 방식이 된다. 한 예로, 초기의 대학 입학시험들은 매 질문에 동일한 가중치를 배정했었다. 입학시험에 출제된 항목들이나 지원서식에 적혀있는 항목들은 통계연구를 거쳐서 나온 것이 아니고, 선험적 가정들로부터 도출된 것들이었다.

1950년대에 들어서 계량심리학자들이 각 항목들에게 가중치를 할당하기 위해 오차제곱 회귀모형을 사용하자는 의견을 지지하기 시작했다(Perloff, 1951). 계량심리학자들은 회귀모형이 더 중요한 항목들에게 더 높은 가중치를 할당하고 반복되어 나타나는 항목들이나 정보를 제공하지 못하는 항목들을 제거해줄 수 있으리라고 주장했다. 통계이론은 회귀가중치가 예측 오차를 최소화해줄 수 있을 것이라는 주장을 펴고 있었다. 그러나 20여 년에 걸친 경험은 회귀가중치가 예측의 정확도를 오히려 떨어뜨리고 있음을 보여주어 많은 사람을 놀라게 했다. 회귀모형을 통해 얻은 가중치들을 사용하여 계산된 예측 점수들이 동일한 가중치를 할당한 선험적 항목들보다 학생들이나 종업원들의 실제 성과와의 관계에서 더 낮은 상관관계를 보여주고 있었던 것이다(Boyce, 1955; Lawshe and Schucker,1959; Westman and Benneti, 1959).

Schmidt와 Claudy, 그리고 Dorans와 Drasgow는 컴퓨터 시뮬레이션을 이용해서 이 현상을 조사해보았다. 그들은 완전한 정규분포와 측정오차가 없는 독립변수들이라는 이상적인 상황을 가정했다. Schmidt(1971)

는 표본 크기가 25개에서 1,000개에 걸쳐있는 표본들을 검사했다. 독립변수가 열 개일 때, 관측치가 100개~200개 이상이 되지 않으면 회귀모형이 동일 가중치 모형보다 열등했다. 더욱이 관측치가 1,000개인 표본들에서도 회귀계수가 동일 가중치보다 그저 조금 나았을 뿐이었다. Claudy(1972)는 관측치가 20개에서 160개 사이에 있고 독립변수가 하나에서 다섯 개 사이에 있는 것들을 조사했다. 상호간 상관관계가 0에서 0.4 사이인 독립변수들을 가지고 있을 때, 회귀모형이 모든 표본크기에서 동일 가중치 모형보다 열등했다. 가장 많은 관측치(160개)를 가진 경우에도 검사한 모집단들의 반 이상에서 회귀모형이 동일 가중치 모형보다 열등하거나 그저 약간 나은 정도로 나타났다. Dorans & Drasgow (1978)는 여섯 가지 방법을 비교했는데, 동일한 모집단에서 새로 뽑은 표본들을 가지고 예측했을 때 동일한 가중치 할당 방식이 다른 다섯 가지 방법들보다 우수했다. 동일 가중치 모형은 표본 크기가 큰 표본들뿐만 아니라 작은 표본들에서도 높은 교차표본 타당성을 보인 반면에, 다른 방법들은 크기가 상대적으로 작은 표본에서 낮은 타당성을 보였다. 회귀모형은 크기가 작은 표본들로부터는 신뢰도가 가장 떨어지는 추론을, 큰 표본에서는 신뢰도가 가장 높은 추론을 이끌어냈다.

Einhorn & Hogarth(1975)는 회귀모형을 동일 가중치 모형과 비교하기 위해서 대수학을 사용했는데, 다중상관 크기(the magnitude of multiple correlation)라는 또 다른 요소를 도입했다. 그들은 a) 표본의 크기와 독립변수들의 수가 넓은 범위에 걸쳐져 있으면 회귀가중치와 동일 가중치 사이에는 차이가 거의 없다는 것, 그리고 b) 표본의 크기가 작거나 다중 상관관계들이 크지 않을 때, 또는 독립변수들이 서로 상관관계들을 가지고 있을 때에는 동일 가중치가 회귀가중치보다 더 신뢰도가 높다고 결론지었다. 독립변수가 열 개이고 다중 상관관계가 0.5 이하인 경우, 회귀가중치들이 동일 가중치들만큼의 신뢰도를 가지려면 표본의 크기가 400을 넘어야만 할 것이라고 주장했다. Einhorn & Hogarth의 분석은 완전한 정규분포를 가정하고 있는 것이기 때문에, 자료들이 완전한 정규분포를 구성하지 않는 경우라면 동일 가중치가 회귀가중치에 비해 상대적인 우위를 점할 수도 있다.

결과적으로, 이 이론적 연구들은 연구자들이 회귀분석으로 계산된 계수가 동일가중치들보다 더 신뢰할 만한 예측들을 하기 위해서는 적어도 수백 개의 자유도가 필요하다고 말하고 있는 것이다. 정규분포와 거의 유사한 통계분포를 가지고 있고, 독립변수들은 상호간에 상관관계가 없으며, 다중 상관계수가 0.5를 넘는다면 200개의 자유도로 충분할 것이다. 그러나 다중 상관계수가 0.5 미만이라면 400개의 자유도를 필요로 할지 모른다. 그리고 내 생각이지만, 회귀모형으로 얻을 수 있는 개선의 크기가 작다는 것도 불안하다. 관측치가 1,000개에서 5,000개에 달하는 매우 큰 표본들에서도 회귀계수가 동일 가중치들보다 그저 약간 나을 뿐이다.

오차제곱 회귀모형은 회귀선으로부터 멀리 떨어져 위치하는 관측치들에게 커다란 영향력을 부여하기 때문에 크기가 큰 표본을 요구한다. 외진 곳에 떨어져 있는 관측치들은 동일한 모집단에서 추출한 다른 표본들에서는 일어나기가 힘든, 확률이 낮은 사건들에 해당하기 때문에, 표본의 특이성이 강한 결과를 낳는다. 회귀계수들은 그것들을 계산할 때 사용하는 표본들이 지닌 독특함을 반영하기 때문에, 이 표본들이 예측에 사용되는 표본들과 유사한 특이성을 가지고 있을 개연성은 거의 없다. 또한, 오차제곱합이라는 준거 함수(criterion function)는 약한 차별성을 최소 수준 가까이 끌어내리기 때문에, 표본의 특이성도 강한 영향력을 행사한다. 다시 말해서, 준거 함수가 평평해서, 추정된 계수들이 크게 변한다 해도 그 함수는 조금밖에 변하지 않기 때문에, 계수의 추정치를 믿을 수 없는 것으로 만들어버린다.

안정적인 정규분포들을 가정하고 있는 이론적 분석들은 역사적 자료에 대한 모형의 오차제곱 적합도가 그 모형의 오차제곱 미래예측 정확도를 예측해준다고 주장한다. 그러나 오차제곱 상으로 역사적 자료들에 더 잘 들어맞는 통계 모형이라고 해서 오차제곱을 사용해서 더 정확한 미래예측을 하지 못한다. 사실, 역사적 자료에 대한 모형의 오차제곱 적합도에 대해 안다는 것이 그것의 예측 잠재력에 대해서 전혀 알지 못하는 것보다 더 좋지 않을 수도 있다.

오차제곱을 많은 시계열들에 걸쳐서 평균하면, 변동성이 높은 시계열들을 강조하게 된다. 한 시계열의 경우에는 외따로 떨어져 있는 자료들을 강조한다. 특이값들(outliers)은 발생할 확률이 낮기 때문에, 오차제곱들은 발생확률이 낮은 사건들을 중요하게 취급하는 꼴이 되어버리는 것이다. 그런 이유로, 오차제곱 측정 방법은 신뢰할 만한 것이 못되며, 미래예측에서 발생된 오차들이 역사적 자료에 모형들을 맞추어보면서 발견되는 오차들로부터 확연하게 벗어날 수 있는 것이다.

* * *

1960년대에 퍼듀대학교에 재직하고 있던 동료 하나가 나에게 'Sigma Xi'라는 연구과학자들의 조직에 참여해보라고 했다. 결과적으로, 내가 읽어야할 목록 속에 생물학, 물리학에다 사회과학까지 망라하는 학술지인 *American Scientist*라는 계간지가 들어앉게 되었다. 이 학술지는 생물학자들이 귀무가설을 대체할 것인지, 말 것인지에 대해서 논쟁해오고 있음을 알게 해주었다. Connor and Simberloff(1983, 1986)는 생태공동체들 사이에 일어나는 상호작용들을 단순한 귀무가설들에 기반한 통계적 검증으로 확인하는 것은 너무나 비현실적이라고 주장했다. 그들의 주장에 따르면, 생물생태학자들은 귀무가설을 '귀무모형(null model)'으로 대체해야 한다는 것인데, 그들은 귀무모형을 다음과 같이 정의했다. '귀무모형은 추정적인 인과과정이 없는 채로 관심의 대상이 되는 변수의 가치분포를 생성해보고자 하는 시도다(1986: 160).' 그러니까, '귀무모형'을 사용해서 통계분포를 만들어낸 다음, 이 분포에 따를 때 관측된 자료들이 높은 확률을 가지는지, 낮은 확률을 가지는지를 물어보자는 것이다.

예를 들어, 갈라파고스 제도에 속하는 섬들에 생존하고 있는 육지조류들의 종들은 섬에 따라 그 숫자가 다른데, 이 숫자들은 종들 사이의 경쟁, 섬들 사이의 물리적 차이들, 초목군락의 차이들 등을 반영하고 있을 것이다. Connor and Simberloff(1983)는 종들 사이의 경쟁을 무시한 '귀무모형'을 이용하여, 갈라파고스 제도 섬들에 살고 있는 종들의 쌍들의 수로 구성된 통계분포들을 추정했다. 그들의 추정치는 각각의 섬에는 그 섬에서 목격된 종들의 수만큼 거주하고 있고, 각각의 종들은 그 종이 관측된 섬들마다 살고 있기는 하나, 종들은 임의적이며 독립적으로 분포되어 있다고 가정했다. 관측된 종들의 짝들 모두가 이 귀무모형이 암시하고 있는 분포의 2 표준편차 내에 속했다. 그리고 대부분의 관측치들이 기대값들과 매우 근접했다. 따라서 Connor and Simberloff는 종들 사이의 경쟁이 갈라파고스 제도에 서식하는 육지 조류들의 종의 수에 별다른 영향을 미치지 않는다고 추론했다.

당연히, 일부 생물생태학자들은 '귀무모형'에 대해서 강한 우려의 목소리를 제기했다(Harvey et al., 1983). 몇 가지 논쟁들 중에, Gilpin and Diamond(1984)가 a) '귀무모형'은 암묵적인 가정들을 하고 있기 때문에 진정한 귀무로 볼 수 없다는 점, 그리고 b) 계수들을 자료들에 꿰맞추는 절차가 무작위성을 제거해버리기 때문에, 귀무모형은 기각하기가 어렵다는 점을 들어 비판한 것이 있다. 그들의 주장은 그러한 모형들을 '귀무'라고 기술하는 것은 가정이 없다는 것에 대해 잘못된 기대를 조성할 수 있다는 점을 지적하고 있다는 점에서 설득력을 가진다. 예를 들어, Connor and Simberloff의 '귀무 모형'은 각각의 섬에서 관측된 종들의 수와 각각의 종들이 살고 있는 것으로 관측된 섬들의 수를 전제로 받아들였다. 이들 관측값들은 암묵적으로 섬들 사이에 존재하는 일부 물리적, 식생학적 차이들에 대한 정보를 내포하고 있는 것인데, Gilpin and Diamond는 이 숫자들이 종들 사이의 경쟁까지 반영하고 있음을 지적했다. 그와는 달리, Connor and Simberloff(1986: 161)는 실제로 자체적으로 기각을 보장하는 귀무모형을 과학자들이 선택할 수 있다는 점을 다음과 같이 지적했다. '이 귀무모형, 더 나아가 귀무모형 전반에 대해 말하자면, 그럴듯하게 조사에 포함되어 있지 않은 인과과정들 탓으로 돌릴 수 있는 자료들의 구조를 설명해주는 가정들을 설정하려는 마음이 없는 사람에게 귀무가설들을 제시하고 기각하는 일이란 하찮을 정도로 쉽고 재미없는 작업이 될 것이다.'

컴퓨터는 귀무가설을 둘러싸고 일어나는 논쟁에서 핵심적인 역할을 수행한다. Connor와 Simberloff가 계산해낸 분포들은 1950년 전이라면 초인적인 노력을 요하는 것이었을 것이다. 과학자들이 점 귀무가설들을 사용했던 원래 이유들 중 하나가 대수학적 실행가능성(feasibility)이었다. 그들은 통계분포들을 대수학적 방식으로 조작해야 했기 때문에, 대수학적으로 수정이 가능한 분포들을 중심으로 분석논리들을 구축했던 것이다. 컴퓨터는 연구자들에게 그보다 더 복잡하게 얽혀있는 가정들을 표현해주는 통계분포들을 구축하는 방법들을 제공해주고 있다. 이제는 더 이상 교과서에 나와 있는 분포들을 사용해야할 필요가 없는 것이다.

2.5 1990년대

1980년대 후반에서 1990년대 초반에 내 친구 한 명이 연구 두 개를 수행해서 귀무가설을 기각하는 결과를 얻었다. 그는 첫 번째 연구에서 발표된 연구에 기반하고 있는 현상들에 대해 한 연역적 이론을 구축하는 데 큰 노력을 쏟아 부었다. 그는 이 이론에 마음이 온통 빼앗겨서 그 이론을 증명하고자 매우 열심이었다. 그리고 그는 수개월에 걸쳐 분석을 반복한 끝에 그 이론을 기각하는 것으로 연구를 마감했다. 그는 자료를 여러 번 코딩을 다시 하고, 다양한 통계검증들도 시도해보았다. 결국 그는 명백한 차이들이 나타나지 않은 것 자체를 매우 흥미로운 사건으로 인식했다. 그의 연구는 어려움을 겪고 있는 회사가 대중들을 위해 만든 보고서를 사업을 매우 잘해 나가고 있는 회사가 발간한 보고서와 비교해보는 것이었는데, 분석 결과 두 개의 보고서가 거의 동일한 것으로 나타났던 것이다. 따라서 어려움을 겪고 있는 회사들은 그들이 잘 해내고 있다고 보이게끔 애쓰고 있는지도 모른다는 것이었다. 뿐만 아니라, 몇몇 연구자들은 회사들이 일반인을 대상으로 발간한 보고서들로부터 자료를 뽑아 연구에 사용해오고 있었는데, 그의 연구는 연구자들이 이 자료들의 신뢰성에 대해서 의심해보는 게 마땅하다는 주장을 펴고 있었다.

그는 자신의 연구결과를 *Administrative Science Quarterly*(*ASQ*)에 보냈는데, 심사위원들은 그들이 제안한 사후 가설들을 '검증'한 다음, 이에 맞추어 가설들을 수정할 것을 제안했다. 심사위원들은 그에게 그가 한 연구를 거짓으로 서술하라고 조언한 것이다. 심사위원들이 한 제안들을 그가 사전에 설정했던 제안들인 것인 양 서술하라고 했다는 것이다. 그러니까, 그가 원래 설정한 귀무가설들을 사전에 설정한 대립가설들로 거짓 서술하라고 제안한 것이었다. 사실, 심사위원들은 이와 같은 제안을 세 번이나 반복했다. 세 번씩이나 말이다. 심사위원들은 그에게 그들이 제안한 추가적 가설들을 '검증'하도록 요청했고, 그는 세 번이나 그들의 제안을 따랐다. 그리고 세 번이나, 그가 수행한 통계검증들은 그들이 제안한 가설들을 채택하는 데 실패했다. 마침내, 세 번의 수정 후, 편집장은 그의 원고를 받아들이지 않았다.

그러자 그는 그 원고를 *Academy of Management Journal*에 제출했는데, 거기서도 *ASQ*에서 벌어진 것과 동일한 편집 사건들이 벌어졌다. 세 번이나 심사위원들이 자신들이 제안한 추가 가설들을 '검증' 해보도록 제안했고, 그는 그들이 제안한 대로 따랐으며, 그의 통계 분석은 그들이 제안한 가설들을 검증하는 데 실패했다. 다시 한 번, 세 번의 수정 후, 편집장은 그 원고를 돌려보냈다.

그는 그 원고를 *Journal of Management Studies*에 제출했고, 편집장은 나에게 그 원고를 심사해 달라고 요청했다. 나는 아주 획기적인 가지치기를 권했다. 그 전에 심사위원들이 제안한 수많은 가설들은 혼돈스러움과 모호함으로 범벅이 되어 있었다. 저자가 가설들의 묶음을 다 설명하고 한 다발이나 되는 가설들에 대한 검증을 마칠 때 즈음에는, 그 논문의 주제가 사라지고 없었다. 저자는 내가 제안한 수정을 하지 않았다. 그는 그 연구를 서류함 속에 집어넣고 '재앙 원고'라는 딱지를 붙였다.

두 번째 연구에서 이 친구는 연역적 이론 두 개를 제안하면서 시작했고, 이 두 이론들을 많은 동료들의 비판들을 수용하면서 수정했다. 그 결과, 진술된 가설들은 일반적으로 상당한 지지를 받았다. 다시 한 번, 그는 이 이론들에 강하게 매달렸고, 그 이론들을 증명하고자 무척 많은 노력을 기울였다. 그리고 수개월의 분석 끝에 이 이론들을 기각할 처지에 놓이게 되었다. 그러나 첫 번째 연구가 저토록 심한 저항을 받았었기 때문에, 그는 두 번째 연구에서 귀무가설에 반하는 대립가설 두 개를 검증한 결과를 사실 그대로 서술할 엄두를 아예 내지 못했다. 대신에, 그는 학술지는 정직한 보고서를 원하지 않는다고 확신하고, 처음부터 대립이론들 세 개를 가지고 연구한 것처럼 논문 초고를 썼다. 그러나 이 연구도 역시 거부 판정을 받고 말았다.

두 개의 연구에 대한 심사위원들의 반응을 보면, 심사위원들은 그 연구들이 귀무가설들을 기각하는 데 실패한 이유가 대립가설들이 틀려서가 아니고, 기초 자료들이 너무 난잡했다던가, 연구자가 신뢰성이 떨어지는 측정도구들을 사용했다든가, 아니면 진술된 가설들이 타당한 일반이론들을 제대로 대변하지 못했기 때문이라는 문제점들을 제기했다. 그러나 그는 심사위원들의 제기한 문제점들에 믿음이 가지 않았다. 연구자는 첫 번째 연구에서 원자료를 여러 차례 재처리하면서 측정치들의 정확도를 높이고 심사위원들의 반대 의견들에 부응하고자 했다. 그는 심사위원들이 제안한 가설들을 테스트했으나 검증하는 데 실패했다. 두 번째 연구에서는 자료를 모으기 전에 동료들로부터 광범위하게 의견을 들어 그가 세운 가설들이 강한 방어력을 갖출 수 있도록 최선을 다했다. 따라서 심사위원들은 그들의 중요한 믿음에 반하는 원고를 거부하기 위해 방법론적 이유들을 들었던 것처럼 보였다(Mahoney, 1977).

두 연구에 관해 사후적으로 곰곰이 생각해보면, 귀무가설들이 그 현상에 대해서 매우 의미 있는 진술들을 하고 있었던 것으로 생각된다. 다시 말하자면, 귀무가설들이 자료들을 상당히 정확하게 서술해내고 있다는 생각을 (싫기는 하지만) 받아들이고 나면, 그 현상을 이전에 해오던 연구와 사뭇 다르게 볼 수 있으며, 혁신적인 연구를 수행할 기회를 포착할 수 있다는 것이다. 따라서 심사위원들은 심오한 의미를 함축하고 있었을지도 모르는 혁신적인 연구 작업을 거부했다는 얘기다.

이 시점에서, 내 친구는 관측치가 2,500개에 달하는 표본을 구할 수 있게끔 해주는 다른 자료수집 방법으로 방향을 틀었다. 그의 말을 빌리면, "누군가 재채기를 하면, 그건 통계적으로 의미가 있다는 것이다."라는 생각에 그 일을 벌였다는 것이다. 그리고 세 번째 연구를 *Academy of Management Journal*에 제출했는데, 거절당했다. 그러나 내 친구는 이 거절을 받아들일 수 없었다. 그는 심사위원들의 조언을 받아들여 원고를 수정한 다음에 다시 제출하였다. 이번에는 원고를 수정하라는 초대장을 받았고, 다시 한 번 심사위원들의 조언에 따라 원고를 수정한 다음에 재제출하였다. 여기서 그는 조금만 손보면 되겠다는 편지를 받게 되었다. 위원회는 이 논문을 그 해에 게재된 논문

중에서 가장 훌륭한 논문으로 선정했다. 그는 "대부분의 사람들이 하는 방식대로 머리를 조아렸을 뿐이네. 되풀이되어 일어나는 과정이지. 가설설정, 깨부수기, 가설설정, 깨부수기." 나는 그에게 그 결과에 대해서 어떤 생각이 드느냐고 물었다. 그는 "내가 발견한 걸 믿느냐고? 그렇게 생각하지 않네."라고 대답했다.

* * *

Hedberg가 지식집약적인 회사들을 주 대상으로 개최 예정인 학회에서 한마디 해달라고 초청을 했다. 나는 스웨덴으로 가서 Hedberg를 만나볼 수 있다는 사실에 마음이 동했다. 그러나 나는 지식집약적인 회사라는 게 도대체 어떤 것인지 감을 잡을 수가 없었다. 그래서 몇몇 동료들에게 그 용어가 그들에게는 어떤 의미로 받아들여지는지를 물어보았다. 각자가 서로 다른 정의들을 제시했고, 몇 주가 지난 후에도 나는 지식집약적인 회사가 무엇인지 알 수가 없었다. 나는 직접 그런 회사들 몇 군데를 찾아보는 게 좋겠다고 생각했다. 나는 다양한 형태의 전문성을 판매하는 데 힘을 모으고 있는 조직들, 즉 자문회사들이나 연구자들, 분석가들, 기술전문가들로 이루어진 조직들을 생각해보고, 그중 여덟 군데를 방문했다(Starbuck, 1992a).

이 회사들의 전문가들은 모두가 거의 동일한 일들을 하고 있음을 발견하였다. 그들은 면접이나 독서 등을 통해 정보를 모아 분석하고 해석한 다음, 구두나 문서로 고객들과 동료들에게 보고하고 있었다. 그들의 유사점들은 사람이나 장소, 프로젝트를 불문하고 뚜렷했다. 그러나 전문가들 스스로는 그들의 행위들을 다양하게 묘사했다. 어떤 이들은 오래된 지식을 새로운 문제에 적용하고 있다고 했으며, 어떤 이들은 새로운 지식을 창출해내고 있다고 했고, 또 다른 이들은 이미 존재하고 있었던 지식을 보존하고 있는 중이라고 했다. 또 어떤 전문가들은 정보를 유지하는 데 어려움을 겪고 있는 고객들을 대신해서 정보를 보존하고 있다고 했다. 자신들을 지식을 창조해내고 있는 사람들로서 보고 있는 전문가들은 자료의 최근성과 독창성, 그리고 그들이 발견한 것들과 전임자들이 발견한 것들 사이에 존재하는 차이점들을 강조했다. 그와 대조적으로, 자신을 기존의 지식을 현재의 문제들에게 적용하는 일이 주로 종사하고 있다고 보는 전문가들은 지식과 그 의미의 지속성을 강조했으며, 논리과정의 혁신성에는 별 무게를 싣지 않았다.

이러한 서술들은 지식을 저장 한다는 것이 단지 오랜 기간 지식을 보존한다는 의미와는 다르다는 사실을 말해주었다. 오래된 지식이 의미를 지니려면, 그것을 현재의 문제들 및 행위들과 연관지어 그것을 현시대의 언어로 번역해서 현시대의 논쟁거리 안에 직조해 넣을 수 있어야 한다. 따라서 효과적인 보존행위는 적응행위와 많이 닮아있다. 그러나 사회적 · 기술적 변화들이 축적되어 가면서, 지식을 적용하는 일이 지식을 생성하는 것처럼 되어 간다. 그리고 그와 반대로, 새롭게 창조된 지식이 의미를 부여받으려면, 사람들이 그것을 자신들의 신념과 관점들의 틀 속에 맞추어 넣을 수 있어야 하는 것이다.

* * *

1980년 중반에 미래예측 방법들을 가르치고 있었기 때문에, 전에 발표된 예측들이 얼마나 정확한지에 관심을 가지게 되었다(Barnett,

Starbuck, and Pant 2003). Predicast라는 회사는 그들이 발견할 수 있는 미국 산업에 대한 예측치들을 모두 보고하고 있었으며, 또 다른 일련의 문서들을 통해서 미래예측치들의 정확도를 측정하는 데 사용가능한 과거의 결과 통계치들을 보고하고 있었다. 4년 동안, 박사과정 학생 여러 명을 고용해서 1971년부터 1977년이라는 기간을 특정해주고 그 기간에 해당하는 보고 자료들을 모으도록 했다. 그 자료들을 가지고 7년 이후, 혹은 그 이상의 미래를 예측한 사건들을 조사해보자는 것이었다. 이 학생들은 거의 5,000개에 달하는 미래예측치들과 그 자료들의 대충 절반에 해당하는 결과 통계치들도 같이 수집해주었다. 나는 그 자료들을 이용해 그래프로 그려보았는데, 그 결과 [그림 2.7]에서 볼 수 있는 것과 같은 흥미로운 쌍봉 분포를 발견했다. 마치 두 개의 분포가 겹쳐있는 듯 보였는데, 작은 것이 좀 더 낙관적인 예측을 하고 있었다. 게다가 화학 산업에 대한 예측은 이러한 낙관적인 예측들을 높은 비율로 포함하고 있었다. 그래서 나는 화학산업이 낙관적인 예측을 하게끔 이끄는 성장지향적인 문화를 가지고 있을지 모른다고 추정했다.

그림 2.7 실제 변화 대비 미래예측된 변화의 비율

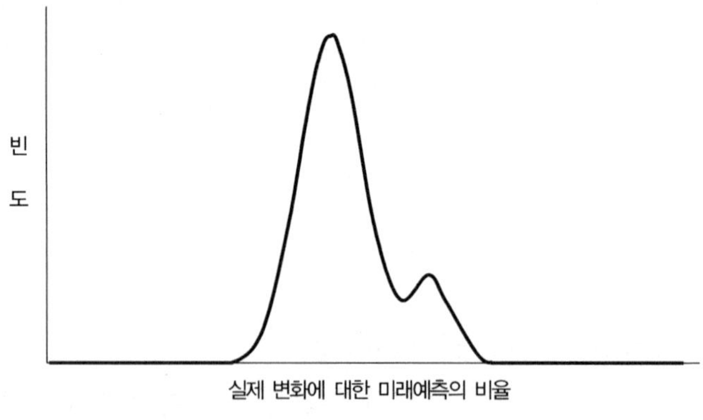

1993년에 Narayan Pant와 나는 예측자료를 토대로 논문 하나를 쓰기 시작하였는데, 마지막 학생이 자료들을 수집해준 후로 몇 년이 훌쩍 지난 터여서, 우리는 도서관에 들러서 결과 통계치들을 추가로 더 모을 수 있는지 알아보았다. 그러다가 우연히 이전에 기록되었던 자료들 속에 오류들이 끼어있음을 발견했는데, 그 오류 중 일부는 사소한 것들이었지만, 나머지 것들은 심각한 것들이었다. 사실인즉, 우리는 상당수에 달하는 오류들을 발견했다. 우리는 모든 자료를 다시 수집하기로 했다. 몇 주일을 도서관에서 보낸 후에, 먼저 수집했던 자료에서 대충 절반에 해당하는 것들을 버려야 했고, 그 만큼에 해당하는 자료들을 새로 모아야만 했다. 우리는 4,509개에 달하는 관측치를 얻을 수 있었는데, 그것들 중 70%가 결과 통계치들에 해당하는 것들이었고, 그 관측치들 중 절반은 처음 자료 묶음에 들어있던 것과 완전히 달랐으며, 그 외의 관측치들에 대해서도 많은 수정을 가하여야 했다. 수정된 자료들을 가지고 [그림 2.8]을 얻었는데, 이렇게 해서 얻은 그래프는 더 이상 쌍봉을 보이지 않았다.

그림 2.8 실제 변화 대비 미래예측된 변화의 비율(수정 자료)

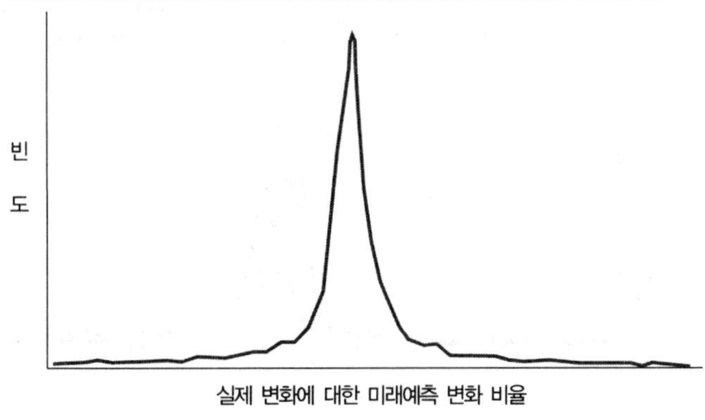

화학 산업에 대한 내 추정은 화학 산업에 대한 예측들이 매우 활발하게 이루어져서 누구든지 들여다보자고 하면 거의 어디서나 화학 산업에 대한 수많은 예측들을 발견할 수 있기 때문에 발생한 오해인 것으로 판명이 났다. 물론, [그림 2.8]의 그래프를 보면 오른쪽으로 조그맣게 솟아있는 부분을 볼 수 있지만, 이것은 특수한 종류의 산업에 연관되어 나타난 것이 아니다. 전체적인 수준에서, 미래예측들은 네 개의 카테고리 중 하나에 속한다. 일부 미래예측들은 예상 변화율을 예측하고, 일부는 톤이나 바렐과 같은 물건 단위들로 표현된 미래의 양을 예측하며, 일부는 가치변화 기대값을 포함한 현 달러로 화폐량을 예측하고, 나머지 일부는 가치변화를 배제한 고정 달러로 화폐량을 예측한다. [그림 2.9]는 이 네 가지 형태의 분포를 보여주고 있는데, 보듯이 낙관적인 예측들은 변화율에 대한 예측치와 관련이 있다.

이 경험은 개인적인 이해관계가 약하게 걸려있는 사람들에게 일을 시키고 이에 의존하는 것은 꽤나 위험하다는 사실을 다시 한 번 나에게

그림 2.9 4가지 미래예측 형태에 따른 실제변화 대비 미래예측 비율

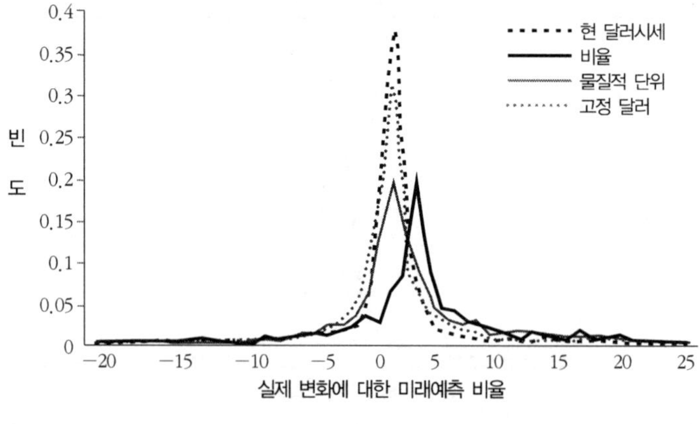

각인시켜 주었다. 또한, 이 경험은 어설프게 벌이는 탐색작업이 잘못된 추론을 자라게 하는 온상이라는 것도 가르쳐 주었으며, 자료들의 오류 비율이 50%가 넘는 경우도 발생할 수 있다는 점을 생생하게 경험하도록 해주었다.

* * *

1990년대 초반에 들어서면서, 초기에 이루어진 다양한 연구들이 서로 상승작용을 하면서, 나로 하여금 전략적 계획수립 행위 자체가 회사들이 높은 수익을 올리는 데 도움이 되지 않는다는 점, 그리고 많은 학술 연구들이 매우 비현실적인 자료들을 사용해오고 있다는 점 등, 두 가지 점에 대해 숙고해보도록 자극했다(Starbuck 1985, 1992b). 먼저, Tosi, Aldag and Storey(1973), 그리고 Downey, Hellriegl, and Slocum (1975) 등이 수행한 연구들이 있었다. 이 연구들은 평균적으로 경영자들이 자신들이 처한 환경의 변동성에 대해서 가지고 있는 지각은 그 변동성을 '객관적'으로 측정한 값들과 상관관계가 없었다는 점을 지적하고 있는 것으로 생각되었다. 두 번째로, Payne and Pugh(1976)가 사람들이 자신들이 속한 회사의 구조들이나 문화들에 대해서 어떻게 기술하고 있는지를 검토한 연구가 있었다. 그들은 직원들이 자신이 속한 조직들의 특성들에 대해서 서로 간에 상당히 큰 의견 차이를 보였으며, 조직 특성들에 대한 직원들의 지각들과 그 특성들에 대한 객관적인 측정치들 사이에는 약한 상관관계만 있을 뿐이라는 결론을 내리고 있었다. 세 번째로, Hedberg, Nystrom, 그리고 내가 심각한 위기에 직면하고 있는 조직들에 대해 수행했던 연구가 있었다. 우리들은 회사의 최고경영자들이 회사와 시장 환경에 대해 외부인들이 현실적이라고 판단하고 있는 것과는 크게 차이가 나는 견해들을 발달시키고 있음을 인지하고 있었다. 그에 더하여, Dunbar and Goldberg(1978)은 위기에 직면하고 있는 20개 회사들에 관한 연구에서 많은 최고경영자들이 중간관리자들로부터 보고되는 문제들이나 경고 신호들을 걸러내어 버리는 예스맨들에게 둘러싸여 있음을 발견하였다. 네 번째로, 사람들의 인지에 대한 심리학 연구들은 수많은 편향성과 착시현상들을 폭로하고 있는데, 그중 일부는 매우 광범위하게 퍼져있는 것들이다(Bazerman, 1997). 나는 많은 관리자들이 그와 같은 편향성을 노정하고 있을 것으로 생각했으며, 어떻게 조직문서들이 재무적, 또는 숫자적인 자료들을 강조하고, 성공을 강조하면서 실패는 합리화하고, 좋은 결과들은 중역들의 덕으로 돌리면서 독자들을 오도하려고 하는지를 많은 연구들이 지적해오고 있음을 이미 인지하고 있었다(Hofstede 1967; Hopwood 1972; Edelman 1977; Altheid and Johnson 1980; Dunber 1981; Boland 1982; Bettman and Weitz 1983; Staw, McKechnie and Pfeffer 1983).

따라서 나는 많은 관리자가, 아니 그들 거의 대부분이 그들의 조직과 사업환경 모두에 대해서 오도된 지각들을 형성하고 있을 것으로 추정했다. 그 결과, 나는 대부분의 관리자가 조직을 환경에 부합하도록 꿰맞추지 못하리라고 생각했다. 또한, 관리자 집단들에 의해 수행된 공식적인 조직분석들은 사실과 다른 결과들을 산출해낼 가능성이 크다고 생각하였다. 성공적인 전략수립 과정은 현재의 조직과 환경 속성에 대한 정확한 지각을 요구할 뿐만 아니라, 앞으로 어떻게 전개되어갈 것인지에 대해 고품질의 예측을 필요로 한다. 결과적으로, 공식적인 전략수립 과정은 이익을 가져다주는 것만큼이나 손해도 끼칠 가능성이 있는 것이다.

게다가, 이러한 문제들은 경영자들을 면접하거나 관리자에 의해 작성된 설문지에 의존하고 있는 많은 연구의 타당성에 의문을 던진다. 대부분의 관리자들이 그들의 조직들이나 시장 환경들이 보유한 특성들을 실제로 잘 알지 못하고 있다면, 그들의 설문 응답들은 '객관적인 사실들'이라기보다 그들의 믿음을 표현하고 있는 것이라 할 수 있을 것이다. 그러한 응답들을 통계적으로 분석한 결과는 많은 관리자들 사이에 공유되어 있는 신념들, 즉 누군가가 관리자의 민속문화(managerial folklore)라고 부르는 것을 대변하고 있는 것이라 하겠다. 이러한 공유된 신념들은 개념들 사이의 합리적 관계들을 포함하고 있겠지만, 그렇더라도 이 논리적인 관계들은 상식에 부합되는 것들일 터여서, '객관적인' 변수들 사이의 관계들과 일치할 수도, 하지 않을 수도 있다.

1993년에, 박사과정생이던 John Mezias는 관리자들의 지각들에 관한 읽을거리들, 특히 관리자들의 지각에 대한 정확도를 측정하고 있는 연구들을 추천해달라고 했다. 추천한 연구들을 읽어본 Mezias는 왜 연구들 모두가 1970년대에 이루어졌는지를 물었다. 최근에 이루어진 것은 없었던 것일까? 나는 그에게 좀 더 최근에 이루어진 것들을 찾아보라고 권했다. 그는 온라인상으로 자료를 탐색해보았지만, 관리자들의 지각을 '객관적인' 측정치들과 비교해본 연구들을 찾아내지 못했다. 우리는 바로 이 귀무 결과(null result)에 정신이 번쩍 들었다. 나는 Mezias에게 다시 찾아볼 것을 강력하게 권했지만, 다시 한 번, 관리자 개개인들의 지각들이 보여주는 정확도를 측정한 연구를 어디에서건 찾아볼 수가 없었다. 나중에는 우리 둘이 힘을 합해 찾아보기까지 했으나, 관리자들의 지각 정확도에 대한 연구들을 찾아내지 못했다. 얼마쯤 시간이 지난 후에, Sutcliff(1994)가 우리와 동일한 탐색작업을 벌였지만, 그러한 연구들을 발견하지 못했음을 알게 되었다.

우리들은 1970년대에 수행되었던 고전적인 연구들이 논하고 있는 것처럼 관리자들이 그들의 환경으로부터 멀리 유리되어 있을 수는 없다고 생각했다. 아마도, 그 오래된 연구들은 지각의 정확도를 평가할 수 있도록 설계된 것이 아니기 때문에 그렇게 오도하고 있는 것인지 모르는 일이며, 따라서 그들의 연구방법론 자체가 그러한 지각 오류들을 만들어냈는지 모를 일이었다. 특히, Tosi, Aldag, and Storey(1973), 그리고 Downey, Hellriegel, and Slocum(1975) 등은 관리자들의 응답 속에 분명히 그 모습을 드러내고 있는 커다란 오차들을 관리자들의 탓으로 돌릴지, 아니면 자신들의 연구방법의 탓으로 돌릴지에 대해서 고민했으며, 그들이 채택한 '객관적인' 측정치들은 그때그때 손에 닿는 대로 활용되었다. 그러므로 우리들이 특별히 지각의 정확도를 평가하도록 설계된 연구를 채택하면, 좀 더 나은 '객관적인' 측정치들을 구할 수 있을 것이고, 결과적으로 훨씬 작은 지각오류들을 찾아낼 수 있으리라 추정했다.

우리는 두 개의 연구를 수행했는데, 두 번째 것이 첫 번째 것보다 나았다(Starbuck and Mezias 2003). 실망스럽게도, 두 연구 모두 관리자들의 3/8만이 그들의 환경들을 비교적 정확하게 평가하고 있음을 발견했다. 게다가 우리는 그 오차들의 이유를 설명할 수 있는, 또는 그 오류들 속에서 그것들을 예측할 수 있도록 해주는 어떤 패턴들도 발견해낼 수가 없었다. 특히, 종종 직책들이 실제 내용보다는 상징적으로 쓰이는 경우가 있기 때문에, 전문가들이라고 해서 비전문가들에 비해 전문영역에 대해 더 정확하게 지각하지 못할 수도 있다. 결과적으로, 우리들이 수행한 연구는 나로 하여금 1980년대에 품고 있었던 의심으로 되돌아가게 했다. 즉 관리자들의 지각에 기반한 학술적 연구는 매우 믿을 것이 되지 못한다는 사실 말이다.

* * *

우리가 관리자들의 지각들에 내재되어 있는 오차들과 관련하여 수행했던 연구는 우연히도 나에게 자발적 자료들(spontaneous data)과 연계된 또 다른 문제들을 인식하도록 해주었다. 관리자들이 말한 것들과 비교해볼 수 있는 '객관적인' 자료들의 신뢰성을 조사하는 과정에서 이곳저곳에서 얻었던 데이터베이스들 속에도 오류들이 높은 수준으로 포함되어 있음을 발견하였다. San Miguel(1977)은 한 회계감사에서 Compustat(S&P 산하 글로벌 기업분석 정보 제공 사업부;역자 주)가 보고하고 있는 연구개발 비용 항목에서 30%에 달하는 오류비율을 발견했다. 이 오류들은 회사들의 보고과정과 Compustat의 자료 처리과정, 양쪽에서 초래된 것이었다. Rosenberg and Houghlet(1974)가 수행한 감사에서는 Compustat가 보고한 주가와 시카고대학교 주가연구센터에서 보고한 주가에서 훨씬 작은 오류비율을 발견하였다. 주가들의 약 2.4%가 오류들을 포함하고 있었는데, 자료들의 0.5%만이 심각한 우려를 자아낼만한 크기의 오류들을 포함하고 있었다. 그럼에도 불구하고, Rosenberg and Houghlet(1974:1303)은 다음과 같이 언급하고 있다. '두 개의 데이터베이스 모두에서 커다란 오류들 몇 개가 발견되었는데, 이들 몇 개 안 되는 오류들이라도 자료의 성격을 바꾸기에는 충분한 것이다.' 그들은 연구자들에게 다양한 자료원들로부터 자료들을 구해서 비교해볼 것을 조언했다.

*　*　*

1993년에, Derek Pugh가 전근대의 관리 사상(Management thought) 모음집을 편집해달라고 부탁해왔는데, 그건 1980년대 이전의 저작들을 말하는 것이라고 했다. 나는 그렇게 해보겠노라고 수락했다. 전근대 관리사상의 전문가로서가 아니라, 그것을 공부해보고 싶어서였다. 몇 주간에 걸쳐 생각을 거듭한 끝에 나는 Nicolo Machiavelli나 Robert Owen보다 훨씬 이전의 고대 관리관행은 어땠는지 호기심이 생겼다. 나는 George(1968)가 저술한 책 어딘가에서 고대의 관행들에 관해 서술한 부분을 본 적이 있었는데, 너무 간단하게 줄여서 기술한 것이어서 오히려 내 호기심만 더 자극할 뿐이었다. 그래서 박사과정 세미나를 수강하는 학생들에게 고대 관리관행들에 대해서 조사해보라고 했다. 학생들 각자에게는 사회 하나씩을 선택해서 그 사회에서 실제로 행해졌던 관리관행들에 대한 증거자료들을 캐보는 일이 과제로 주어졌다. 학생들이 너무 잘 알려져 있는 저술들에 몰리지 않고 진지하게 문헌조사에 매달리게끔 하기 위해서, 세기 0년 이전 시대의 것들만 조사하도록 한정했다. 학생들은 고대 중국, 그리스, 인디아, 로마 등을 조사했고, 나 자신은 고대 이집트와 메소포타미아를 조사했다. 사실인즉, 학생 두 명과 내가 현존하는 증거 찾기에 더욱 깊숙이 매달리면서, 그 프로젝트는 그 후로도 수년 동안 지속되었다(Rindova and Starbuck 1997a, 1997b).

역사적 증거는 다시 한 번 자발적 자료들의 정치적 성격을 선명하게 보여주었다. 예를 들어, 메소포타미아는 인구유입과 침략들이 이어지면서 여러 개의 문화들과 언어들의 고향이 되었고, 종종 침략으로 서적들이 대량으로 말살되어버리는 사태들을 겪었다. 더 일반적인 현상으로, 파피루스나 피혁, 종이에 적힌 글들은 필경사들이 복사해놓지 않았다면 다 소실되는 것이었는데, 필경사들은 귀족들이 그 글들을 가치 있는 것으로 여겨서 그렇게 하도록 허용했을 때에만 복사본을 만들 수 있었다. 복사 과정에는 오류가 끼어들게 되고, 일부 필경사들은 그들이 복사하고 있는 작업들을 현세에 맞게 각색하기도 했다. 현존하는 문서들은 한때 존재했던 것들 중에 극히 일부만을 대변할 뿐이었으며, 그것도 의도적으로 남긴 것들이었다는 얘기다. 한 극단적인 예로서, 기원전 212년에 중국의 첫 황제였던 진시황은 당시에 존재하던 문서 대부분을 소각했으며, 글을 읽고 쓸 줄 알던 거의 모든 사람을 살해했다. 옛 봉건제도를 새로운 제도로 교체하기를 원했던 시황제는 옛 방식을 지탱하고 있던 전통을 지워버리고자 했던 것이다.

2.6 2000년대

조직이론사(史)를 쓰는 동안 20세기가 그 이전의 세기들과 얼마나 다른지에 대해서, 그리고 MBA 프로그램이 학술 연구에 미치는 영향력의 크기에 대해서 더욱 잘 이해할 수 있게 되었다(Starbuck, 2003a).

나는 19세기 후반기와 20세기 전반기에 걸쳐 이루어진 사회적 및 기술적 변화가 조직에 대한 일반화를 초래했다고 생각한다. 교육의 변화, 직업 및 과업의 특수화, 기술의 변화들은 규모가 크고 공식화된 조직들의 수를 크게 증가시키는 원인을 제공했고, 더욱 더 많은 사람들이 조직과 관계를 맺도록 몰아갔으며, 더 많은 사람들에게 추상적인 일반화 현상들에 더 주목하고 더 잘 이해할 수 있는 능력을 갖추도록 압박하는 상황을 조성하였다. 법적 개념들이 진화했고, 기업에게 주주들의 권리로부터 독립된 법적 권리를 제공하는 '인격성'을 부여했다. 독립된 법적 실체는 나름의 확정적인 경계들을 지니고 있어야 한다. 따라서 '조직들' 사이에서 나타나는 유사성과 차별성은 모두가 광범위한 사회적, 기술적 변화들을 반영하고 있는 사회구축물인 것이다.

이 기간에, 사람들이 만족스러운 것으로 여기던 이론들 속에서 싹을 틔우고 있는 변화의 흐름들도 볼 수 있었다(Starbuck, 2003a). 사회를 동물들의 신체에 비유해서 역사에 의존적인 유기체로 특징짓는 것이 오래된 전통이었다. 이 전통은 개인들도 상호작용하지만, 사회도 상호작용하는 많은 하위 시스템들을 포함하고 있다는 점에서, 사회시스템을 단순히 사람 개개인을 모아놓은 집합체에 불과한 것이 아니라고 보았다. 사건들이란 마땅히 일어날 수밖에 없는 것들에 대한 개념들뿐만 아니라, 사고들, 그리고 그 당시의 상황들과 같은 외적요소들도 반영하고 있는 것들이어서, 특수한 사례들이 발생한 구체적인 상황에 대해서도 설명할 수 있어야 한다. 이론들은 목격된 현상들에 내재되어 있는 다양성을 기술할 수 있어야 하고, 동시에 그것들을 진화의 분석틀에 짜깁기해 넣을 수 있어야 하는 것이다. 사람은 통합적인 생명체(integrated creature)다. 즉, 인간의 사고행위는 인간의 몸에서 발생하는 것이며, 사람들의 동기 중에는 무의식적인 것도 있어서 인간 행위가 항상 합리적인 것은 아니다. 인간은 기계가 아니기 때문에, 그들을 공장이나 관료기구를 구성하고 있는 대체가능한 요소로 취급하는 것은 비합리적일뿐더러, 비도덕적이다.

그러나, 조직이론은 17세기에 두드러졌던, 사회를 기계처럼 바라보던 좀 더 '근대적인' 전통에 뿌리를 내리고 있었다. 이런 기계론적 전통은 자연 세계를 영속적인 불변의 법칙들을 따르는 시계시스템으로 보면서 이러한 인과법칙들을 기술하는 이론들을 구축하고자 했다. 추상적 일반화는 세월을 거스르는 견고한 본질적 요소들에게 초점을 맞추기 때문에 구체적인 기술보다 낫다는 것이다. 인간에 내재된 동물적 본성이 그들의 행동을 오염시킨다고 하더라도, 사람들은 자신의 동물적인 충동들을 따로 떼어내 억제할 수 있어야 하고, 따라서 합리적인 사고에만 근거해서 행동하도록 노력해야 마땅하다는 것인데, 그러한 생각이 바로 인간 이성에 기계와 같은 성질을 부여하게 된다. 공장과 관료기관은 사람들을 균일하게, 그리고 일관되게 행동하도록 훈련하고, 대체가능한 요소처럼 취급함으로써 높은 생산성과 신뢰성을 달성한다. 사람들은 자신들이 지닌 합리성을 활용하여 안정적이고 효과적인 사회시스템을 창조할 수 있다는 것이다.

조직이론은 위협들과 기회들을 인식하면서, 그러한 인식들을 통해 탄생했다고도 할 수 있다. 1860년대에서 1960년대 사이에 두 가지 주제가 조직에 대한 이론적인 저술들을 지배했다. 한 주제는 관료제가 결함을 가지고 있다는 주장이었다. 관료제에 관해 저술한 사람들은 일반적으로 관료제를 선한 정부, 지배자에 의한 통제, 개인의 자유와 같은 것들에 대해 심각한 위협을 가하는 것으로 바라보았다. 사회학자들과 경제학자들은 관료제 정부가 사회에 어떻게 영향을 미치는지에 대해서 큰 관심을 쏟았으며, 특히 환경을 무시하는 관료제의 성향에 대해서 심각한 우려를 표시했다. 그러나 일부 저술가들은 관료제가 지닌 매력적인 속성들에 대해서 서술하기도 했으며, 이러한 연유로, 관료제는 조직이론가들에게 연구에 대한 추진력과 억지력을 동시에 제공하였다. 초기에는 비난하는 사람보다 추종하는 사람들이 더 많았지만, 시간이 흐르면서 사정은 역전되었고, 조직이론은 시련의 연구라는 모습을 띠어 가기 시작했다.

이 시기의 전반 반세기 동안에 다루어진 두 번째 주제는 '어떻게 하면 조직을 좀 더 효과적으로 운영할 수 있을까?'였다. 컨설턴트들과 기업의 경영자를 역임했던 사람들이 공장들과 다양한 사업들에 대해 의견을 나누면서, 조직의 생산성과 고위직 경영자들에 대한 반응성(responsiveness)에 영향을 미치는 구조적 특성들을 식별해내는 데에 관심을 쏟았다. 그들은 일반적으로 조직들이 효율적인 생산, 소유자에 의한 통제, 협동적인 노력과 같은 것들과 관련하여 매력적인 기회를 제공하고 있다는 관점을 가지고 있었다. 그들 대부분은 조직들은 단지 잘 정의된 과업들로 구성된 관리적 위계체계로 보았으며, 자신들이 엄밀하고 과학적인 이론들을 구축하고 있다고 생각하고 있었다. 20세기에 막 들어서던 시기에 저술된 교과서들은 관리적 위계체계들을 조직하고, 일 처리 과정을 표준화하는 대안적 방법들에 대해서 논하고 있지만, 통합된 시스템으로서의 조직에 대해서는 거의 관심을 보이지 않았다. 그러나 1920년대에 저술된 문서들은 조직을 통합된 시스템으로 보면서 이러한 시스템들의 얼개들에 대한 논의를 시작하고 있다. 그 후, Barnard(1937)와 Simon(1944, 1950, 1952)은 조직을 과학적 연구, 특히 사회심리학을 적용하는 마당을 제공하는 것으로 보았다.

1940년대 말엽과 1950대에는 조직이론에 대한 저술들의 성격에 변화가 나타났다. 관료제에 대한 사회학 저술들과 조직 유효성에 대한 경영학 저술들이 상대방의 존재를 알게 되면서 조직에 대한 저술 활동이 크게 늘게 되었다. 인기를 끈 책들과 영화들로 인해서, 일반대중들이 조직이 종업원들에게 미치는 영향에 대해서 인식할 수 있게 되었다

(Wilson 1955; Whyte 1956). 많은 사회학자들이 조직연구 결과들을 발간했고, 정치학자들은 조직들 상호간의 권력 관계와 정부의 의사결정 과정에 관해 논쟁을 벌였으며, 경제학자들은 조직적 요인들을 고려에 넣기 시작했는가 하면, 사회심리학자들은 조직들이 흥미로운 연구 무대를 제공해준다는 사실을 인식하기 시작했다.

1960년에 이르면서 전보다 훨씬 더 많은 조직이론가들이 활동했는데, 그 중 일부는 높은 사회적 지위도 누렸다. 조직이론의 세상이 도래했고, 그 후로 수십 년 동안 조직이론가들은 수적으로 급속하게 불어나면서 덩치가 커진 경영학 학위 프로그램의 수혜자가 되었다. 규모의 확대와 풍요로움이 초래한 이론의 부분화는 자신의 세계에 매몰되어 환경의 문제에는 상관하지 않는 압력으로 작용했다.

조직이론을 자기 세계에만 틀어박혀 환경에는 관심을 기울이지 않도록 압력을 행사한 원인으로, 부분적으로는 규모의 확대와 지위 향상을 들 수 있겠지만, 경영학 학위 프로그램이 제공하는 주제의 적합성도 그 원인의 하나를 제공하였다. 1950년 이후로, 경영대학 프로그램은 시간이 갈수록 급격하게 증가하는 기금을 안정적으로 제공해주고 있다. 1956년까지는 매년 43,000명에 가까운 미국인들이 경영대학 프로그램을 졸업했지만, 1998년까지는 그 숫자가 그 네 배를 넘는 233,000명에 달했다. 1956년에는 매년 3,000여 명의 미국인들이 MBA 프로그램을 졸업했지만, 1998년에 이르러서는 숫자가 크게 치솟아 일 년에 100,000명이 넘어서게 되었다.

조직이론의 몸집이 커지고 존중도 더 받게 되면서, 외적인 제약으로부터 더 독립적으로, 더욱 조직화되어 갔다. 학계는 자신들에게 흥미롭거나 중요한 것이 무엇인지를 스스로 결정할 수 있는 자유를 획득했다.

연구방법론은 전보다 더 큰 존중을 받았으며, 그 중에서도 가장 널리 인정받고 있던 실증주의는 관찰자를 관찰대상으로부터 떼어내서 대상과 격리된 상태를 유지하도록 하는 정형화된 모습을 구축했다. 부차적인 논제들이 급격하게 늘기 시작했고, 그것들이 지닌 지적인 매력을 무기로 인기몰이가 시작되었다. 조직이론가들은 분야별로 특화된 전문 학회들, 많은 전문 학술지들로 채워진 부서들을 구축했는데, 그 부서들 중에는 조직이론의 하위 주제들에 초점을 맞춘 것들도 포함되어 있었다.

조직이론의 탄생을 주도했던 주제는 1960년 이후로 거의 주목을 받지 못했다. 조직과 관련된 사회 문제에 주목한 조직이론가들은 거의 찾아보기 힘들게 되었다. 오래된 사회 문제들이 아직 풀리지 않은 채 존재하고 있고, 새로운 문제들도 계속 터져 나오고 있는데도, 연구자들은 뭐가 문제인지를 가지고 낑낑대보았자 힘만 들 뿐이라는 사실을 알아차렸으며, 경영학 전공 학생들은 그들의 미래 직업이 지닌 추악한 측면에 대해서 말을 꺼내고 싶어 하지 않는다. 어떻게 하면 조직을 좀 더 생산적, 효율적, 또는 효과적으로 만들 수 있을 것인가에 대한 처방전을 구하려고 하는 학계 조직이론가들은 거의 없다. 일본식 경영, 다운사이징, 리엔지니어링, 팀웍, QC, 6시스마 품질경영, 학습조직, 아웃소싱, 지식경영과 같은 요란한 경영관리 유행 상품들은 관리자나 컨설턴트들에 의해서 시도되고 있다. 학계에 속해 있는 일부 조직이론가들이 그런 경영관리 상품들의 효과에 대해서 연구해오고는 있지만, 명망있는 조직이론가들 대부분은 그러한 것들을 무시하고 있다. 명성이 높은 조직이론가들 대부분은 교육수준의 상승, 컴퓨터화, 전자통신의 잠재력이나 회사의 범세계화와 같은 기술적·인구적 변화로 인해 자극을 받고 있는 조직 특성들의 장기적인 변화들에 대해서 무시로 일관해오고 있다.

부분화에 대한 압력은 조직이론이 팔을 걸치고 있는 사회과학 안에서 발아했다. 적대적인 환경들은 산개해 있는 노력들을 연합하도록 유인할 수 있는 반면에, 다중적이지만 우호적인 환경들은 연합체에의 참여를 주저하게 만든다. 부분화를 지향하게끔 이끈 힘의 하나는 심리학과 사회학을 가르는 데에서 비롯되었다. 부분화를 지향하는 두 번째 힘은 나름의 차별적 행동 구역을 정하고 스스로의 합법성을 추구했던, '전략적 경영'을 가르치는 선생들과 실무자들로부터 비롯되었다. 부분화를 지향하는 세 번째 힘은 현존하는 사회이론들의 유효성에 대한 실망에서 비롯되는 것으로, 이것이 조직이론가들로 하여금 광범위한 영역에 걸친 다양한 이론들을 실험해보도록 유인하고 있다. 조직이론은 복잡한 현상들을 다루고 있기 때문에, 매우 다양한 지적 영역들로부터 새로운 아이디어들을 생산적으로 뽑아쓰고 있지만, 새로운 아이디어들은 과거의 아이디어들을 대체하기보다는 보완하는 데 그치고 있을 뿐이다. 부분화를 지향하는 네 번째 힘은 문화로서, 이론들과 방법론들이 서로 다른 사회에서 서로 다르게 진화해왔다는 점에서 그렇다.

조직이론은 상당한 정도에 달하는 복잡성을 발달시켜 왔는데, 그 복잡성이 지나쳐서 박사과정 학생들은 종종 그 이론이 도대체 어떤 의미를 가지는 것인지 알 수 없다고 불만을 토로하곤 한다. 학생들은 조직이론의 부분들이 서로 어떻게 관련되어 있는지, 그들이 어떻게 다른지, 그것들 각자가 무엇을 제공하고 있는지 이해할 수 없다고 말한다. 표면적으로 느껴지는 이런 복잡성은 매우 유사한 개념들에게 여러 가지 이름들을 붙여대면서 그 개념들을 상표등록하려고 애쓰는 연구자들의 노력으로 조성되는 혼돈에서 그 원인의 일부를 찾아볼 수 있다.

그러나 복잡성의 많은 부분은 조직의 이질성을 인식하는 데에서 비롯된다. 조직들은 다양하고 복잡한 존재이기 때문에, 그리고 다양하고 복잡한 환경들 속에서 생존해가고 있기 때문에, 조직이론의 복잡성은 어쩌면 당연한 것이다. 그러나 이러한 복잡성은 이론들이 얼마나 복잡하게 얽혀있어야 마땅한 것인가라는 고전적인 딜레마를 제기한다. 복잡한 이론들은 연구자들이 목격한 것들이 보여주는 다양한 측면들을 포착하고 있지만, 이해하기가 그만큼 힘들어진다. 반면, 간단한 이론들은 이해하기는 쉽지만, 일부 사람들이 중요하다고 느끼는 현상들을 간과해버리는 문제가 따른다.

* * *

2004년에, 한 권위있는 학술지의 편집위원장이 논문이 게재될 예정이던 저자에게 다음과 같은 편지를 보냈다.

> 심사위원 #2는 [이 학술지]가 귀하의 논문처럼 가설들 어느 하나도 지지하지 못하는 논문을 게재하는 것은 아주 특이한 경우가 될 것이라고 지적했습니다. 그런 지적은 옳다고 생각합니다. 연구 결과가 가설을 지지하지 못하면, 독자들은 가설과 일치하지 않은 결과가 나온 이유들을 찾아내기 위해서, 그 가설들을 도출한 이론과 그 가설들을 검증하면서 사용한 연구방법들을 되짚어보는 경향이 있습니다. 많은 경우에, 독자들은 이런 과정을 통해서 처음에 이론과 연구방법을 접했을 때 제기되었던 의문점들을 확인하게 됩니다. 귀하의 논문이 바로 이 경우에 해당됩니다. 귀하께서 가설들을 지지하는 결과를 얻었더라면, 심사위원들은 귀하가 제시한 이론적 아이디어를 좀 더 쉽게 받아들였을 것이고, 연구방법에 대해 더 신뢰했을 것이라고 생각합니다. 그러지 않았기 때문에, 심사위원들이 귀하의 이론과 방법을 좀 더 세밀하게 보았을 것입니다.

심사위원의 심리에 대한 편집장의 분석이 옳다는 생각이 머리를 때렸지만, 방법론 과목들이 연구자들에게 그러한 편향성 때문에 치러야 하는 비용에 대해서는 가르치지 않는다는 사실과, 일부 편집장들은 그러한 편향성들을 그냥 무심하게 넘겨버리거나 오히려 강화하고 있다는 사실이 나를 서글프게 했다.

* * *

2004년에는 이런 일도 있었다. 뉴욕주의 검찰총장이 GlaxoSmith-Kline사를 대상으로 이 제약사가 약이 효과가 있다는 증거를 보여주는 실험결과만을 공표하고, 이 약이 해로운 효과를 초래할 수 있다거나 가짜약 효과와 근사한 효과만 있을 뿐이라는 증거가 담긴 실험 네 가지를 공표하지 않음으로써 소비자를 기만했다는 이유를 들어 소송을 제기하였다(Martinez 2004; Meier, 2004a). Martinez(2004: B1)에 따르면, 뉴욕주 검찰총장은 '다른 연구들을 은폐하려는 Glaxo사의 노력은 처방전을 작성하는 의사들에게 해를 입히고 적절한 치료를 하지 못하도록 방해하는 행위'라고 주장했다. 그러나 유효하지 않은 결과를 산출한 연구를 감추는 일은 거의 모든 사회과학 분야의 학술지들이 매일 저지르는 일이다. Meier(2004a: C4)는 유효하지 못한 결과를 얻는 연구를 수행한 한 의사가 '그 연구 결과를 발표하고 싶었다. … 그 주된 이유는 그 부정적인 결과가 시험설계의 결함에서 비롯된 것일 수 있는데, 다른 연구들에서 그런 결함들이 더 이상 되풀이되어 수행되는 것을 보고 싶지 않았기 때문이다.'라고 진술하고 있다. 그 의사는 "나는 부정적인 것일지라도 모든 자료를 제시할 수 있어야 한다고 생각한다."고 말했다는 것이다. 소송이 제기되고 난 2주 후에, Glaxo사는 이후로는 모든 임상실험과 그 결과를 회사 홈페이지에 게재하겠다고 발표했다.

뉴욕시가 Glaxo사를 상대로 소송을 제기할 즈음에, *American Journal of Psychiatry*가 어린이들과 십대들의 우울증에 좋은 효과를 보이는 항우울제 임상실험을 보고하는 논문을 게재하였다(Meier, 2004b). 그 실험은 포레스트 연구소(Forest Laboratories)의 지원을 받았는데, 이 연구소는 이 약을 미국에서 시판하는 회사였으며, 논문 저자들 중 세 명이 이 연구소 소속이었다. 이 실험을 보고한 논문은 2년 전에 덴마크에서 동종의 약을 가지고 수행한 유사한 실험을 언급하지 않았는데, 그 실험에서 이 약과 가짜약 사이에 효과면에서 의미있는 차이를 전혀 발견하지 못했었다. 덴마크 실험은 이 약을 개발한 H. Lundbeck사가 지원했는데, 회사 대변인은 포레스트 연구소에 그 실험결과를 보고했다고 했다. 포레스트 연구소 대변인은 자신들이 지원한 연구가 과거의 연구를 언급하지 않았던 이유로 저자들이 검토할 관련 참고문헌이 없었기 때문이라고 했지만, 포레스트 연구소는 9개월 전에 한 의학 학회에서 덴마크 실험에서 인용한 자살위험 자료를 보고한 바 있었다. Meier (2004b)에 의하면, '미국 정신의학회의 가장 권위있는 학술지 *Amercan Journal of Psyciatry*의 편집위원장인 Nancy C, Andreasen 박사는 논문에서 논한 게재논문들에 대해 학자적 전문성을 가지고 검토하는 것이 논문저자들이 부담해야 하는 책무라고 했다. 그녀는 학술지에 게재되지 않은 연구들에 대한 실험들을 후원하는 저자나 화사들에게는 특별히 그런 책임을 요구하지 않는다고 말했다.'는 것이다. 그에 덧붙여, Meier는 다음과 같이 보고하고 있다.

(의한 전문학술지의 편집위원들은) 그들이 당면하고 있는 문제가 회사나 학자들이 부정적이거나 결론 내리기가 힘든 실험들을 평가절하하고 긍정적인 결과를 보이고 있는 실험들을 편애하는 데 그치지 않는다고 말한다. 편집위원들은 회사들이 약에 대해서 기대하는 효능들을 검증하기 위해 실시한 실험들로부터 자신에게 유리한 결과만을 따는 행위, 즉 자료마이닝(datamining) 행위에 대해서도 경계심을 늦추지 않아야 한다고 말한다. 일부 편집위원들에 의하면, 회사들은 실험이 산출한 다른 결과들을 다른 사람의 이름으로 다른 학술지에 제출함으로써 최대한의 홍보효과를 누리는 일도 마다하지 않는다는 것이다.

Wittington 등 (2004: 134)은 위에서 언급한 실험을 포함하여, 어린이 조울증 치료에 쓰이는 선택적 세로토닌 재흡수 억제재(SSRI)에 대한 임상실험에 대해서 메타분석을 실시하였다. 그들은 다음과 같이 추정했다.

게재된 논문의 자료는 선택적 세로토닌 재흡수 억제재(SSRI) 몇 종에 대해 위험편익분석을 실시한 결과, 위험보다는 편익쪽이 더 크다고 주장하고 있지만, 발표되지 않은 자료를 첨가하면 (플루오섹틴을 제외한) 이 약들이 어린이들과 청소년들의 조울증을 치료하는 데 편익보다는 위험이 더 큰 것으로 나타난다. 치료를 위한 임상지침의 개발과 임상 결정은 학술지에 게재된 증거를 기본적으로 고려하여 내려진다. 따라서 어떠한 이유에서든 실험결과가 학술지에 게재되지 않거나, 개재된 실험 결과에서 중요한 자료가 빠지게 되면, 치료에 대해서 잘못된 건의를 하는 셈이 된다. 모든 중재 연구(intervention studies)에 대해 좀 더 큰 개방성과 투명성이 요구된다 하겠다.

일반 대중과 정부가 의학 연구에 있어서 편향되지 않은 정보를 얻는 것에 더 강한 관심을 보여주고 있다는 점을 제외하면, 사회과학 연구와 사회과학 학술지의 발간도 같은 입장에 서있다고 말할 수 있을 것이다.

The Production of Knowledge

03

허세 가득한 연구

"적이라고 만나왔는데, 그게 바로 우리더라고."*
–Pogo(Walt Kelly) 1970

이 장에서는 사회과학 연구가 당면하고 있는 중요한 문제들이라고 생각하는 것들을 검토해보려 한다. 이 문제들을 관통하고 있는 전반적인 주제는 연구자들이 믿을만한 지식을 창출하는 데 힘을 쏟기보다는 사적으로 도움이 되는 일에 더 많은 관심을 기울인다는 것이다. 연구자들은 지식의 존재와 본질에 대해서 여러 다른 의견들을 가지고 있고, 연구관행들은 이미 알려진 것에 내재되어 있는 불확실성을 유지하고 보존하기 때문에, 연구의 문은 닫힐 리가 없으며, 모호성도 바닥날 수가 없다. 연구자들은 지식보다는 논문 발표에 더 집중하기 때문에, 그리고 자신이 무엇인가를 발견했다고 주장할 수 있기 때문에, 그들의

* "We have met the enemy, and he is us." Walt Kelly가 제작한 만화의 주인공인 Pogo는 의인화된 주머니쥐로, 동료 동물들과 모험의 길을 떠나 여러 어려움에 봉착하는데, 그때마다 Pogo가 하는 말로 유명해졌다. 예를 들어 쓰레기로 뒤덮인 늪을 지나면서 Pogo는 우리 자신이 만든 쓰레기로 인해 자연을 잃어간다는 의미로 이 말을 되뇐다.

생산 잠재력은 한계가 없는 것이고, 그들의 천재성에 대한 심각한 도전도 전혀 발생하지 않는다. 지식에의 기여는 인간의 신체와 사회시스템의 특징들을 반영하는 것이기 때문에, 연구는 전형적으로 연구자들이 연구하는 주제들보다는 연구자들 자신과 그들이 내세우고 있는 주장들에 대해서 더 많은 것을 알려주게 된다. 그 전반적인 결과로 나타나는 것은 연구를 지식에 순수하게 기여하는 원천이 아니라 허세에 가득 찬 것으로 만들어버리는 현상의 출현이다.

3.1 과학은 지식과 어떤 관련성이 있는가?

단지 '지식'을 언급하는 것만으로도 문제가 발생한다. 왜냐하면, 지식에 대해서 뭔가 써보겠다는 만용을 가진 사람이라면, 그가 누가 되었건 무엇이 지식을 구성하고 있는지에 대해서 수많은 이견들이 광범위하게 퍼져있다는 사실에 직면할 수밖에 없기 때문이다. 나는 1990년대 초기에 지식집약적인 회사를 조사하면서, 지식경영에 대한 교수 세미나를 구성한 적이 있었다. 열 명이 훨씬 넘은 교수들이 세미나에 참여해서 지식에 관한 자신들의 연구를 발표하겠다고 신청했다. 연사들은 하나같이 다양한 견해들, 다양한 논제들을 피력했으며, 다양한 응용방법들을 제안했다. 기고한 내용들이 너무나 다양해서, 연사들이 단 한 가지에서만 의견의 일치를 보이는 것처럼 생각될 지경이었다. 지식에 대한 적절한 정의에 대해서 누구도 일치하지 않는다는 점에서 말이다. 사실, 모든 연사들이 지식의 정의에 대해 지신만의 독특한 시각을 제시하면서 발표를 시작했다.

따라서 나 또한 지식에 대해서 모든 사람이 받아들일 만한 견해를 제시하겠다는 환상 따위는 가지고 있지 않다. 그러나 과학연구는 객관적으로 옳은 지식을 창출하는 것을 최우선 목적으로 삼고 있다고 믿는다. 따라서 내가 어떤 의미로 이 단어들을 사용할 것인지에 대해 설명할 필요성을 느끼게 된다(Calhoun and Starbuck, 2003). 지식이란 무엇이고, 그것을 '객관적인 사실'로 만드는 것은 무엇일까?

웹스터 국제사전 3판(*Webster's Third International Dictionary*)은 지식에 대해서 여덟 가지 정의를 제시하고 있는데, 모두가 a) 완전한 익숙함, 그리고 b) 사실이나 진실의 지각이라는 두 가지 주제를 중심으로 하여 연주되는 변주들이다. 이들 중 두 번째 주제가 연구자들에게는 더 관련성이 높다. 자신들을 학생들을 완전히 이해시키기 위해서 노력하는 자들로 생각하고 있는 선생들도 물론 일부 있겠지만, 자신을 완전한 이해를 제공하고자 애쓰는 사람이라고 생각하는 연구자들은 거의 없다. 그보다 연구자는 자신을 지식의 창조자로서 여기는 한, 자신을 다른 사람들이 사실이나 진실로 받아들이는 지식을 생산하기 위해 노력하는 사람들이라고 생각한다.

다른 사람들로부터 승인을 받는다는 것은 매우 중요하다. 왜냐하면, 지식이란 사람들이 그렇다고 말하는 것이기 때문이다. 개인적으로든, 집단적으로든 사람들이 지식으로 여기는 것들을 정하는 것이어서, 인간 생리와 인간 사회시스템이 사실 또는 진실에 대한 인간의 이해를 주조해내고, 지식에 대한 정의에 영향을 미치게 된다. 절대 진리의 존재를 믿는 사람조차도 그것들을 인간의 지각시스템을 통해서 관찰해야만 하는 것이다. 실제로, Polanyi(1962)는 관찰이란 항상 그 관찰을 수행한 사람을 반영하기 때문에, 과학이 완전히 객관적인 것이 될 수는 없노라는 주장을 펴기도 했다.

사회과정이 지각에 불과한 것을 사실이라는 지위로 상승시켜주고 신념들을 진실로 변환시킨다는 점에서, 사회시스템도 매우 중요한 몫을 담당한다. 나는 Brunsson(1982)이 논한 주관성과 객관성 사이의 연속성 개념이 유용하다는 것을 인식하게 되었다. 한 극단의 측면에서는 한 개인에 의해서 견지되고 있는 지각이나 믿음은 주관적이라는 지위를 획득하고, 바로 그 사람의 행위에만 영향을 미친다. 다른 극단의 측면에서는 널리 공유된 지각이나 신념이 객관적이라는 지위를 획득하고 많은 사람들의 행위에 영향을 미칠 수 있을 뿐만 아니라, 이들에게 자신들의 행위가 객관적인 사실로서 지지를 받고 있다는 생각이 들게끔 한다. 사실, 규모가 큰 집단의 행위를 동기부여하기 위해서는 지각이나 신념이 널리 공유되어 있어야만 한다. 지각이나 신념이 합의라는 지원을 받으면, 그것은 진실이라는 지위를 획득하게 되는 것이다. 물론, 어떤 지각이나 신념이라도 전체 합의라는 지원을 받을 수는 없는 일이고, 그러한 측면에서 볼 때, 어떤 지각이나 신념도 완전한 진실을 구성하는 것은 아니기 때문에, 의사소통, 사회적 영향력, 그리고 합의구축 등이 지식을 정의하는 데 중심적인 역할을 수행한다는 것은 분명해진다.

과학은 일반적으로 거의 모든 사람이 기꺼이 의존하려는 지식을 창출할 능력을 갖추고 있는 것으로 여겨지고 있기 때문에, 인간사들(human affairs) 중에서도 존경을 받는 지위를 누리고 있다. 이러한 기꺼움은 과학적 원칙들이 지식을 창출하는 방식에 매우 효과적인 지침을 제공한다는 확신이 연구자들 사이에 공유되어 있다는 데에서 비롯된다. 학생들은 학교에서 과학적 원칙들이 신뢰할만한 지식을 창출하며, 이성적인 사고가 상황을 분석하고 행동지침을 만들거나 선택하는 데 효과적인 도구 역할을 한다는 따위의 말들을 들으면서, 이런 원칙들을 존중하도록 교육을 받는다. 그뿐만 아니라, 과학적 원칙들의 유효성에 대한 신뢰, 그리고 이러한 원칙들을 기꺼이 따르려는 연구자들의 생각과 능력에 대한 믿음은 근대사회의 통합에 있어서 매우 중요한 역할을 수행한다. 사람들은 애지중지 지켜내고 있는 윤리적, 또는 정치적 입장들 사이에 존재하는 이견들과 법적 사례들 속에 끼어있는 불확실성들을 해소하고, 실수와 성취에 따르는 책임을 할당하고, 사회정책의 수행에 수반되는 손실과 수혜를 평가하는 등등에 과학적 연구결과들을 활용한다. 물론, 연구가 그러한 기능을 수행하려면, 그 연구의 신뢰성에 대한 확신감을 정립할 수 있어야만 할 것이고, 그러려면 연구가 과학적 원칙의 정신을 단지 상징적으로만 바라볼 것이 아니라, 그 정신을 실제로 표현해주어야만 한다.

이 장은 사회과학이 신뢰성에 대한 확신감이 자라지 못하게 하는 행위들에 사로잡혀서 자신의 잠재력을 제대로 발휘하지 못하고 있다는 주장을 편다. 지식의 축적을 방해하고 있는 관행들이 있는가 하면, 어떤 관행들은 무의미한 행위들 둘레에 과학적 엄격성이라는 껍데기를 둘러세우고 있으며, 또 어떤 관행들은 인간의 능력이 지니는 한계들을 용납하지 않으려는 잘못을 범하고 있다.

3.2 끝장나지 않는 모호성

연구가 지식을 생성하기 위해서는 연구자들 사이에 어떤 신념들과 지각들은 옳다는 동의를 얻고 있어야 할 뿐 아리라, 그러한 동의가 거의 보편적으로 이루어져 있어야 한다. 연구자들이 어떤 질문들을 지속적으로 반복하고 있다면, 그 질문들에 대한 만족스러운 대답을 제공한 사람이 아직 없거나, 사회과정이 현재 제시되고 있는 대답을 만족스러운 것으로 받아들인다는 합의를 구축하지 못하고 있다는 의미다.

연구자들이 동의하는 신념들은 존재하고, 그것들 중에서 거의 보편적으로 동의를 얻고 있는 신념들 또한 분명히 존재한다. Kuhn(1962)은 연구자들 사이의 합의가 안정적인 연구 패러다임을 구축한다고 주장했다. 그에 의하면, 이러한 패러다임들은 방법론뿐만 아니라 문제와 논제를 선택하는 기준을 정해주게 되고, 지식은 한 패러다임이 정해주는 특정한 틀 속에서 장기간 발전을 지속한다. 현존하는 패러다임에 대해 합의가 존재하면 새로운 이론이나 방법론은 강력한 반대에 직면할 것이기 때문에, 그 패러다임은 장시간 지속되는 경향을 보인다.

귀무가설에 대한 유의성 검증방식의 사용을 선호한다는 합의가 패러다임 안정성에 대한 분명한 본보기를 제공한다. 방법론자들이 1950년대 이후로 이러한 검증방법을 사용하지 말 것을 독려해오고 있지만, 이 검증방식은 아직도 매우 광범위하게 사용되고 있으며, 사회과학자들이 다른 방식으로 갈아타고 있다는 아무런 징조도 보이지 않는다. Hubbard and Ryan(2000:678)은 심리학 연구자들에 의해서 수행된 검증방식의 사용 정도를 측정했다. [그림 3.1]은 그들의 기본적인 연구결과를 보여주고 있는데, 거의 모든 심리학 논문들이 유의성 검증방식을 사용하고 있음을 알 수 있다. 이에 따라, Hubbard and Ryan(2000)은 다음과 같은 결론을 내리고 있다. "심리학에서 통계적 유의성 검증방식(SST: statistical significance tests)과 같이 가치를 탈색한 방법론이 귀납적 추론의 안방을 차지하면서, 지난 40년이 넘는 세월에 걸친 혹독한 비판에도

그림 3.1 12개 심리학 학술지에 게재된 유의성 검증방식의 빈도

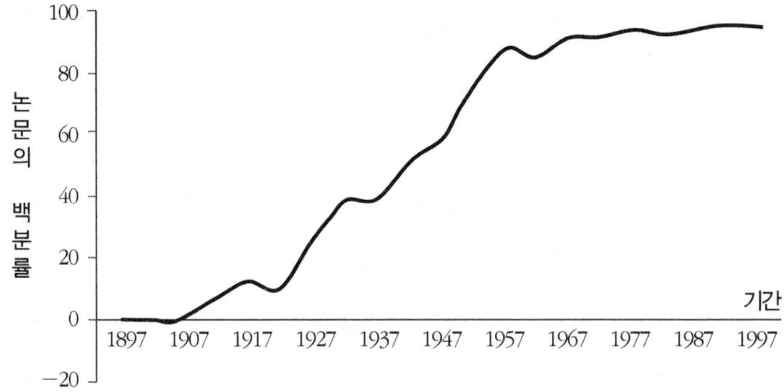

(Hubard and Ryan, 2000에서 인용)

불구하고 살아남았다는 사실을 인정할 수밖에 없다는 것은 상상하기조차 힘든 일이라고 생각한다."

Fiedler et al.(2004)은 일부 편집장들이 유의성 검증방식의 사용을 금지하거나 줄이려고 시도한 후로, 어떤 일이 벌어졌는지를 조사해보았다. 연구자들은 계산 결과를 제시하고 있는 표 속에서만 학술지의 제약조건에 따랐을 뿐, 연구결과의 해석을 글로 설명하는 데에는 여전히 유의성 수준을 지속적으로 사용하고 있었다. 따라서 통계적 유의성이라는 개념이 연구자들 사이에 너무 깊숙이 배어 있기 때문에, 연구자들 대부분이 그들이 발견한 것들을 해석하는 데 통계적 유의성에 의지하지 않는 것 자체가 불가능하다고 생각하고 있는 듯 보인다.

귀무가설에 대한 유의성 검증에 대해서 연구자들이 보내는 일치된 지지는 중요한 연구결과들에 대해서 연구자들이 보이는 불일치와 크게 대조를 보인다. 많은 연구 영역에서, 그리고 확실히 사회과학과 경제학에서는, 연구자들이 과거 연구의 타당성을 의심하고 있는 듯이 행동한다. 지난 연구에 대한 문헌 검토는 연구결과들의 모호성과 불일치성을

강조하고 있고, 연구자들은 관례처럼 과거의 연구결과들을 무시하면서 새로운 명제들을 제안한다. 사회과학자들은 기존 연구들에서 약간 벗어난 차이들을 마치 중요한 성취물인 것처럼 취급한다. 눈에 튀는 새 이름들을 붙여가면서 말이다. 사실, 사회과학과 경제학 안에서 이루어지는 합의들은 주로 중언부언 하는 이론이나 연구결과들에 내재된 불확실성을 그대로 유지하는 연구관행들을 지지한다. 그 결과, (연구의) 마감은 절대 일어나지 않고, 모호성은 영원히 존재하게 되는 것이다.

낡은 지식은 그것을 누군가가 현재의 개념과 논점으로 재소개하지 않으면 소멸되어버리기 때문에, 사회과학에서 이루어지는 많은 기여들은 잘해보았자 점진적인 것이 될 수밖에 없다. 따라서 사회과학자들은 새 지식을 과거의 성취물들 위에 그저 단순히 쌓아올린다고 되는 것이 아니라, 기존의 성취들을 다른 방식으로 바꾸어 말해야 한다. 예를 들어, 고대 중국 문헌에는 현대적인 상황적합적 리더십의 전조를 알리는 문서가 존재한다(Rivonda and Starbuck, 1997a). '대계획(The Great Plan)'은 세기 전 1,121년을 언급하고 있지만 세기 전 2,200년 이전의 구절들도 포함하고 있다. 리더십에 관한 구절은 두 개의 해석을 포함하고 있다. 해석 하나는 부하들의 다양한 스타일에 초점을 맞추면서, 리더들에게 추종자들의 사회질서에 대한 태도와 작업에 대한 태도라는 두 가지 차원을 고려해볼 것을 조언한다.

> 세 가지 덕목은 규칙, 단호함, 그리고 부드러움이다. 비폭력적인 사람들에게는 규칙을 강조하고, 폭력적이며 공격적인 사람들에게는 강하게, 순종적이고 우호적인 사람들에게는 부드럽게 대할 것이다. 일을 회피하거나 선도적이지 못한 부하들은 강하게 다루고, 재질이 뛰어나거나 좋은 성품을 가지고 있어 남과 구별되는 부하는 부드럽게 다루라(Karlgren, 1950, 1970).

이 진술들은 리더들이 실제로 어떻게 행동하는지에 대해서 논하고 있는 현대의 수직쌍 연결이론과 닮아 있다. Liden and Graen(1980)은 리더들은 몰입감을 보이면서 많은 노력을 기울이는 부하들에게 관심을 보이고, 그들을 믿고 정보를 제공함으로써 이들을 보상한다고 주장했다. 리더는 다른 부하직원들에게는 비인격적으로, 그리고 엄격하게 행동한다.

'대계획'의 두 번째 해석은 서로 다른 상황에 초점을 맞추어서 두 가지 상황, 즉 사회적 맥락과 리더가 감독하고 있는 사람들이라는 두 가지 상황을 고려해야 한다고 조언한다.

> 세 가지 덕목은 올바른 절차와 강한 관리, 그리고 부드러운 관리다. 평화적이고 안정적인 상황에서는 올바른 절차를 고수한다. 폭력적이고 무질서가 지배하는 상황에서는 강한 관리를 사용하고, 조화롭고 질서가 지배하는 상황에서는 부드러운 관리를 적용하라. 선도적이지 못한 부하들에게는 강한 관리를, 고결하고 지적인 부하직원들에게는 부드러운 관리를 사용하라 (Legge 1865: Chan, 1963: Karlgren, 1970).

이 진술들은 리더가 어떻게 행동해야만 하는지에 대해서 Fiedler가 주장한 현대적 상황적합성 이론과 닮은꼴이다(Fiedler, 1967). Fiedler는 리더십 스타일은 리더-구성원의 관계, 과업구조화 정도, 그리고 리더의 공식적인 권위 등을 고려하고 있는 '상황적 호의성'과 잘 들어맞아야 한다고 주장했다. [표 3.1]은 '대계획'의 상황 해석과 Fiedler의 이론을 비교한 것이다. Fiedler의 과업지향적, 그리고 인간관계지향적 스타일은 '대계획' 안에 기술되어 있는 강한 스타일 및 부드러운 스타일과 크게 차이가 나지 않는다. Fiedler가 제시한 가장 비우호적인 상황은

표 3.1 리더십의 두 이론: '대계획' 대 Fiedler

상황	'대계획'의 조언	Fiedler의 조언
매우 우호적 폭력과 무질서	강한 관리	과업지향적
중간정도 우호적 조화와 질서	온화한 관리	인간관계지향적
매우 우호적 평화와 안정	올바른 규정	과업지향적

폭력과 무질서의 상황과 닮아 있는데, 바로 이 시기는 리더에 대한 낮은 신뢰, 리더의 낮은 권위성과 권력, 그리고 변화하는 과업이 지배하는 시기이기 때문이다. Fiedler가 제시한 매우 우호적인 상황은 그 반대 조건인 셈이어서, 평화로움과 안정감이 지배하는 상황과 닮아있다. Fiedler가 제시한 중간 정도의 우호적인 상황은 통제된 적당한 수준의 변화가 정치적 리더십을 저해하지 않는다는 점에서 조화로움과 질서의 상황을 닮아 있다.

그러니까, Fiedler나 Linden과 Graen들은 자신들만의 이론을 발견했다고 인정받고 있지만, 다른 면에서 보면, 아주 오래된 아이디어를 현대어로 다시 구술함으로써 인정을 받고 있는 셈이다. 현 시대의 관리자들은 설사 '대계획'에 들어있는 처방들을 이해했다고 해도, 연구가 그 처방들을 얼마만큼이나 지지해오고 있는지 알 수가 없기 때문에 그 처방들을 설득력이 있는 것으로 여기지 않고, 그 처방들이 현재의 상황들에 어떻게 연결될 수 있는지를 보여주는 사례들을 요구할는지도 모른다. Fiedler나 Linden, Graen 등은 통계적 증거들을 제시하고 사실을 입증하는 연구들을 인용함으로써, 적어도 학계로부터 그들의 아이디어에 대한 권위를 인정받았을 뿐만 아니라, 그 아이디어를 활용한 현시대의 사례들을 제공함으로써 그것들을 적용하는 방법을 보여주었다.

사회과학의 경험실증주의는 거의가 분명한 대답을 만들어내지 못한다. 연구자들은 통제된 실험들을 수행하기 위해서 대개의 경우 매우 인위적인 상황을 연구해야만 하고, 그래서 아마도 실험에서 발견한 것들을 현실 상황에 그대로 적용할 수 없는 결과들을 산출해낼 것이다. 예를 들어, 연구자들은 경험이 풍부한 많은 기업 중역들을 실험에 참여하도록 설득할 수 없는 일이고, 현실의 기업 상황에서 제공되고 있는 거액의 금융 인센티브를 제공할 수도 없기 때문에, 학부학생들을 선발해서 우스꽝스럽게도 마치 그들을 미미한 액수의 재정적 결과를 초래하는 의사결정을 내리는 중역인 듯이 행동하도록 만들고 있다. 현존하는 시스템을 활용한 실험은 통제를 충분히 할 수 없고, 필요한 부분만 약간 수정해서 수행되기 때문에, 거기서 얻는 결과들을 해석해내기가 매우 곤란하다. 결과적으로, 연구자들은 특별한 사례들을 관찰하고 그로부터 일반원칙들을 뽑아내고자 노력하는 셈이다. 모든 자료들은 특수한 예들을 기술하고 있는데, 이런 자료들은 기만적일 수 있는 가능성이 크고, 항상 얼마만큼은 특수하며, 흔히 상황의 영향을 크게 받는다. 기록들과 설문지 조사방법은 항상 편견과 오차들을 내포하고 있기 때문에, 그로부터 얻는 자료들은 그러한 허점들을 고스란히 이어받게 된다. 자기보고 문제와 연구대리인을 활용하는 방식은 대부분의 자료들을 부정확한 것으로 만들어버리기 때문에, 자료와 이론 사이의 연계가 매우 허약해진다. 연구자들은 현실 세계에서 실제 생활하고 있는 사람들에게는 관련성도 없고 의미도 없는 것처럼 생각되는 개념들과 언어를 도구로 삼아 연구프로젝트의 틀을 짜는데, 이러한 방식은 연구자들이 연구참여자들과 소통하는 것을 어렵게 한다(Cappelli and Sherer 1991;

Starbuck and Mezias, 1996). 자료들은 분석에서 설정된 가정들을 위반하는 일이 흔히 발생해서, 분석을 의심스러운 것으로 만들고 오해의 소지를 낳게 한다. 연구자들은 보통 일부 가설들이 자료와 불일치하거나, 누락된 자료가 그들의 추론을 바꾸었을 수도 있음을 알고 있기 때문에, 거의 모든 실증연구들은 암묵적으로든, 명시적으로든 더 나은 연구들을 요구한다. 더욱이 연구자들은 서로의 연구들을 평가하는 경우에 대개 그 연구의 가치에 대해 의견을 일치를 보이지 않는다.

사실, 사회과학 연구 결과에 대한 연구자들의 평가들은 평가자들이 연구를 평가하기 위해서 연구결과와 방법론 그 자체 너머를 보고자 하는 욕구를 느껴야 한다는 것을 의미한다. 예를 들어서 Mahoney(1977, 1979)는 그 당시에 *Journal of Applied Behavior Analysis*에 제출된 논문을 심사한 75명에게 5개의 원고를 투고하였다. 그 원고들은 일부는 부정적인 결과를, 일부는 긍정적인 결과를, 일부는 혼합된 결과를 보고하고 있다는 점 외에는 거의 같은 것들이었다. Mahoney는 발표한 논문으로 보아 긍정적인 결과를 선호하는 경향이 있는 것으로 보이는 심사위원들을 선정했는데, 실제로 그들은 대체적으로 긍정적인 결과를 보고한 원고들에 대해서 과학적 기여가 크다는 평가를 내렸고, 긍정적인 결과를 보고한 원고들에 대해서 승인이나 간단한 수정을 권하는 경향을 보여주었다. 그러나 심시위원들 모두가 긍정적 결과 쪽으로 편향되는 유사한 경향을 보였음에도 불구하고, 그들 사이의 상관관계는 낮았다. 심사위원들 사이의 상관관계는 게재여부와 과학적 기여에 대한 평가에서 0.30을 보였고, 방법론, 관련성, 그리고 논의의 질 등에 대한 평가에서는 영(零)에 가까웠다. 그러나 연구방법론에 대한 평가는 게재승인 권고와 0.94라는 높은 상관관계를 보여주었다. 심사위원들은 게재되기를 원하지 않는 연구들에 대해서는 연구방법론를 비판하는 것으로 나타났는데, 그 연구들의 내용은 그들이 선호하는 이론과 대립하는 쪽일 가능성이 컸다. 반면에 게재되기를 원하는 연구들의 방법론에 대해서는 박수를 보내는데, 그 연구들은 그들이 선호하는 이론들을 지지하고 있는 원고 쪽으로 편기되는 경향을 보였다.

다른 연구들도 심사위원들의 편향성을 보고하고 있다. Mahoney, Kazdin, and Kenigsberg(1978)은 심사위원들은 원고의 저자가 현재 게재 대기 중인 연구들을 인용한 원고에 대해서 우호적인 의견을 제시하는 경향이 있다는 사실을 발견하였다. Nylenna, Rilis, and Karlsen (1994)는 북유럽의 심사위원들은 저자 본국의 언어로 쓰인 원고보다 영어로 쓰인 논문에 더 높은 점수를 준다는 사실을 발견하였다. Horrobin(1990)은 지난 연구에서 상당한 몫을 차지하고 있는 심사위원들은 혁신적인 연구의 게재를 방해하는 자들이라는 불만을 제기하는 학자 중 하나로, 그러한 결과로 나타나는 현상 중 하나가 혁신성이 높은 연구일수록 지명도가 낮은 학술지에 게재되는 경향이 있다는 주장을 편다. Ellison(2002)은 경제학 학술지의 심사과정은 원고가 편집위원장의 전문분야에 속하면 더 오래 걸린다고 보고하면서, 아마도 편집장들이 사소한 것들에게조차 세심하게 신경을 쓰기 때문에 그럴 것이라고 했다.

아마도 동료 심시위원에 대한 연구 중에서 가장 많이 회자되고 논쟁이 뜨거웠던 것은 Peter and Ceci(1982)에 의해서 수행된 연구일 것이다. 그들은 18개월에서 32개월에 걸친 동안에 해당 논문을 게재했던 학술지에 논문 12개를 재투고해 보았다. 12개 학술지는 모두가 일류 학술지였고, 논문들은 유명세를 떨치는 학과 소속 심리학과 교수들이 쓴 것들이었다. 그러나 재투고된 논문들의 저자는 가명이었고, 결과가 송달될 주소는 이름도 없는 기관이었다. 재투고된 논문들은 38명의 편집장과 심사위원들에게 배부되었다. 편집장과 심사위원들 중 3명이 제출된 논문이 이미 게재된 논문임을 알아차려서 논문 수는 9편으로, 심사위원은 18명으로 줄었다. 심사위원 18명 중에 16명은 게재거부를 권했고, 편집장은 9개의 논문 중 8개를 게재거부 했다. 가장 빈번하게 언급되었던 게재거부 이유는 '심각한 방법론적 결함'이었으며, 부적절한 통계분석과 허접한 연구설계였다.

두 종류의 관찰이 심사위원들의 판단에 대한 신뢰성이 보잘 것 없다는 증거를 제시해준다. 먼저, Gottfreson(1977, 1978)은 논문원고의 영향력에 대한 심사위원들의 예측은 게재 후에 인용되는 횟수와 불과 0.37정도의 상관관계를 보여주며, 논문원고의 질에 대한 평가는 게재 후에 인용되는 횟수와 겨우 0.24 정도의 상관관계를 보여주고 있음을 발견했다. 두 번째로, [표 3.2]는 내가 발견한 내용으로, 사회과학 학술지에 실린 모든 연구들에 대해서 심사위원들이 내린 판단들 사이에 나타나는 상관관계의 신뢰구간을 보여주고 있는 표다. 상관관계 범위는 영(零) 가까이로부터 0.5를 넘는 것까지에 이르고 있다(Starbuck 2003b, 2005).

몇몇 저자들과 편집장들은 심사위원들 사이의 동의는 학술지가 집중하는 관심분야가 좁을 때 더 높은 경향을 보인다고 생각해오고 있지만, 그러한 생각을 지지하는 증거는 약하다. 더 특화된 학술지의 심사위원들 사이에 동의 수준이 더 높은지, 혹은 그렇지 않은지의 여부는 불확실하다. 보다 동질적인 심사위원들이 서로에 대해 더 동의를 할 가능성은 물론 있겠으나, 원고의 동질성이 높을수록 심사위원들이 더 세세한 차이에 주목하게 된다. Gottfredson(1978)과 Gottfredson and Gottfredson

표 3.2 관찰된 두 심사위원 사이의 상관관계(Starbuck, 2005)

학술지	두 심사위원 사이의 상관관계에 대한 95% 신뢰한계	
	이하	이상
Journal of Abnormal Psychology, 1976 (Cicchetti and Eron 1979)	−0.02	0.18
Journal of Abnormal Psychology, 1975 (Cicchetti and Eron 1979)	0.04	0.26
Administrative Science Quarterly (Starbuck 2003)	0.05	0.19
Journal of Abnormal Psychology, 1973 (Cicchetti and Eron 1979)	0.06	0.26
Sociometry (Hendrick 1976, 1977)	0.08	0.34
Developmental Review (whitehurst 1984)	0.09	0.45
Journal of Abnormal Psychology, 1977 (Cicchetti and Eron 1979)	0.10	0.30
Personality and Social Psychology Bulletin (Hendrick 1976, 1977)	0.11	0.33
Journal of Personality and Social Psychology (Scott 1974)	0.16	0.36
Journal of Abnormal Psychology, 1974 (Cicchetti and Eron 1979)	0.19	0.41
American Sociological Review (Hargens and Herting 1990; Cicchetti 1991)	0.20	0.38
American Psychologist (Cicchetti 1991)	0.20	0.56
Journal of Educational Psychology (Marsh and Ball 1981)	0.25	0.43
Social Problems (Smigel and Ross 1970)	0.38	0.59
American Psychologist (Cicchetti 1991)	0.38	0.70
American Psychologist (Scarr and Weber 1978; Cicchetti 1980)	0.49	0.76

(1982), Wolf(1970) 등은 심리학 학술지의 심사위원들이 원고가 제시해주기를 원하는 특성들에 대해서는 강하게 동의하지만, 특정한 원고가 그런 특성들을 제시하고 있는지의 여부에 대해서는 동의하는 수준이 훨씬 약해진다는 사실을 보고하고 있다. 심사위원들이 특정 원고들의 특징들

을 평가할 때 그들 사이의 상관관계는 0.16에서 0.5 사이에 위치한다. Gottfredson(1977, 1978)은 심사위원들이 원고의 질과 해당 분야에 미치는 잠재적 영향력을 구별해 평가하지만, 영향력에 대한 심사위원들의 평가는 그 논문이 게재된 이후에 인용되는 숫자와 불과 0.14의 상관관계를 보인다고 보고했다. 사실인즉, 논문 대부분의 경우에서 영향력에 대한 심사위원들의 평가가 인용횟수와 0.03 정도의 상관관계를 보이기 때문에, 실질적인 상관관계는 무시할만하다. 심사위원들로부터 높은 영향력 점수를 얻은 논문들이 후에 많이 인용되는 경우도 적긴 하지만 있기 때문에, 평균 상관관계는 모든 논문을 고려할 경우에 좀 더 높아진다.

다양한 상황들을 고려하면서 많은 분석을 수행한 결과, 나는 심사위원 한 개인의 판단과 그가 검토한 원고의 실질적인 품질과의 상관관계가 보통 0.25에서 0.3 사이에 위치하며, 0.05 이하로나 0.37 이상에서는 존재하지 않는다고 추정할 수 있었다(Starbuck, 2005). 이러한 상관관계들은 학술지들 사이에 존재하는 질적인 차이에 관해 많은 것을 말해준다. 심사위원들은 잘못된 판단을 할 가능성이 있기 때문에, 일류 학술지들이 가치가 낮은 논문들을 내기도 하고, 평가가 낮은 학술지가 매우 질이 높은 논문을 게재하기도 한다. 심사위원들의 판단과 원고의 질 사이의 상관관계가 0.3 정도라면, 게재된 논문의 반절 이상이 그 학술지에 투고된 가장 훌륭한 논문들 중에서 선택된 것이 아니라는 얘기다. 심사위원의 판단과 원고의 질 사이의 상관관계가 0.15 언저리라고 한다면, 게재된 논문의 3/4 이상이 그 학술지에 투고된 최고의 논문들 중에서 선택된 것이 아닌 것이다(Starbuck, 2005). Rousseeuw(1991:41)은 그 상황을 다음과 같이 해학적으로 기술하고 있다. '매우 엄격한 심사절차로 명성이 자자한 학술지조차도 따분하고, 똑같은 얘기를 반복하고, 맞지 않고, 중언부언하고, 일반적으로 말해서 과학에 해만 끼치는 나쁜 논문들을 상당한 정도로 게재하고 있다는 것은 이미 잘 알려져 있는 사실이고, 그걸 보면서 좌절감을 느끼게 된다. 아마도 그것보다 더 좋지 않은 것은 동일한 학술지들이 매우 뛰어나고 통찰력으로 가득한 논문들(바로 당신의 논문)에 대해서 제대로 된 이유도 대지 않고 완고하게 게재거부를 자행하는 일이다.' 질낮은 논문들이 엄청나게 투고되기 때문에, … 게재 승인을 받은 질낮은 논문들의 극히 작은 일부만으로도 그 수가 훌륭한 논문들의 게재 수를 넘어설 수 있다(Rousseeuw 1991:43).

3.3 무한한 생산성

연구는 명성과 봉급이 제공되는 직업이기 때문에, 경력지향적인 행동을 보리라 기대하는 것이 당연한 것이고, 실제로 그러한 행동을 보게 된다. 사회과학자들은 지식을 생산하는 것보다 논문을 생산하는 데에 더 많은 관심을 기울이고 있는 것처럼 보인다. 지식이 대량생산 된다는 것, 실제로 연구자들이 대량생산될 수 있다는 것은 이 시대의 자만심이 낳은 한 단면이다. 우리가 알지 못하는 것이 존재한다면, 우리들은 단지 더 많은 돈을 쓰고, 더 많은 연구자들을 훈련하면 된다는 식이다. 결과적으로, 대량생산에 적합한 연구방법, 즉 우편 조사방식을 통해서 수집되는 자료를 통계 분석하는 것으로 대표되는 연구방법이 널리 퍼지게 되었다. 연구 소비자가 대량생산된 지식을 지식에 대한 기여로 인정하고 받아들인다면, 연구자들이 더 힘들게 작업해야만 하는 연구를 수행할 당위성이 약해질 수밖에 없는 것이다.

대량생산과 밀접하게 연계되어 있는 것이 민주화란 개념이다. 그 밑바닥에 깔린 생각은 연구자들이 대량생산될 수 있기 때문에, 기본적인 연구 증명서를 가지고 있는 자들이라면 누구나 연구제안서나 완성된 연구 보고서의 가치를 똑같이 평가할 수 있다는 것이다. 미국 정부에서 일하는 고위 관료가 나에게 하버드 대학교 대신에 켄터키 주립대학교에 교육기금을 몰아준다면 국가가 박사들을 기르는 비용을 반으로 줄일 수 있을 것이라고 말한 적이 있다. 연구기금을 제공하는 사무국들은 체계적으로 나이 지긋한 심사위원들뿐만 아니라 젊은 심사위원들을, 명문대학뿐만 아니라 그저 그런 대학들에서 다양한 인종 집단으로부터 심사위원들을 모집한다. 학술지의 편집장들이 논문저자들에게 다른 심사위원들에 비해 심사평에 더 주목할 필요가 있는 심사위원들에 대해서 얘기해주는 일은 거의 없으며, 기금을 관리하는 기관에 고용된 사람들은 신뢰성이라는 측면에서 심사위원들을 차별해서는 안 되도록 되어 있다. 따라서 연구기금은 가장 평범하게 보이면서 가장 많은 청중을 사로잡는 프로젝트에게 주어지는 경향이 있으며, 대량생산 규범에 순응하는 연구가 편집장의 우호적인 심사평을 받을 가능성이 더욱 커진다.

성취가 숫자상으로 측정될 수 있다는 것이 이 시대가 드러내고 있는 또 하나의 자만심이다. 다양한 정기간행물이 대학들과 학과들의 순위를 정하고 있는데, 그 대학들이나 학과들은 순위를 매길 때 고려하는 측정치에 자신을 맞추고자 하는 노력으로 반응한다. 과학정보원(The Institute for Scientific Information)은 학술지의 '영향력' 순위를 매기는 통계자료를 편집한다. 대학들과 학과들은 소속 교수들에게 대학이나 학과가 더 높은 순위를 얻을 수 있게끔 일하라는 압력을 가하는데, 결국 그 일이라는 게 순위가 높은 학술지에 더 많은 논문을 내거나, 더 많이 인용되는 논문을 쓰라는 것이다. 고등 교육은 경제적인 기반이 허약해서, 다양한 순위표에서 높은 점수를 얻어야 하고, 많은 응시자들을 끌어와야 하며, 기부자들로부터 되도록 많은 기부금을 얻어내야 하는 등, 잘하고 못함에 거금이 걸려있고, 최단기적인 목표를 추구하는 매우 경쟁적인 산업이 되어 있다.

따라서, 연구자들과 그들의 고용인들 모두가 지식의 생산에 어떤 제한도 가하지 않는 시스템을 좋아한다. 어떤 대학이든 하나 같이 자신의 교수진에 포함된 천재들, 즉 중요한 발견을 해낸 사람들을, 그것도 많이, 들먹이기 좋아한다. 내 이웃에 살던 한 교수는 자신의 동료 교수 한 사람이 붕소가 전문 영역인 화학자였는데, 산에서 한 달간의 휴가를 보내는 동안 40편에 달하는 논문을 썼노라면서 존경심을 담아 얘기했다. 그가 재직했던 대학교에는 이 화학자가 언젠가는 틀림없이 노벨상을 받으리라는 믿음이 널리 퍼져 있었고, 실제로 5년 후에 그렇게 되었다. 연구자들은 계속 성공을 거두어서 자신의 직업에서 더 높은 지위에 오르리라는 점을 확인 받고 싶어 하기 때문에, 그들에게 생산성과 극도의 노력, 사회규범에 대한 순응 등을 보장해주는 일상을 소중하게 여긴다. 박사과정 학생들은 그들이 배우고 있는 연구방법들이 실제로 잘 작동하고, 학술지에서 논의되고 있는 주제들이 정말로 중요하며, 그들의 선생들을 따라하면 성공적인 경력을 쌓을 수 있으리라고 믿고 싶어 한다. 점진적인 기여라도, 또는 그것이 설사 기여가 아니라고 하더라고 그것조차도, 연구자들이 기존의 방법들과 이론들에 이미 투자해놓은 부분들이 있기 때문에 높은 가치를 부여받는다. 연구자들은 그들이 누리는 높은 지위는 적당한 지식, 즉 이미 손 위에 놓여 있는 지식에 얼마나 통달하고 있느냐에 좌우되는 것이며, 극단적으로 새로운 지식은 그들을 쓸모없는 지식인으로 만들고 통제력을 상실하게 만들 수 있음을 너무나 잘 알고 있다(Normann 1971; Starbuck, 1983b).

사람들은 자신의 말과 행동이 경력상의 성공과 장기적으로 경제적 안녕에 영향을 미친다고 생각하게 되면, 자신의 말과 행동을 방어적인 쪽으로 가져가려고 노력한다. Faust(1978)는 연구자들은 제안된 연구를 투자와 기금을 끌어 모을 수 있는 위치에 올려놓아야 하는 과제에 직면하게 된다고 했다. 연구자들은 연구결과가 항상 우호적인 것이 될 수는 없는 터이고, 평가도 크게 믿을 것이 못되어서 그럴듯한 연구결과를 산출할 수 있으리라고 확신할 수가 없기 때문에, 자신이 행한 분석의 정확성과 문헌 검토의 완전성을 강조한다. 의사결정자들이 자신의 계획이 달성될지의 여부와 상관없이 자신이 좋은 계획안을 가지고 있음을 과시하는 것과 마찬가지로, 연구자들은 자신이 채택한 연구방법이 과학적 진보를 가져올 것인지의 여부와 상관없이, 좋은 연구방법을 사용했음을 보여주는 일에 노력을 경주한다. 이러한 모습은 연구자가 이론에 자신의 이름을 붙일 때 더욱 강력해진다.

별 볼 일 없는 연구조차도 연구자들과 독자들을 위해 사회적 기능을 수행한다는 점은 인정한다. 끊임없는 노력은 사람들에게 언젠가는 상황을 완전히 이해하는 날이 오리라고 믿게 해준다. 지식의 창조가 끊이지 않고 이어지면, 그것이 사람들에게 자기효능감, 자기확신감을 제공하고, 장래가 더 나아지리라는 희망을 품게 만든다. 예를 들어, 최근에 의학 연구가 성취해낸 '진전'을 기술하면서, 미래의 치료법에 대해 추정하고 있는, 신문과 잡지에 실린 헤아릴 수 없이 많은 기사들에 대해서 생각해보라. 정기간행물들은 독자들이 진보와 좀 더 나은 미래에 대해서 읽어보고 싶어 하기 때문에, 그러한 기사들을 그렇게 많이들 게재하고 있는 것이다.

그러나 너무나 많은 노력들이 무의미한 '발견(findings)'을 제조해내는 데 투입되고 있으며, 이런 무의미한 '기여'의 홍수가 정말 유용한 발견들을 가려버릴 수 있는 것이다. 가설의 중요성을 판단하기 위해 귀무가설 유의성 검증을 사용하는 것이 그러한 기여의 홍수를 초래하는 주요 원인들 중 하나다. 산업심리학 분야에서 보고된 상관관계의 2/3가 5% 유의수준에서 통계적으로 유의한 것들이다(Webster and Starbuck, 1988). 어떤 연구자라도 사회과학연구의 모집단으로부터 임의적으로 선택한 목표변수를 기준으로 삼고, 임의적으로 두 번째 변수를 뽑아보았을 때, 단 세 번의 시도 만에 목표변수와 유의미한 상관관계를 보이는 변수를 찾아낼 수 있을 것이다. 결과적으로, 유의성 검증은 아무런 이론적 의의도 가지고 있지 않은, 수많은 상관관계들만을 강조하고 있을 뿐이다. 의미 있는 관계들은 임의적으로 발생하는 오차들 뭉치 속에서 갈 바를 모른 채 묻혀버리고, 말 그대로 어떤 가설들도 명확하게 배제되는 일은 일어나지 않는다.

무의미한 '기여'를 제조해내는 또 다른 요인은 적은 표본을 가지고 보통 최소제곱(ordinary least-squares) 회귀를 사용하는 것이다. 오차를 제곱하게 되면, 발생확률이 낮은 관측치에 지나친 가중치를 주게 되기 때문에, 회귀 계산은 표본 크기가 충분히 크지 않으면 연구자가 설정한 선험적 가정보다 신뢰성이 더 떨어지게 된다. 연구는 자료가 완전한 정규분포를 가지고 있을 때조차도 200 ~ 400개의 관찰이 필요하다는 사실을 보고하고 있다(Schmidt, 1971; Claudy, 1972; Einhorn and Horath, 1975). 자료가 정규분포에서 벗어나면, 수천 개의 관측치가 필요하게 될지도 모른다(Starbuck and Mezias, 1996). 그러나 사회과학자들은 습관적으로 표본의 크기가 200개 이하인 최소제곱 회귀들을 학술지에 발표하고 있다. 그런 의례적인 연구 방법은 Wonderland[*]에서 벌어진 크로켓 게임과 닮아 있다. 앨리스는 하트 여왕이 '거의 언제나 이기기 때문에, 게임을 끝내는 것 자체가 의미가 없어요.'라고 말했다. 이론이 단지 의례적으로 벌어지는 경쟁에서 승리하는 것이라면 그 이론을 게재하지 않는 것이 더 낫지 않겠나 싶은 것이다.

많은 연구자들이 보편적으로 타당한 이론들을 창조해내려고 노력하기 때문에 사회과학 연구도 그 경계에 끝이 없다. 보편성(generality)에 대한 관심으로, 연구는 하나같이 약간 다른 상황에 대해 추가적인 연구의 필요가능성을 제안한다. 그러나 이런 보편성의 추구는 궁극적으로 그 이론의 가치를 갉아먹게 된다. 연구자들이 좀 더 다양한 상황을 포함할 수 있도록 측정도구를 수정해가면서, 그 측정도구들은 점점 더 평범한 현상들을 강조하는 것이 되어버린다(Starbuck, 1981).

연구자들이 진정으로 자신의 이론을 믿으면, 보정계수를 찾게 되는데, 어느 곳에서나 참일 수밖에 없는 이론은 같은 말을 중언부언하는 것이 될 수밖에 없는 까닭에, 그 보정계수가 이론의 가치를 제거해버린다. 자주 인용되는 한 예가 미시경제 이론으로, 그 이론을 사용하는 사람들은 그것을 자명한 것으로 여기지만 다른 사람들은 공허한 것으로 생각한다. 이 이론을 사용하는 사람들은 그것이 틀릴 수가 없다고 주장하기 때문에, 분석한 후에 이론에 맞추어 보정하는데, 회고적으로 행해지는 해석은 틀렸음이 입증될 수도 없고 확증될 수도 없는 것이다.

---

* Lewis Carroll의 소설 Alice in Wonderland에 나오는 이상한 나라를 의미한다.

그보다 좀 덜 알려졌지만, 또 하나의 예를 Robert Solow에게 노벨 경제학상을 안겨준 거시경제 분석에서 찾아볼 수 있다. Solow(1957)는 노동과 자본, 그리고 생산 사이의 관계를 기술해줄 방정식들을 둘러보다가 거기서 빠져 있던 기술(technology)를 처음으로 도입하였다. 그런 다음, 그는 노동과 자본 및 생산 사이의 관계를 거의 완벽하게 산출해내리라고 생각되는 기술 변화의 양을 계산함으로써 기술의 영향력을 추정하였다. 그는 이 관계가 대수 방정식 다섯 개 중에 한 형태를 취할 수 있을 것으로 가정했는데, [표 3.3]은 그 방정식들 각각으로부터 얻은 다중 상관관계를 보여준다. 적합성 수치가 모든 대수식에서 서로 매우 비슷하다는 것이 명백한데, 그는 이것을 자신의 이론이 타당함을 증명해주는 증거로 해석했다. 그러나 [표 3.3]은 계산 방식이 대수식들 사이의 차이들을 거의 모두 제거했음을 의미하고 있는데, 사실인즉, 다중 상관관계들이 정확히 1.00이 되지 않는 단 하나의 이유는 Solow가 기술의 효과를 계산할 때 1차 어림셈(first order approximation)을 사용했기 때문이다. 그 결과, [표 3.3]이 보여주는 높은 상관관계는 Solow의 이론과 자료가 상응하고 있다는 정보를 제공하지 않는다. 그가 기술의 효과를 측정하기 위해 사용했던 계산 방식은 어떤 자료와도 높은 적합도를 산출해내었을 것이다.

표 3.3 Solow의 통합 생산 함수 분석내 상관관계

모형(가설설정된 대수 함수)	다중상관관계
$\Delta q = \alpha + \beta \times k$	0.9982
$q = \alpha + \beta \times \log k$	0.9996
$q = \alpha - \beta / k$	0.9964
$\log q = \alpha + \beta \times \log k$	0.9996
$\log q = \alpha - \beta / k$	0.9980

그러나, 생산성이 떨어지는 연구방법을 좀 더 생산적인 것으로 변경한다고 해서, 그것이 경력 기회를 엄청나게 훼손하지는 않을 것이다. 왜냐하면 사회과학 연구는 끊임없이 앞으로 나아가는 목표를 추구하기 때문이다. 먼저, 연구들 대부분은 사람들이 현재와 미래를 이해할 수 있도록 도움을 주어야 한다고 되어 있지만, 연구자들은 모두가 과거를 연구하고 모든 자료는 과거로부터 얻으며, 가끔은 먼 과거에서 얻기도 한다. 자료를 수집하던 당시에 발생하고 있던 상황에 대한 자료라고 할지라도, 누군가 그것을 분석할 때쯤이면 그 자료는 더 이상의 현재의 것이 아니다. 사람들과 사회시스템은 끊임없이 변화하고 있으며, 때때로 극적으로 변하기도 한다. 변화는 변경된 상황을 조사하는 추가적인 연구를 요구한다. 이러한 현상을 보여주는 극적인 예들을 주요 도시지역의 도로시스템을 설계하는 데에서 찾아볼 수 있다. 일부 도시에서는 설계사들이 운전자들의 정보와 목적지를 조사하여 설계 작업을 시작하고, 이 조사 자료들을 분석해서 운전자들 대부분에게 이익이 되는 도로망을 개발하고자 했다. 그런데, 이 실제 도로망을 건설하는 데에 5년에서 12년이라는 세월이 걸렸고, 그때쯤 되자 원자료는 너무 낡은 것이 되어버리고 말았다. 공장은 이전했고 도시 인근은 변했으며 새 교외지역이 발달하고 쇼핑센터가 생겨났다. 그와 달리 어떤 도시들은 교통 패턴을 연구하려는 노력도 하지 않고, 공지가 있던 곳에 도로를 건설했다. 결과적으로, 꼼꼼하게 계획해서 건설했던 도로망은 그 당시의 교통 패턴을 전혀 고려하지 않은 채 도로들을 건설했던 도시들의 도로망 보다 더 나을 게 없었다(Starbuck, 1983b).

두 번째로, 연구자들이 지식을 습득하게 되면 그들, 또는 그들 이외의 사람들이 흔히 이 지식을 사용해서 기술적, 혹은 사회시스템을 더 복잡하게 만드는데, 이것이 결과적으로는 사람들을 다시 무지한 상태로 되돌아가도록 만들어버린다. 교량 건설이 한 본보기를 제공한다. 사람들은 오랜 기간 다리들을 만들어왔다. 그러나 교량들이 거의 매년 붕괴되고 있는데, 새로운 지식이 교량 건설업자들에게 기존에 경험했던 것들을 벗어나 새로운 디자인을 가지고 실험해보도록 유혹하기 때문이다. 챌린저호의 재앙이 또 하나의 본보기를 제공한다(Starbuck and Milliken, 1988). 미 항공우주국은 잘 작동하는 우주선을 보유하고 있다고 생각하자마자, 더 무거운 짐을 실어 나를 수 있도록 우주선에 수정을 가하기 시작했다. 무게를 줄이기 위해서 로켓 엔진의 껍질을 좀 더 얇게 만들었고, 조금 더 강력한 로켓 연료로 바꾸었으며, 로켓 엔진의 노즐을 좀 더 작게 만들었다. 이 수정들 하나하나는 그 부분에서 작은 수정에 불과했지만, 조금씩이나마 시스템을 경험 봉투(envelop of experience) 밖으로 끌고 갔고, 그러한 세 가지 수정조치들이 서로 상호작용하면서 그 효과를 증폭시켰다. 당연한 노릇이지만, 작아진 노즐과 강력해진 연료는 로켓의 내부 압력을 증가시켰으며. 얇아진 껍질은 압력을 받을 때 이전보다 더 쉽게 휘어질 수밖에 없었다. 그 결과, 로켓 부분들을 결합한 곳에서 화염과 뜨거운 가스가 누출되기 시작했고, 그것이 마침내 엄청난 재앙으로 이어지고 말았던 것이다.

3.4 편안한 지식

연구는 인간 행위에 의해서 만들어지고, 인간이 소비하기 위해서 만들어낸 생산품으로서, 인간으로든, 아니면 집단으로든 인간의 특성을 반영하지 않을 수 없다. 특히, 연구자들은 다루는 방식을 알고 있고, 안도감을 느끼게 해주는 연구들을 수행한다. 그러나 익숙하고 편안한 방법론들이 비효과적일 수 있고, 연구자들은 자신들이 채택한 방법론이 가지는 한계에 무지할 수도 있을 것이며, 연구자 자신의 능력이 지닌 한계조차 모를 수 있는 것이다. 많은 과학적 실패가 부정확한 자료, 주관적인 편견, 부적합한 질문에 기인하고 있지만, Faust(1984:116)는 가장 근본적인 문제가 인간의 불충분한 인지 능력에서 비롯된 것일 수 있다는 주장을 제기했다. '과학자들은 단서나 변수들 사이에서 나타나는 간단한 형태의 관계를 이해하기에는 충분한 인지능력을 가지고 있을지는 모르겠지만, 그보다 더 복잡한 관계를 이해할 만큼 충분한 능력을 갖추고 있지는 못하다.'

인간의 합리성에는 심각한 약점이 있다. 거의 모든 것을 이분법적인 카테고리로 분류하려고 하고, 그렇게 함으로써 미세한 차이점들을 지워버리고 약한 관계들을 근접한 관계로 치환해버린다. 사람들이 본 것들을 왜곡해버리는 것이다(Singer and Benassi, 1981). 사람들은 실제로 발생하지 않은 현상이라도 그들의 논리가 그렇게 보는 것이 당연하다고 말해주면 그 현상을 보게 된다. 사람들은 발생하지도 않은 사건들을 기억하기까지 한다(Kiesler, 1971; Nisbett and Wilson, 1977; Loftus, 1979). 상황과 환경이 인간의 지각과 정보처리 과정에 심각한 영향을 미치는 것이다. 심하게 학대받은 희생자가 자신을 억류한 자나 학대한 자를 자신과 동일시하기 시작하는 사례들에 대해서 생각해보라. 또는 사교집단이나 종교적, 또는 정치적 파벌이 표현하는 견해들에 대해서 생각해보라. 인간의 합리성은 불완전한 지식을 불가능할 정도에 이르기까지 추정하게끔 만들 수 있다(Starbuck, 1988).

합리성은 인간 생리에 뿌리를 내리고 있다. 우리의 마음은 관계들이 논리적인 상태에 놓여 있다고 지각할 때 편안해지는 것이며, 우리가 공유하고 있는 합리성은 우리들로 하여금 다른 사람들이 말하는 것을 이해하게끔 도와준다. 합리성은 인간의 생리로부터 기인하는 것이기 때문에, 누구든지 논쟁하는 중에도 인식할 수 있는 그 어떤 것이고, 그것이 좋은 것이라는 데 동의한다. 그러나 합리적 논리가 우리가 수행하는 과업에 배정하는 것이 적합한지에 대해서는 보장할 수가 없다. 필수다양성(requisite variety) 법칙은 사람이 자신의 환경을 이해하기 위해서는 인간의 이해 능력이 환경에 맞추어 복잡하고 다양해야 한다고 지적한다(Ashby, 1961). 그러나 인간의 합리성이란 구별해내는 능력에 한계가 따르는, 오히려 거칠고 불완전한 도구인 까닭에, 인간 환경은 인간이 파악할 수 있는 것보다 훨씬 더 복잡할 수가 있는 것이다. Hayek (1975:93)는 다음과 같이 말하고 있다. '인간의 이성이 합리적으로 그 한계를 이해하는 것은 실로 훨씬 더 어려운 일이면서 결코 그 중요성이 떨어지는 것이 아님을 증명하는 것인지 모른다.'

과학적 연구를 이끌고 있는 철학은 합리성이 올바른 것이라는 생각에 강하게 의존하고 있다. 사실, 과학적 합리성은 철학자와 과학자들이 수 세기에 걸친 논쟁을 거치면서 구축해온, 지극히 이상적인 형태인 것이고, 교육과 사회화 과정을 통해서 연구자들에게 주입된 것이다. 누구나 학술 세미나에 참석한 사람들이 합리성이라는 의례적인 방식에 꿰맞추어져가는 과정을 목격할 수 있을 것이다. 이 방식은 모든 조건들을 좋다 · 나쁘다, 진실이다 · 아니다, 일치한다 · 불일치한다와 같이 두 성분으로 환원시킨다. 이런 방식은 느슨한 매듭을 거부하고, 터무니없는 추론을 부추긴다. 복잡한 것을 과도하게 단순화시키면 논리적인 모순에 빠지게 된다. 그런 단순화는 우리로 하여금 비논리적인 것을 보지 못하게 하면서, 우리가 기대하고 있는 것을 보겠다고 고집을 부리게 해서, 궁극적으로 우리가 목격한 것들을 왜곡해버린다. 그리고 불완전한 지식을 우스꽝스러운 의미들로 바꾸어버린다. 과학적 합리성이 우리의 마음에 만족감을 주기 때문에 그것을 추구하고 있기는 하지만, 우리의 마음을 편안하게 하는 것이 통찰력이나 유용한 지식을 제공하지 못할 수 있는 것이다.

물론, 연구자들이 실제로는 많은 경우에, 과학적 연구를 인도하는 것으로 여겨지는 이성적 사고의 처방을 따르고 있지는 않다. 이러한 이탈이 이익이 되는 결과를 낳기도 하고, 해가 되는 결과를 초래하기도 한다. 이탈은 그것이 사람들로 하여금 합리성을 터무니없는 극단으로까지 몰아가지 않는 한에서 도움이 된다(Starbuck, 1983b). Bazerman(1997)은 인간의 사고를 형성하는 한 다스(12개) 이상의 휴리스틱스와 편견들을 기록했다. 예를 들어, 사람들은 그들 자신이 사건을 일으키는 원인을 제공한다고 보면서, 외생적 요인들의 효과를 평가절하는 경향이 있다. 특히 사람들은 그들이 성공했을 때에는 자신의 영향력을 강조하고, 다른 사람들이 성공했을 때에는 환경적 요인들의 효과를 강조한다. 연구 세미나와 같은 공식 토론장에서는 명성이 높은 참여자들이 가장 이성적이고 적합한 주장을 제시한다는 보편적인 전제가 깔려 있어서, 사회적 지위들이 합리성에 영향을 미치는 일이 발생한다.

인간의 정신적 능력이 지닌 한계는 인간의 지식이 단순해야 함을 요구한다. 다변량분석을 지지하는 연구자들조차도 그들이 수행한 분석결과가 실제 뜻하는 바를 설명한다고 하면서 이변량, 또는 삼변량 해석으로 회귀하고 만다. Box and Draper(1969)가 보다 효과적으로 공장을 운영하는 방법을 발견하고자 실험방법을 사용하려고 했으나, 실험의 결과를 해석하는 사람들이 네 개 이상의 변수들 사이에서 발생하는 상호작용을 이해하는 데 겪는 어려움이 너무 크기 때문에, 실제 실험은 한 번에 두 개나 세 개 정도의 변수만을 조작할 수밖에 없다고 결론내리고 있다. Faust(1984)는 과학자들이 4원(4ways) 상호작용을 이해하는 데 겪는 어려움을 지적했다(Meehl, 1954; Goldbdrg, 1970). 그는 자연과학에 대한 가장 위대한 공헌은 복잡성이 아니라 단순성과 절약성(parsimony)의 제시라고 했다.

아마도, 인간생리의 한계보다도 더 큰 문제가 되는 것은 인간집단에 의해서 만들어지는 한계일 것이다. 연구자를 고용하고 있는 조직들은 연구 결과를 양적으로 측정하도록 강조하고 연구자들에게 적은 데에서 많은 것을 만들어내라고 압력을 가한다. 고용하고 있는 사람들의 임금과 사회적 지위에 통제력을 발휘하는 고용인으로서의 조직은 연구자들의 행동에 막강한 영향력을 행사할 수가 있다. 고용 조직은 학생들과 돈, 그리고 사회적 지위를 놓고 경쟁하는 자로서, 연구를 효과적인 것으로 만드는 데 필요로 하는 것과 부합하지 않는 목표들을 추구한다.

전문가 집단들은 관습적으로 연구방법을 정하고 기존에 투입된 이익을 방어하는 방식으로 연구 노력을 오염시킨다. 앞장에서 지적되었듯이, 역기능적인 전문가 규범을 보여주는 한 예가 연구 결과의 일반화와 중요성을 과장하는 잘못된 언어를 관대하게 허용하는 일이다. 연구자들은 대표적인 예들을 기술하면서 부정관사를 사용하는 것이 더 적절함에도 불구하고 the organization, the firm, the manager처럼 정관사를 사용한다. 전문가의 규범은 연구자들로 하여금 그들이 하는 진술이 얼마만큼 타당한지를 특정하지 않은 채, 그들이 관찰한 것들을 막연하게 기술하도록 허용하기도 한다. 예를 들어서, 남자들의 평균 신장이 여성들의 평균 신장을 넘어선다는 사실을 발견한 연구자는 '남자들은 여자들보다 키가 크다.'고 말하는 것이 허용된다. 이러한 과장은 통계적 유의성 검증을 해석하면서 흔히 발생한다. 사실, '유의성' 그리고 '유의미한'이라는 바로 그 표식이 연구결과의 중요성을 과장하고 있다. 전문가 규범이 초래하는 또 하나의 역기능은 자발적 자료를 용납하고, 때에 따라선 가끔 그 자료들에 대한 회고적 분석을 지원하기도 한다는 것이다. 연구자들은 자발적 자료들이 손쉽게, 그리고 싸게 얻을 수 있기 때문에, 그리고 회고적 분석은 연구자들이 이론이 설명해야 하는 것들을 이미 알고 있어서 성공을 약속해주기 때문에, 그 자료들에 내재되어 있는 많은 편향성들을 못보고 지나쳐버린다. 전문가 규범이 초래하는 세 번째 역기능은 '방법론적 엄격성'을 우선시한다는 것이다. 어떠한 연구도 더 할 것이 없을 만큼 완벽하게 철저할 수는 없는 일이고, 따라서 특정한 연구 결과가 마음에 들지 않는 사람은 그걸 합리화할 수 없을 때에는 그 연구가 사용한 방법론을 근거로 게재를 거부할 수 있는 길이 주어진다. 인상적인 이름이 붙여진 요상한 방법론을 사용한 논문은 존중을 받게 되지만, 부적절한 방법을 사용했다는 비난으로부터 자유로울 수 있는 연구란 존재할 수가 없는 것이다. 물론, 이러한 전문가 규범들은 '성공적인' 경력을 쌓고 있는 연구자들로부터 강력한 지지를 받고 있다. 그 규범들은 연구자들에게 예측 가능하면서 상당히 안정적인 경력을 누리도록 돕고, 사회 규범에 기꺼이 순응하고자 하는 연구자들과 전문 영역에서 '리더'가 될 가능성이 큰 연구자들에게 장점으로 작용한다.

3.5 얼마나 잘 작동하고 있나?

사람들이 과학적 방법들을 우러러보고, 다양한 성취들이 그 덕분이라고 인정하고는 있지만, 과학적 방법의 유효성은 실제에서 검증되어야만 하는 가설에 불과한 것이다. 이 가설이 타당한지의 여부는 사람들이 과학적 방법들을 어떻게 구체화하느냐에 달려있게 되는데, 실제에서 본 것처럼, 과학적 방법들은 가능한 수준보다 상당히 유효성이 떨어지는 것처럼 보인다. 과학적 방법들이 유용한 지식을 창출하거나 원하는 결과를 얻는 능력을 증강시켜주는 데 있어 그다지 효과적이지 못하다는 증거가 있다.

연구방법론은 분야에 따라 다양하지만, 모든 과학 분야는 다음의 몇 가지 핵심적인 원칙을 지지한다.

a) 연구자들은 정치적, 종교적인 목표를 포함하여 다른 어떤 목표들보다 지식의 창출을 최우선적인 목표로 삼아야 한다.
b) 연구자들은 정직하고 신뢰할 수 있어야할 뿐만 아니라, 자신의 연구결과에 대한 의문점을 포함하여 완전한 진실만을 말해야만 한다.
c) 연구자들은 그들의 전임자들의 작업 위에 자신의 작업을 올려놓아서 시간이 갈수록 지식이 축적될 수 있어야만 한다.
d) 연구결과는 스스로를 설명할 수 있을 만큼 명백해야 한다.

그러나 많은 사회과학 연구들이 이러한 원칙들을 잘 지키지 않는다는 증거가 있으며, 인간 행동에 관한 많은 연구가 지식이라고 부를만한 것을 생산하는 데 실패하고 있다는 증거도 수시로 발견된다. 특히, 사회과학 분야는 현존하는 어떤 가설들도 배제하지 않은 채, 추가적으로 수많은 가설들을 양산하는 데에만 진력하고 있으며, 수많은 학술지들은 관례적으로 귀무가설을 기각하는 데 실패한 연구들을 게재하지 않고 있는가 하면, 게재된 많은 논문들이 참된 것일지 모르는 귀무가설들을 기각하고 있다(Greenwad, 1975; Blaug, 1980). 그보다 더 좋지 않은 것은 편집장들과 심사위원들이 아무렇지도 않게 저자들에게 사후에 가설을 발명해내고 이 가설들을 사전에 발명해낸 것처럼 오도하도록 독려함으로써, 실제 연구를 잘못된 곳으로 몰고 가는 일이 벌어지고 있다는 것이다. 물론, 사후에 가설을 발명해내는 것이 잘못되었다는 것은 아니다. 모든 과학자들이 가능한 참된 가설 모두를 사전에 꾸려낼 수 있다면, 연구를 수행할 하등의 이유가 없을 것이다. 잘못된 것은 거짓말이다. 과학자들은 다른 사람이 자신의 작업을 정당하게 평가하도록 하기 위해서 모름지기 정직하게 말해야 한다. 이런 연구 상황에서라면, 추론상의 오류를 드러내는 효과적인 유일한 방법이란 사전의 결과를 복제하는 데 실패한 연구, 그리고 그 반대의 결과를 낸 논문을 게재하는 것이지만, 사회과학 학술지들은 반복연구를 게재하지 않는다. 또한 학술지 심사위원들이 자신들의 연구와 일치하는 연구들의 게재를 지원하고, 자신의 연구에 반대되는 연구의 게재를 거부한다는 증거가 있다. 그러한 편견에 연구방법론에 대한 판단이 핵심적인 역할을 수행하기 때문에, 연구자들은 소위 과학적 방법들을 유용한 지식의 창출을 방해하는 데 사용하고 있는 셈이다.

왜 사람들은 지식의 창출을 저해하는 장애물을 만들어내고 허용까지 하는 것일까? 연구자들이 사적인 목표들을 추구하는 것은 매우 흔하게 발생하는 일인데, 이로서 지식의 창출이 싱징적인 껍데기에 지나지 않는 것으로 바뀌어버린다. 조직은 전형적으로 지식의 타당성보다 정치적인 안정에 우선권을 두며, 전문가들의 모임은 겉만 번지르르한 지식을 양성하는 방법적 의례들을 별다른 생각도 하지 않고 지원하고 있다. 그러한 행동들은 사람들이 지식을 본질적인 것이 아니거나 중요하지 않다고 믿고 있음을 암시한다. 어째서 그러한 행동에 대해서 불만족이 거의 제기되지 않는 것일까? 어떤 이유로 그러한 행동들이 널리 퍼져 있으며, 허용되고 있는 것일까?

어떤 상황, 그것이 설사 매우 바람직하지 못하게 보이는 상황이라고 하더라도 그런 상황이 지속되면, 그로부터 혜택을 보는 사람이 있게 마련이다. 그렇다면, 지식의 발달이 지체됨으로써 이익을 받는 사람은 도대체 누구일까? 수혜자를 찾아내는 일은 어려운 일이 아니다. 지식은 권력인 까닭에, 현재 권력을 쥐고 있는 사람과 권력을 동경하는 사람 모두가 수혜자에 해당된다. 특히 학생들은 적용하기만 하면 자신의 경력을 성공적으로 이끌어갈 공식들을 원한다. 그들은 믿고 따를 증명된 사례들과 비법을 원하는 것이다. 박사과정 학생들은 배우고 있는 연구방법이 제대로 작동할 것이라고 믿고 싶어 한다. 그들은 학술지에서 논의되고 있는 주제가 진짜 중요한 것이라고 믿고 싶어 한다. 박사논문 심사위원회는 자신의 연구업적을 지지하는 새로운 이론을 원한다. 연구경력이 많은 연구자들은 현존하는 방법과 이론에 많은 것이 걸려있는 사람들이다. 자신의 이름을 내건 이론들을 가지고 있을지도 모른다. 그런 연구자들은 그들이 누리는 높은 지위는 이미 자신의 손안에 들어있는 지식을 얼마나 능란하게 다루느냐에 좌우된다는 것을 너무나 잘 알고 있다. 근본적으로 다른 입장을 취하는 새로운 지식은 그들을 한물간 지식인으로 만들어버리고 그들이 누리고 있는 우월한 지위로부터

끌어내릴 수 있기 때문이다(Starbuck, 1983b)

> 판글로스 선생은 형이상학 – 신학 – 우주학 – 바보학을 가르쳤다. 그는 원인 없는 결과는 없다는 것을 멋지게 증명할 수 있었다. 그리고 이 모든 것이 가능한 세상에서도 최선이 모인 이곳에서 남작의 성이 모든 성들 중에서 으뜸이고 남작부인은 모든 남작부인들 중에서 가장 아름다울 수밖에 없음을 멋지게 증명할 수 있었다.
>
> 그는 사물들이 현재의 상태 그 이상이 될 수 없음을 시연해 보여줄 수 있다고 했다. 왜냐하면, 모든 물건들은 어떤 목적을 가지고 만들어졌기 때문에, 그 물건들은 필연적으로 최선의 목적을 위해서 만들어질 수밖에 없기 때문이라는 것이다. 예를 들어서, 보라, 코는 안경을 쓰기 위해서 만들어진 것이니까 안경을 쓰는 것이다. 다리는 스타킹을 신기 위해서 그렇게 만들어졌으니까 그에 따라 스타킹을 신을 뿐이다. 돌은 깎아지기 위해서, 그리고 성을 짓기 위해서 만들어진 것이니까, 영주께서 저렇게 멋진 성을 소유할 수 있는 것이지. 이 지역에서 가장 훌륭한 남작은 가장 멋진 숙소에서 주무셔야 하는 것이고. 돼지는 우리가 먹기 위해서 만들어진 음식이니까 일 년 내내 돼지고기를 먹는 것이다. 모든 것이 옳다고 주장하는 사람들은 자신을 정당하게 표현하고 있는 것이 아니야. 모든 것이 최고라고 말해야 마땅한 것이지.
>
> 캉디드는 주의를 집중하여 들었고, 그 말을 절대적으로 신봉했다.
>
> Voltaire(1956)

지식의 생산

04

희망 속으로의 여행 – 부분적인 해결책의 발견

이 장은 내 지적인 여행에 대한 보고서 속편이다. 문제에 초점을 맞춘 제2장과는 대조적으로, 이 장에서는 그런 문제들에 대한 가능한 해결책, 또는 적어도 문제들을 건설적으로 해석하는 방법들을 제안하는 사건들을 서술하고 있다. 두 장 모두 문제들을 들춰내고 그 문제들에 대한 해결책들을 제안하고 있기 때문에, 어떤 사건들은 두 장 모두에 수록되어 있다. 앞에서와 마찬가지로, 설명은 연대순이다.

4.1 1950년대

대학을 다니는 동안 점점 더 컴퓨터에 매료되면서, 내 연구는 전자학과 응용수학 쪽으로 기울게 되었다. 전자학과 응용수학 둘 다 포괄하는 주제들 중 하나는 소위 '블랙박스 문제'라고 불리는 것이다. 닫혀있는 불투명한 상자 안에 들어 있는 전자회로의 작동을 이해하고 싶은데, 이 상자 속을 들고 나는 전자파만을 측정할 수밖에 없다고 상상해보자. 그때 들여보내는 신호가 단순하고 안정적인 신호, 말하자면, 주파수가 일정하고 전압도 일정한 전자파라고 한다면, 블랙박스의 내용에 대해서 알아낼 수 있는 게 별로 없을 것이다. 그러나 블랙박스의 내용물이 충격함수(impulse function)나 계단함수(step function)에 대해서 어떻게 반응하는지를 관찰할 수 있다면, 더 많은 것을 알아낼 수 있을 것이다. 충격함수는 아무 것도 일어나지 않던 상태에서 갑자기 무엇인가 툭 튀어 나타났다가 돌연히 다시 아무 것도 없는 상태로 되돌아가는 신호를 의미한다. 계단함수는 아무 것도 없던 상태에서 무엇인가 튀어 나와 그 상태를 계속 유지하는 신호를 말한다. 이 두 가지 갑작스러운 변화는 정체를 드러내는 반응들을 유도한다. 이 반응들은 블랙박스 속에 관해서 완전한 모형을 그려낼 만큼 충분하지는 못하지만, 안정적인 투입신호에 대한 반응보다 더 많은 정보를 포함하고 있다.

*　　*　　*

그 후에, 박사과정에서 공부하고 있는 동안, Kelly and Thibaut(1954)가 저술한 장 하나를 읽게 되었는데, 그것이 나로 하여금 사회심리학을 전공하도록 이끌었고 실험실 실험에 대해서 흥미를 느끼도록 했다. 그 장(chapter)은 탁월한 글 하나가 보통 고만고만한 많은 논문들을 뛰어넘을 수 있음을, 그리고 좋은 문헌검토 논문 한 편이 뭐가 뭔지 모를 혼돈 속에서 무엇인가 어떤 의미를 축출해낼 수 있음을 생생하게 보여주었다. 연구자들은 소집단을 도구로 수백 가지의 실험을 수행했었지만, 그 실험들의 결과는 뒤죽박죽이었다. Kelly와 Thibaut는 그 실험들을 카테고리 별로 분류한 다음, 각 카테고리 안에 들어있는 실험들을 비교해서 일반화 요약본을 만들어내었다. 뒤죽박죽이던 실험들이 대답들과 제언들로 잘 정리된 모습으로 바뀌어 있었다.

나는 언젠가 그와 같이 뛰어난 글 하나쯤 쓸 수 있게 되는 날이 오기를 꿈꾸었고, Jim March가 나에게 자신이 기획하고 있던 *Handbook of Organizations*에 성장과 개발에 관한 글 한 편을 써줄 것을 부탁했을 때, 바로 그 기회를 잡았다고 생각했다(Starbuck, 1965). 나는 이 요청을 내 꿈을 이룰 수 있는 기회로 생각했던 것이다. 나는 어느 한 순간도 그 책이 그렇게 처참하게 무시당하리라고는 상상하지도 못했다. 나는 하루에 열여섯 시간, 일주일에 일곱 일, 열여덟 달을 기념비적인 통합편을 쓰는 일에 매달렸는데, 사실인즉, 내가 쓴 장은 후에 매우 광범위하게 읽혔고, 인용도 많이 되었다. 따라서 나는 성공하려면 논문을 많이 내야 한다고 주장하거나, 실증연구가 문헌검토 논문보다 가치가 더 높다고 주장하는 연구자들을 볼 때마다 항상 웃음이 난다. 나는 그것과 정반대가 진실이라고 믿는다. 거의 모든 실증연구들이 매우 짧은 생을 살며, 그저 별 볼 일 없는 영향력을 행사할 뿐인데, 실증연구들이란 것이 매우 이질적이면서 대체적으로 무의미한 '발견'들의 덩어리 속에 모습을 보이다가 그 덩어리에 그저 한 조각 덧붙이는 것에 불과한 것이라는 사실에서 그 일단의 이유를 찾을 수 있을 것이다. 독자들은 무질서한 혼합물에 질서를 부여하는 작업, 덜 중요한 것들에서 더 중요한 것들을 뽑아내는 작업을 가치 있는 것으로 여긴다.

4.2 1960년대

퍼듀대학교에서 교수 생활을 막 시작했을 때, 선배 동료 교수인 Ed Ames에게 내가 쓴 논문의 초고에 대해 논평해달라고 부탁한 적이 있었다. 그것을 읽고 난 Ames는 글쓰기에 대해 몇 가지 조언을 해주었다. 그는 칠판 위에 내가 후에 Ames 법칙이라고 이름하고 있는 것을 적어 내려갔다. 그 법칙은 다음과 같다.

동사 > 부사 > 형용사 > 명사

그는 부등호는 '보다 낫다'는 것을 의미한다고 설명했다. 그렇다면, 그의 법칙은 이런 뜻이 된다. 동사는 부사보다 낫고, 부사는 형용사보다 낫고, 형용사는 명사보다 낫다.

Ames는 이 법칙이 글을 더 읽기 쉽고 흥미롭게 만드는 유용한 지침이 된다고 생각하고 있었다. 그리고 나 스스로 그렇게 몇 번을 시도해본 후에 그의 말에 동의하게 되었다. 그는 명사는 언어에서 생명력을 빼내어 버리기 때문에 글이 지루해지는 반면에, 동사는 활력을 불어넣는다고 설명했다. 어떤 아이디어를 명사 대신에 동사를 사용해서 표현할 수 있다면, 그 아이디어가 더 흥미로워질 수 있다는 것이다. 뿐만 아니라, 명사는 대개 문장을 장황스럽게 만들기 때문에, 아이디어를 명사 대신에 동사로 표현할 수 있으면, 많은 경우에 진술이 조금이나마 더 단출해진다. 각각의 조치들이 가지는 효과야 별 것 아니겠지만, 그와 같은 변화들이 누적된 효과는 꽤 극적인 것이 될 수도 있다. 여기에 명사나 형용사를 동사로 치환한 몇 가지 예들을 들어본다.

1. 이 연구의 초점 하나는 …을 식별하는 것이었다.
   → 이 연구는 …을 식별해내었다.
2. 적합성이 디자인의 핵심이다. → 적합성이 디자인을 좌우한다.
3. 지속적으로 진화하는 것은 시스템이다.
   → 시스템은 지속적으로 진화한다.
4. 그와 같은 분류 체계는 조직생태군 모형에서 핵심적인 구성요소가 될 것이다.
   → 조직군 생태학은 그와 같은 분류체계를 필요로 한다.
5. 시설물 각각의 경제적 산출이 그것을 분류하는 주된 특성이 된다.
   → 경제학자들은 시설물들을 원칙적으로 경제적 산출에 따라 분류한다.

* * *

Ames가 나에게 어떻게 하면 좀 더 흥미롭게 글을 쓸 수 있는지에 대해서 설명해주던 그 즈음에, 나도 규칙 하나를 만들어내었는데, 매우 가치 있는 것으로 증명이 되어서, 후에 그 규칙을 나의 황금규칙이라고 부르기 시작했다. 한 학술지가 심사위원들의 심사평을 보내왔는데, 항상 그렇듯이, 그들의 심사평은 내 기분을 상하게 했다. 나는 심사위원들의 멍청함, 그들의 무지함, 그들의 모욕적인 언어들에 대해서 적어도 내 자신과 아마도 몇몇 다른 사람들에게도 불평을 해댔을 것이다. 그러다가, 갑자기 다음과 같이 표현될 수 있는 중요한 깨달음 하나를 얻게 되었다.

어떤 심사위원도 잘못을 저지를 수 없다.

나는 이러한 주장이 터무니없고 괴상망측하게 보인다는 바로 그 이유 때문에, 이 규칙을 그런 극단적인 방식으로 표현했다. 극단적인 진술을 통해서 불평해대는 것을 그치고, 세심하게 생각해보도록 나를 이끌어 갈 요량으로 그리 표현했던 것이다. 분명히, 편집장이나 심사위원을 포함해서 어떤 인간도 실수를 저지를 수 있다. 가끔은 편집장이나 심사위원들의 심사평이 그들의 무지함이나 멍청함을 노정하고 있는 것으로 보일 수 있을 것이다. 그들이 잘못된 조치나 비윤리적인 조치를 권유할 수도 있다. 어떤 심사위원들은 거들먹거리는 것처럼, 또는 상대방을 깔보는 것처럼 행동하기도 하고, 더 나아가 망나니 같이 구는 것처럼 보이기도 한다. 그러니까, 심사위원들은 절대 틀릴 수가 없다고 주장하는 것은 언어도단이라고 생각될 만하다. 그러나 이 명백한 부조리는 모든 편집자와 심사위원 하나하나가 잠재적인 독자들의 모집단에서 선택된 표본이라는, 보다 근본적인 진실에 주목하도록 한다. 사실, 심사위원들은 게재된 논문을 읽는 독자들 거의 대부분보다 원고를 더 면밀하게 보았을 터이고, 그들 거의 모두가 논문 원고 몇 쪽을 읽고 나서 혐오감이나 지루함 때문에 더 이상 그 논문 읽기를 포기하는 일 없이, 원고 전체를 처음부터 끝까지 읽어내는 사람들이다.

내 황금규칙은 심사위원들의 심사평을 내 연구의 가치나 내 글쓰기의 질에 대한 판단으로서가 아니라, 독자들이 내 원고에 대해서 어떻게 반응할 것인지를 알려주는 자료로서 존중해야 한다는 사실을 깨우쳐 주었다. 심사위원이 내가 한 말을 내가 의도했던 것과 달리 해석하고 있다면, 다른 독자들도, 그것도 많은 독자들이 이 진술을 내가 의도했던 것과 다르게 해석할 가능성이 있다는 의미다. 따라서 나는 그 진술을 그러한 오해가 가능하면 적게 일어나게끔 수정해야만 하는 게 맞다. 심사위원들이 내가 방법론적으로 실수를 저질렀다고 생각한다면, 다른 독자들, 아마도 많은 독자들이 내가 그런 실수를 저질렀다고 생각할 가능성이 있는 것이기 때문에, 왜 내가 그러한 방법론이 적합하다고 생각했는지에 대해서 설명할 수 있도록 원고를 수정해야만 하는 것이다. 심사위원이 내가 생각하기에는 무관하다고 생각하는 문헌을 인용하라고 권하고 있다면, 다른 독자들도 그러한 문헌이 관련성이 있는 것이라고 생각할 것이기 때문에, 왜 그것이 내 연구와 무관한 것인지를 설명해주어야만 한다. 일반적으로, 나는 마땅히 내가 쓴 글을 세심하게 읽은 사람이라면 그가 누가 되었든 그 사람의 생각들을 세심하게 들여다보아야 마땅하다고 생각한다. 이 심사평들은 내 원고를 건성건성 읽었거나, 내 기분을 상하게 하고 싶지 않아서 예의를 갖추었으되, 겉만 건드리고 마는 친한 동료들의 평보다도 훨씬 더 실제로 값어치 있는 자료다. 독자들의 반응을 실제로 보여주는 좋은 자료는 가치가 있는 것이고, 따라서 '잘못일' 수가 없는 것이다.

내 황금규칙이 내가 항상 심사위원들의 조언을 따라야한다는 것을 의미하지는 않는다. 절대 아니지! 그들의 조언은 그들이 내가 실제로 그렇게 말하려고 했던 것이 아닌데도 내가 말하려고 했다고 생각한 것으로 나름대로 해석해서 나온 것이다. 심사위원들이 조언하고 있는 것들이 내가 동료로부터 받는 조언이나 다른 심사위원들로부터 받는 조언과 충돌하는 경우도 종종 발생하기 때문에, 서로 다른 제언들 사이에서 선택해야 하는 일도 발생한다. 대부분의 경우, 심사위원의 조언은 적합한 방법론에 대해서 널리 용인되고 있는 믿음과 맥을 같이 하는데, 그러한 믿음은 내 경험상으로 흔히 옳지가 않다.

* * *

Ames의 법칙과 내 황금규칙이 한데 묶이면서 연구논문 게재에 대한 내 생각에 혁명이 시작되었다. 사회과학자들은 그들의 연구를 홍보해야 한다는 사실을 깨닫게 되었던 것이다. 그들은 사람들을 꾀어서 자신들의 논문을 읽도록 할 필요성이 있으며, 자신의 논문에 들어있는 아이디어와 이론들이 이치에 맞고 유용하다는 점을 독자들에게 설득시켜야할 필요가 있다. 자신이 기여할 가치 있는 무엇인가를 가지고 있다고 믿는 사회과학자들이라면 그 가치에 대해서 다른 사람들을 설득하기 위해 기꺼이 나서야만 하는 것이다. 그렇게 하기 위해서는 자신의 원고를 잠재적인 독자들의 지각틀 안에 꿰맞추어 넣어야 한다. 그러나 편집장들이나 심사위원들은 가끔 저자들에게 매우 멍청하거나 부정직한 것들을 말하도록 권유하기도 한다. 무엇이 옳은지에 대한 마지막 결정은 자신만의 전문성과 사고방식, 그리고 윤리관을 표현하는 과정에서 자신의 속마음에서 우러나오는 것이어야 한다.

* * *

실험실 실험에 대한 몰입이 나를 '강력한 추론(Strong Inference)'라는 제목을 단 기념비적 논문으로 이끌고 갔다. Platt(1964)는 그 논문에서 분자생물학이나 고에너지 물리학과 같은 일부 과학 분야가 다른 과학 분야보다 더 빠르게 진전을 보이는 이유가 무엇인지에 대해서 숙고했고, 그러한 분야는 비생산적인 사고 라인을 배제하는 중요한 실험들을 고안해내는 데 집중하고 있었다고 추론했다. 즉, 이 분야들에서는 '새로운' 가설들이 옳을 수도 있음을 보여주려는 것이 아니라, 어떤 가설들이 틀렸는지를 주로 보여줌으로써, 과학의 진전이 이루어지고 있다는 것이다(Popper 1959). '배제가 존재하지 않는 결론은 그 어떤 것도 불안정한 것이고, 따라서 재검토되어야 하기'(Platt, 1964:347) 때문에, 불가능한 가설들이 틀렸음을 증명하는 것이 가능한 이론에 대한 지지를 보이는 것보다 더 가치 있는 일이라는 것이다. Platt는 한 명제가 유용한 이론으로서의 자격을 갖추려면, 그것이 일부 가능한 사건들을 배제할 수 있어야 한다고 주장했다. 어떤 이론이 무엇이든지 가능하다고 예상한다면, 사실 의미 있는 아무런 예상도 하고 있지 않은 것이다. 어떤 가설이 어떤 관측들과 일치하고 있음을 보이는 것은 그 가설이 옳을 수도 있음을 지적하고 있을 뿐이다. 단지 검증된 가설들만 아니라, 많은 가설들이 참일 수 있는 가능성을 가지고 있기 때문에, 그에 따른 발전은 보잘 것 없는 것이 되어버린다. 사실인즉, 아무 것도 배제하지 않는 가설들을 지지하고 있는 연구들은 실제로는 모호성을 증폭시킴으로써 오히려 지식을 감소시킨다.

* * *

Platt의 논문을 읽고 있을 즈음에, 나는 사람들이 확률적 대안들 중에서 선택하는 과정을 모형화해보려고 시도하는 중이었다. 나는 위험과 수익 사이의 관계에 대해서 다섯 개의 함수식을 고려해보고 있었다. 즉, 나는 어떤 특정한 수학 함수들이 저위험과 저평균수익, 또는 그 반대로 고위험과 고평균수익 사이에서 사람들이 취하는 협상과정을 기술할 수 있을 것으로 생각했다. Platt의 아이디어는 나에게 당연히 아무도 선택하지 않을 선택 대안들을 고안해보도록 자극했다. 한 예로, 나는 위험과 수익 사이에 존재하는 선형적 관계에 기반을 둔 선택적 대안들을 고안해볼 수 있었다. 선택인들은 선호하는 위험과 수익 사이에서 수익을 얻거나 잃는 상태에 따라서 다양한 대안들을 '최선'으로 여길 것이다. 선택인들 각자가 이 대안들 중 하나를 다른 대안들보다 더 선호한다고 하더라도, 세 가지 대안들은 위험과 수익사이의 거래 상태에 대해 가능한 선호도를 전부 포함하고 있어서, 선택인 각자는 이 세 가지 대안들 중에 하나를 선호할 수밖에 없게 되어 있다. 그렇다면, 나는 세 가지 대안들보다 열등한 네 번째 선택대안을 설계해낼 수 있을 것이었다. 위험과 수익 사이의 거래 관계가 선형적이라면, 어떤 선택인도 이 네 번째 대안을 선택하지 않게 될 터였다. 누군가가 이 네 번째 대안을 선택한다면, 그 선택인은 위험과 수익사이의 선형적 관계를 무시하고 행동했다는 분명한 증거가 될 것이었다.

나는 매 문제마다 그 속에 내가 생각하고 있던 다섯 개의 함수식 중 어느 것과도 부합하지 않는 대안이 들어가 있는, 약 100개에 달하는 문제들을 고안해냈다. 나는 선택인들 세 명에게 선택 문제들을 나누어 주었다. 그런데 선택인들 모두가 빠짐없이 내가 가설로 내세운 다섯 가지 함수식 다섯 개들 중 어느 하나를 배제하는 선택들을 하는 경우가 발생했던 것이다! 연구대상으로 삼았던 사람들이 내 이론에 따라 선택 행위를 하고 있었다면, 그들 모두는 위험과 수익 사이에 가능한 관계들에 대해 내가 설정했던 다섯 개의 가설들을 모두 제외했었다는 의미다. 따라서 나는 강한 추론이 지니는 불리한 점은 그 추론이 여러분이 설정한 가설들 모두가 부적합하다는 결정적인 증거를 제공하고 있을지 모른다는 것임을 인식하게 되었다.

실험 결과에 대해서 실망했지만, 그럼에도 불구하고 나는 Platt가 옳았다고 믿고 있다. 내 자료는 내가 설정한 가설들이 부적절했기 때문에 그 가설들을 배제했던 것이고, 내 연구 결과는 내가 허점투성이인 이론의 틀 안에서 꼼지락대고 있었다는 사실을 확인시켜주었다. 구체적으로, 나는 선택은 결정론적인 것으로, 사람들은 틀림없이 그들이 선호하는 함수들에 따라 가장 높은 가치를 가지고 있는 대안들을 선택한다고 가정했으며, 설정된 다섯 개의 가설들은 가능한 선호 함수들의 범위를 매우 넓게 잡아주고 있었다. 그 뒤로, 선택확률이론에 대해서 읽고 숙고해보면서, 사람들이 가끔은 가장 높은 가치를 가지고 있지 않은 대안들도 선택한다는 것을 인식하게 되었다. 선택 행동은 유사한 대안들 사이를 구별해내는 어려움 때문에, 확률적 성격을 가지게 된다. 두 가지 매우 유사한 대안들 중에서 선택을 해야 하는 사람은 그 중 어느 쪽을 선택하든지 그것을 선택할 가능성은 거의 동일할 것이다(Luce and Galanter 1963).

이 논쟁거리들은 자연과학으로부터 얻은 방법론적 교훈을 사회과학에 적용하는 데 따르게 되는 문제들 중 한 예를 제시해준다. 대안적 가설들을 완벽하게 배제하는 검증방식을 꾸려내는 일은 엄청나게 어렵다는 것 말이다. 인간의 행동은 완전히 결정론적인 것이 아닐뿐더러, 사람들은 종종 실수도 범하는 존재여서, 타당한 일반화 명제들을 위반하는 행동들을 목격하는 일이 가능하다.

* * *

컴퓨터 시뮬레이션 경험을 통해서 '모형이 현실적으로 되어갈수록 그 모형이 대변하고 있는 현실 세계의 과정들처럼 이해하기가 어려워진다.'라는 보니니의 역설이 지닌 타당성을 인정하게 되었다. 인간의 두뇌, 그리고 연구자들이 사용가능한 방법론 둘 다 그 정도가 만만찮은 복잡성에 대응할 수 없다. 사실, (연구자들을 포함하여) 사람들은 네 개 이상의 변수들이 상호작용할 경우에는 결과의 의미를 파악하는 것에 어려움을 느낀다고 한다(Meehl, 1954; Box and Draper, 1969; Goldberg, 1970; Faust, 1984).

보니니의 역설이 나에게 연구자들은 자신의 사고행위를 간단하게 유지해야할 필요성이 있음을 가르쳐주었지만, 규모가 크고 체계적으로 발생한 오차들을 포함하고 있는 자료를 기반으로 해서 논리적으로 만족스러운 이론을 만들어내었던, 겉으로 보기에는 분명히 성공이었던 경험으로부터, 사고에 대한 두 가지 추가적인 교훈을 얻을 수 있었다. 첫째로, 통계분석의 결과로부터 인과과정을 추론하려는 시도에 따르는 위험성을 인식해야 한다는 것이다. 잘해 보았자, 그런 추론은 자료보다 더 나을 것이 없으며, 통계분석이라는 것이 부정확하거나 정당화되지 못할 수도 있는 가정들을 설정하기 때문에, 그러한 추론들이 자료보다 더 나쁠 수도 있는 것이다. 둘째, 누구나 자신의 논리를 믿지 말아야 한다는 것이다. 두뇌는 사물들을 논리적으로 보이게끔 만들어내는 데 탁월한 재주를 가지고 있기 때문에, 논리적 귀납에 의문을 던지면서 자신이 행한 논리적인 추론을 도발해보는 기법들을 개발할 필요가 있다(Starbuck, 1983b).

* * *

동료인 Gerald Gordon과 Sue Marquis는 잘 관리되고 있지만 학술적으로는 그저 그런 곳, 예컨대 의료기관이나 병원, 또는 의과대학에서 일하고 있는 의료사회학자들이 매우 혁신적인 연구들을 대학에 있는 동료들보다 세 배 정도 더 생산하고 있다는 사실을 발견했다. Gordon and Marquis(1966:198-199)의 추론은 다음과 같다.

> 선택의 자유를 허용하는 연구환경이 주어진다면, 많은 과학자들은 위험이 따르는 독창적인 연구보다는 좀 더 안전한 연구 쪽을 선택한다. …
> 연구 결과의 가시성(visibility)은 연구 문제를 찾아내는 일을 돕기도 하지만, 그에 더하여 혁신에 대한 저항을 극복하는 데 있어서도 매우 중요한 요소 중의 하나다. 예를 들어서, 조직의 소유주나 그의 대변인이 조직 목표라는 측면에서 정확하게 프로젝트의 결과를 평가할 수 있는 조직 상황에서는 소유주가 그런 문제들을 해결할 가능성이 높아 보이는 연구자들을 우대할 수 있다. 뿐만 아니라, 그는 문제 해결에 도움을 주는 정도에 따라 그 연구자를 보상할 수도 있다. 그 결과, 그 연구자는 관련성이 적고 쉬운 문제들보다 어렵지만 '관련성이 높은 문제'들에 대한 해결책을 구하는 쪽으로 동기부여가 된다. 연구자는 고난도의 문제에 대한 해결안을 찾는 과정에서 때로는 전통적인 방법과 사고방식을 포기해야만 한다....
> 의과대학이나 병원, 건강기관과 같은 의료기관은 연구의 도움을 받는 국민과 더 가깝게 닿아있기 때문에 결과에 대한 가시성을 대학보다 더 많이 허용한다.

4.3 1970년대

Howard Aldrich(1972)가 경로분석을 사용하여 아스톤 집단이 수집해 놓았던 자료들로부터 인과 모형을 개발해내려고 한 이후에, Gordon Hilton(1972)은 아스톤 자료가 a) 아스톤 집단에 의해서 제시된 이론, b) Aldrich 가 제시한 이론, c) 두 이론의 핵심부분을 결합한 이론 등, 세 가지 대안적 이론과 부합하고 있음을 보여주는 것으로 반응했다. 이 둘 사이의 의견 교환은 통계분석을 이용하여 변수들 사이의 관계를 추정하려는 노력, 특히 인과관계를 추정하려는 노력에 대해서 내 자신이 품고 있었던 의심을 더 키워주었다. 나는 그 밖에도 인과관계와 관련된, 두 번째이면서 더 보편적인 교훈을 발견했다. 모든 인과 화살은 화살촉이 두 개라고 가정해야만 한다는 교훈을 말이다.

한쪽으로만 향하는 인과관계도 물론 있겠지만, 나는 쌍방향 인과관계가 한 방향 인과관계보다 훨씬 더 흔하리라고 추측했다. 한 방향 인과관계를 가지고 있는 것처럼 보이는 많은 현상들은 짧은 동안에만 그런 인과관계를 가진다. 짧은 동안에는 A가 B에게 직접적으로 영향을 미치지만, 결국에는 B가 피드백 경로를 통하여 A에게 영향을 미치게 되는 것이다. 모든 인과 화살표가 두 개의 촉을 가진다고 분명하게 주장함으로써, 내가 그동안 보지 못하고 지나쳤던, 장기간에 걸쳐 발생하는 피드백들을 탐색해보려는 생각을 해볼 수 있을 것이다. 예를 들어, 대학이 성적이 좋은 학생들을 선발하기 때문에, 고등학교 성적이 대학의 합격 결정에 영향을 미친다. 그러나 대학의 합격 결정이 고등학교 성적에도 영향을 미치는 것이다. 고등학교 학생들은 자기가 선호하는 대학으로부터 합격통지를 받기 위해서 좋은 성적을 내려고 공부할 것이고, 고등학교 선생들은 학생들이 대학에 들어가도록 돕고자 좋은 성적에 포상을 하고 있지 않는가 말이다.

* * *

나는 Kopper사의 한 부서를 시뮬레이션하려다 실패한 적이 있는데, 그 실패는 자발적 자료, 즉 연구자가 연구하는 상황에서 찔러대거나 끼어들지 않아도 저절로 얻어지는 자료에 내재되어 있는 잠재적인 문제들에 대해서 경계심을 풀지 말라는 경고를 발했다. Kopper사의 경우, 각 공장들이 보유하고 있던 파일 속 자료들은 그 공장들이 본사에 보낸 자료들에 적힌 수익보다 더 낮은 수익을 내고 있음을 말해주고 있었다. 그로부터 10여년 정도의 세월이 지난 후에, London으로 자리를 옮겨서 조직을 정태적이며 전반적으로 최적인 상태에 놓여있는 것으로 바라보는 아스톤 연구원들의 회의에 옵서버로 참석하면서 자발적 자료에 대해서 또 다른 의심을 품게 되었다. 그들은 변화에 대한 자료를 수집하지 않았고, 그들의 분석틀은 그들이 효과적인 조직 형태를 관찰해오고 있음을 가정하고 있었다. 나는 자발적 자료을 대체할 수 있는 대안들에 대해서 숙고해보기 시작했다. 연구자들은 그들로 하여금 시스템을 변화 가능하거나 변화가 진행 중인 것으로, 혹은 불완전하거나 비효과적인 것으로 바라볼 수 있게 해줄 수 있는 자료를 어디서, 어떻게 구할 수 있을까? 연구자들은 자연적으로 발생하는 사건들을 소극적으로 관찰해야 맞는 것일까? 아니면, 사건이 일어나도록 적극적으로 개입해야 하는 것일까? 내가 본 바에 따르면, 사건이 일어나게끔 만드는 것이 이론을 검증하는 올바른 방식이다. 이 생각은 이론을 검증하기 위해서 연구자들이 결과를 만들어내고자 노력하는 실험실 실험방법을 배경으로 가지고 있는 내 경험을 반영한 것이라는 생각이 든다.

그와 함께, 자료에 의미를 부여하기 위해서 나 스스로를 기만했던 경험이 되살아났다. 인간의 마음은 (적어도 내 마음은) 말 그대로 어떤 자료든지 겉으로 보기에 그럴듯한 설명을 제조해낼 수 있는 것 같다. 그렇다면 어떻게 사람들은 이리저리 휘둘리는 마음으로부터 자신을 지켜낼 수 있을까? 자기기만을 범할 위험은 연구자들에게 과정이 어떻게 진행되었는지를 미리 알려주는 회고적 분석에서 더 높았었나? 회고적 이론들은 눈에 띄는 상투적인 사실들에 부합할 수 있기 때문에, 그들 모두가 꽤 잘 작동하고 있는 것처럼 보인다. 이론들 사이에 존재하는 차이점들을 발굴해내기 위해서는 연구자들이 회고에서 예측으로 자리 옮김을 해야 한다. 물론, 예측도 그릇된 가정에 기반하고 있음에도 불구하고 정확한 예측을 내리는 가능성을 포함, 많은 문제들을 수반하고 있기는 하지만 말이다.

그래서 나는 연구 방법을 구별하는 서로 관련되어 있는 두 개의 차원들을 보게 되었다. 현상을 회고적으로 관찰하는 연구자들은 과거의 사건들에 끼어들지 못하기 때문에 소극적으로 그렇게 할 수밖에 없다. 사건에 적극적으로 끼어들고자 하는 연구자들은 그들의 중재로 인해 초래될 결과에 대한 예측들을 산출해내야 한다(Starbuck, 1976).

과학 분야들은 일관되게 소극적-회고적인 모습으로 시작하는 것으로 보인다. 의사는 환자의 병력을 모으고, 지질학자는 과거의 움직임에 의해 생성된 지구의 움직임과 패턴을 기록하며, 경제학자는 결국 경제사로 귀결되는 주기적인 통계치들을 수집한다. 그런 다음에, 잠정적인 진단, 지구발달에 대한 추정, 거시경제 모형 등과 같이, 그들이 관찰한 것들을 설명해주는 이론을 제시한다. 그러한 소극적-회고적인 치우침이 과학적 분야의 발달 초기에는 유리한 측면이 있다. 그러한 편기성은 눈에 가장 잘 띄고 널리 퍼져있는 현상을 조명한다. 그것은 과학자들의 관찰행위가 초래하는 왜곡현상들을 줄여주며, 그릇된 이론들의 제안으로 초래될 비용을 최소화하고, 그럼으로써 대안적인 가설들을 창출하고 그 가설들에 대해 편파적이지 않은 평가가 용이하게 이루어지도록 한다. 그것은 결함이 있는 이론들을 너무 빨리 기각해버리지 않도록 해주며, 개정, 수정, 교정, 결합, 정교화의 과정을 촉진한다. 그것은 특정한 과학자들과 특정한 관찰들, 개념들, 또는 철학들 사이에 사적인 유대관계들을 줄여준다. 그것은 과학 외적인 보상으로부터 상대적으로 자유로운 속에서 과학적 성취의 기준들이 발달할 수 있도록 허용한다.

그럼에도 불구하고, 어떤 과학적 분야가 충분히 발달해서 초기의 소극적-회고적인 모습으로부터 빠져나와야 한다는 점을 이해할 만큼 되면, 그러한 움직임을 시작하는 것이 중요하다. 한 예를 든다면, 의사가 자신이 내린 진단에 기반해서 처방을 내려야 환자는 그게 무엇이 되었든 혜택이라는 것을 받을 수 있게 되는 것이다. 그러나 과학 분야는 예측을 하고 사건에 개입해 영향을 미침으로써 본질적으로 방법론적인 이점들을 몇 가지를 얻을 수 있다.

먼저, 과학자들은 그릇된 이론을 주조해내는 데 치러야할 비용이 얼마 되지 않는다고 지각하는 한, 그릇된 이론을 제거하려는 동기가 유발되지 않으며, 따라서 좀 더 나은 가설들과 좀 더 나쁜 가설들 사이를 세심하게 살펴서 구별해내고자 하는 생각도 거의 하지 않게 된다. 사회과학자들은 가설들에 내포되어 있던 결함들이 분명하게 그 모습들을 드러낸 후에도, 오랫동안 그 가설들에 매달리는 경향이 있다. 그래서 대안 이론들 사이의 비교들은 모호하고 결정적이지 못한 채로, 그리고 자료의 측정기법은 두루뭉술한 채로 남아 있게 된다. 사회과학자들은 전반적으로 자신의 과학을 신중하게 받아들이지 않는 듯이 행동하고 있다.

두 번째로, 환경으로부터의 자율성(autonomy)이 과학적 발달을 황폐화시킨다. 과학 분과들은 사회 구조와 행동 강령들을 발달시키게 되는데, 그것들이 지닌 근본적인 덕목들에도 불구하고, 혁신과 창의성, 진보 등에 재갈을 물리는 지적인 감옥이 될 수 있다. 나는 Gordon and

Marquis(1966)가 학술적인 면에서 변방인 곳에서 근무하고 있는 연구자들이 대학에 재직하고 있는 연구자들보다 혁신성이 높은 연구들을 세 배 정도 더 생산해낸다고 했던 말을 기억해냈다. 이 말은 메마른 황무지로 향하는 발걸음을 막을 수 있는 한 가지 방도가 과학자들과 국외자들 사이의 상호교류에 있음을 암시했다. 국외자들과의 교류는 연구자들이 생산해낸 결과들이 과학 분과의 전통에 길들여지지 않은 누군가에 의해서 판단된다는 점에서, 연구자들에게 자신들의 방법들을 평가해보라는 압력으로 작용한다. 하지만 국외자들은 과거에 대한 회고적 해석에 그치는 것이 아니라, 현재, 바로 여기에서 쓸모가 있는 결과를 원하는 경향이 있으며, 대개가 미래에 일어날 사건에 대해 유용한 예측을 해주길 원한다.

세 번째로, 자발적인 현상을 극단적으로 강조하다 보면, 거의 모든 사람이 갈색 눈을 가졌다거나, 거의 모든 암석들은 안정적인 형태를 유지한다거나, 거의 모든 가격은 지난주의 가격과 같다는 등, 불필요하고 재미없는 사건들이 지배하는 자료 분포들이 생산된다. 과학자들이 이론들 사이의 비교를 촉진하고, 양적으로 그러한 비교들을 결정적인 것으로 만들어주는 자료를 얻고자 한다면, 그들이 관찰하는 것에 대해서 얼마간 통제력을 획득해야 한다. 아무리 물러나 생각한다고 하더라도, 흥미롭고 뭔가를 드러내는 관측치들을 얻을 가능성이 있는 연구 장소를 선택해낼 수 있어야 하는 것인데, 이는 그들이 관찰하려고 하는 것이 무엇인지를 예상하고 있음을 의미한다. 더군다나, 자신들이 주장하는 이론들이 유효하고 완벽하다는 것을 확실하게 보여주기 위해서는 과거의 사건들을 기반으로 추정을 한 후, 개입해서 예상된 진로에서 벗어나는 사건들을 만들어내야 한다. 후자에 들이는 노력이 과학 분야를 추진력으로 작용해서 과학 분야를 적극적-예상적 형태에 이르도록 한다.

마지막으로, 소극적-회고적 방식은 사람들과 사회시스템을 유연하고 적응적인 존재로 분석하는 데 한계가 있다. 적응적인 시스템은 반응적이기도 하고, 선택적으로 적극적이기도 하다. 적응시스템은 환경의 변화와 환경이 던지는 신호에 반응하는데, 반응패턴이 특징적으로 보여주는 행위목록들을 가지고 있다. 또한 반응시스템은 반응할 수 있는 환경 상황들을 선택하고, 환경이 요구하는 것들에 부응하는 새로운 반응패턴을 배우기도 하며, 자신의 특성들이 자신의 능력과 긴밀히 연계될 수 있도록 환경을 수정하는 일을 수행하기도 한다(Normann, 1971). 연구자들은 그러한 시스템을 효과적으로 분석하기 위해서, 단기간에 운영되는 즉각적으로 프로그램된 반응들, 새로운 반응패턴을 배우는 유연성, 또는 과거 반응들을 보존하는 엄격성, 그리고 장기적으로 적합한 환경을 선택하거나 창조하려는 전략들 등을 구별해내고, 이것들을 하나하나 개별적으로 충분히 이해하기 위해 노력해야 한다.

나는 일찍이 수학한 공학 교육의 영향을 받은 탓에, 연구자들이 여러 가지 다양한 동요(perturbations)들에 대해서 사회시스템이 어떻게 반응하는지를 관찰하면 적응 시스템을 연구할 수 있지 않을까 하는 데에 생각이 미쳤다. 자연적 실험은 외생적 사건들이 사회시스템의 정상적인 균형상태를 휘저어놓을 때 발생한다. 이러한 상황에서 시스템의 적응능력과 반응 능력을 목격할 수 있는데, 이것이 균형상태들이 존재하는 이유를 발견할 가능성을 제공한다. 연구자들이 사회시스템이 직면하고 있는 상황을 통제할 수만 있다면, 상이한 주파수를 가진 규칙적인 파동들을 투입했을 때의 반응뿐만 아니라, 갑작스러운 계단 충격이나 정보

잡음에 대한 반응, 또는 내적, 외적인 정보매체의 중단에 따른 반응 등을 관찰할 수 있을지 모른다. 그러한 동요들이 시스템이 균형상태에 놓여 있을 때에는 나타나지 않는 특성들을 분명하게 드러나게 해줄 것이다. 그러나 그러한 동요가 자발적으로 일어나는 일은 흔하지 않기 때문에, 연구자들은 그런 행운을 잡던지, 아니면 개입해서 발생하는 일들에 대해 얼마간의 통제력을 발휘하는 수밖에 없다. 사람들은 중개된 개입이 초래할 결과에 대해서 그럴듯한 예측들을 요구하기도 하고, 다른 중개 대안들에 대해서도 평가하기 때문에, 중개행위는 연구자들에게 예측을 행하고, 그 예측 가치에 대해서 숙고해보도록 하는 압력으로 작용한다.

* * *

1970년대 초반에 베를린에 머무는 동안, 나는 '…이다.(to be)'라는 동사의 사용을 비판한 논문인가, 아니면 서평인가를 읽었다. 그 논문의 저자는 '…이다.'라는 용법이 지나치게 많이 사용될 뿐만 아니라, 이 동사의 사용은 언어를 정태적인 것으로, 그리고 흥미가 떨어지도록 만든다고 주장했다. '…이다.'라는 용법은 변화를 제거하고 균형을 암시한다. '그 회사는 수익성이 있다.'는 언급은 회사가 발전하는 과정에서 얻을 결과나 사라졌을지도 모르는 속성에 대해서가 아니라, 그 회사의 안정적인 재산상태를 기술하고 있는 것이다. 분명히, 그러한 구절 하나로는 무해하지만, 그러한 구절들을 문장마다 되풀이해서 사용하게 되면, 그 효과가 쌓여간다. 저자들이 '…이다.'라는 동사 대신에 능동동사를 사용하면, 언어는 점점 더 생생해지면서 호소력이 강해진다. '그 회사는 이익을 내고 있다.'라고 표현하면 '그 회사는 수익성이 있다.'라는 표현보다 더 생생하기는 하나, '회사는 이익을 내는 방법을 학습해왔다.'는 문장에서 보는 것처럼 발전적인 경로를 기술하고 있지 않고, 그렇다고 '회사는 금년에 이익을 냈다.'에서 보는 것처럼 불확실성을 내포하고 있지도 않다.

이렇듯 매일 사용하는 언어 속에서 빈번하게 만나게 되는 요소를 집중적으로 들여다보는 것에 매력을 느꼈다. 하나를 예로 든다면 '회사는 새 제품으로부터 이익을 내고 있다.'*에서처럼 '…이다.(to be)'를 조동사로 사용하면 대개의 경우 살아있는 언어표현이 된다. 다른 예로, 형용사가 뒤따라 나오는 '…이다.'에서와 같은 피동사는 일반적으로 죽은 언어가 되는데, 그 반면에 능동사는 언어에 생동감을 불어넣는다. '그 회사는 신제품에 의해서 이익이 이루어졌다.'**라는 표현은 '신제품은 회사에게 이익을 안겨주었다.'***라는 표현에 비해 장황할뿐더러 흥미도 떨어뜨린다. 그에 따라, 나는 Ames의 법칙을 능동사와 피동사의 구분을 첨가해서 다음과 같이 수정했다.

능동사 > 부사 > 형용사 > 명사 > 피동사

능동사는 부사보다 낫고, 부사는 형용사보다 낫고, 형용사는 명사보다 낫고, 명사는 피동사보다 낫다.

나는 내 글쓰기를 좀 더 흥미롭고 읽기 쉽게 만들고자 이 수정된

* 'The company is profiting from its new products.'
** 'The company is made profitable by its new products.'
*** 'New products made the company profitable.'

규칙을 채택했었다. 그렇기 때문에, 이 규칙이 내 사고방식을 바꾸어준다는 사실을 발견하곤 놀라움을 금치 못했다. 나는 더 이상 이론적 명제들이 동일한 의미를 가진다고 해서 만족하지 못했으며, 이미 써놓았던 문장들 때문에 민망해기까지 했다. 능동사를 사용하는 확실한 방법은 행위의 원인을 식별해서 행위자를 문장의 주어로 삼는 것이다. 결과적으로, 나는 지속적으로 인과관계에 주목할 수밖에 없게 되었고, 내가 전에 막연한 채로 남겨두었던 인과과정들을 명확히 할 수밖에 없게 되었다.

그러나, 능동사를 사용하기 위해서 인과 과정을 명백히 할 필요성과 시뮬레이션 모형을 작성하기 위해서 인과 과정을 명백히 할 필요성 사이에는 분명히 유사점이 존재한다. 나는 이 압박이 시뮬레이션 작성자들로 하여금 원래 생각하지 않았던 세세한 부분들을 꾸며내도록 유혹했었음을 이미 인식하고 있었기 때문에, 그와 유사한 실수를 저지르지 않으려고 노력했다.

내가 새롭게 발견한 능동사와 피동사에 대한 인식이 나에게 다른 사람들이 동사를 어떻게 사용하고 있는지를 살펴보도록 충동질했다. 나는 피동사와 명사들이 사회과학자에게 스스로를 피동적인 목격자의 관점에서 보게끔 하고, 다른 사람들을 인간 외적인 힘에 놀아나는 꼭두각시 인형들로 바라보게 하며, 정태적인 이론들을 구축하도록 장려하고 있다는 생각을 했다. 현실을 기술하면서 정태적인 용어를 사용하면, 이는 과학자들에게 정태적인 준거틀을 만들어주어 세계를 정태적인 것으로 바라보게끔 하며, 결과적으로 역동적인 사건들을 지나쳐버리도록 이끌어 간다. 반면에, 능동사와 부사를 사용하면 과학자들은 변화와 반응, 발전적 과정 및 역사적 사건들에 주목하게 되고, 묘하게도 스스로를 실제적, 또는 잠재적인 행위자로 여기게 된다.

* * *

Wolfgang Müller와 나는 독일의 보건부가 새 약물치료의 효과성을 평가하는 데 도움이 될 정보시스템을 설계하는 작업에 도움을 주고자 했다. 이 접촉은 피임약의 부작용을 물색하고 있던 Ulm 지역 의사들에게 통계적 조언을 해주는 강연으로 이어졌다. 그 결과, 우리는 의사들이 질병을 진단하는 중요한 '예측인'라는 사실을 알게 되었다. 이 연구의 자료에 의하면, 부작용과 가장 강력한 상관관계를 가지는 것은 부인과 의사들의 정체성이었다. 어떤 의사들은 관상동맥 문제를 보고했고, 어떤 이들은 호흡기관 문제를 보고했으며, 또 다른 이들은 소화계통 문제 등등을 보고했다. 다시 한 번, 자발적 자료는 기만적인 특성을 보이고 있었다.

이 행위로부터 더욱 의미 깊은 결과를 얻었는데, 그것은 후에 내 삶에서 가장 중요한 교훈들 중 하나가 된 대화였다. 그 대화는 사건에 개입하려는 노력이 일반적으로 사회과학을, 더 구체적으로는 경영관리와 조직이론을 더 튼튼하게 해준다는 내 확신을 강화시켜 주었다 (Starbuck, 1993a). 내가 얘기를 나누었던 의사는 시스템을 바꾸려고 하기 이전에 그 시스템을 이해할 필요가 있다는 평범한 아이디어를 반박했다. 사실, 내가 후에 내 자신의 것으로 받아들였던 그 의사의 견해는 복잡하고 역동적인 시스템을 이해하기 위해서는 그것에 변화를 주고, 그것이 어떻게 반응하는지를 관찰해야 한다는 것을 제안하고 있다.

피임약 프로젝트에 관한 통계적 이슈들에 대해 논의하면서 몇 시간을 보낸 후에, 프로젝트 책임자였던 그 의사는 우리가 하고 있는 연구가 무엇인지를 물었다. 나는 의사들이 진단을 하는 데 도움을 주는 컴퓨터 프로그램을 작성하고자 노력하고 있다고 말했다.

그는 "왜 그런 것을 하려고 하지요?"라고 캐물었다.

나는 의사로부터 이 질문을 받은 데 놀라서, "의료 행위를 개선하고 싶기 때문이지요."라고 대답했다.

그는 이렇게 반박했다. "그렇지만, 더 나은 진단이 의료행위를 개선하는 것은 아닐 겁니다. 왜냐하면 진단이 좋은(good) 의료행위에 중요한 몫을 차지하는 게 아니거든요." 그는 형용사 좋다는 단어를 특히 강조했다.

나는 내가 들은 말을 믿을 수가 없었다. "잠시 만요." 나는 반박했다. "의사들은 진단을 근거로 치료 행위를 하는 것이니까, 좀 더 정확한 진단이 좀 더 나은 치료를 보장하는 것 아닌가요? 컴퓨터는 의사들보다 더 많은 요인들을 고려해 넣을 수 있고, 컴퓨터는 못보고 지나치는 것도 없거든요."

"진단이 처방의 효과성을 결정한다고 가정하는 것은 틀린 생각입니다." 그가 대답했다. "좋은 의사는 진단에 의존하지 않아요."

"하지만 의과대학들은 의사들을 진단하라고 교육하잖아요." 나는 저항했다. "의사들은 증상을 진단으로 바꾸어서, 그 진단에 따라 치료를 행하도록 교육을 받는 것 아닙니까?"

"그건 맞아요. 의과대학에서는 그렇게 가르치지요." 그 의사는 인정했다. "그러나, 의과대학에서 배운 대로 의료 행위를 하는 의사는 좋은 의사가 절대로 될 수 없습니다."

"진단할 수 있는 것보다 증상들이 한데 묶여서 나타나는 증세가

그림 4.1 진단이 치료를 방해하는 이유

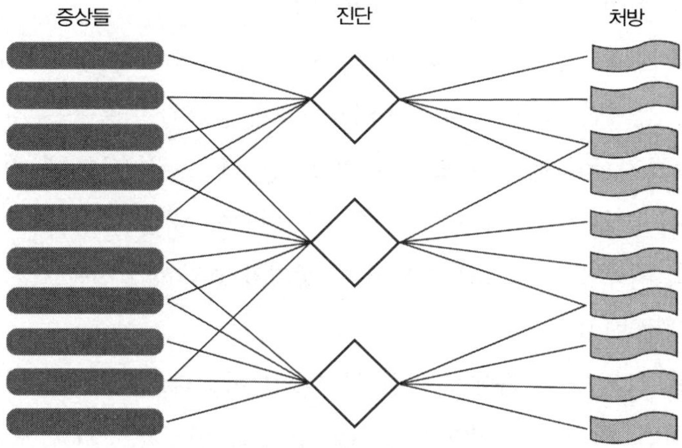

더 많습니다. 따라서 증상을 진단으로 전환하는 것은 정보를 폐기해버리는 꼴이 됩니다. 더군다나, 진단보다 훨씬 더 많은 치료방법이 있기 때문에, 진단에 근거한 치료행위는 무작위적인 오류를 주입하는 셈입니다. 의사들이 진단을 증상과 치료행위 사슬로부터 떼어낸다면 그 둘 사이에 믿을만한 연계를 만들어낼 수 있습니다."

[그림 4.1]은 이 의사가 증상과 진단, 치료 행위 사이에 존재하는 관계를 어떻게 인식하고 있는지를 예시해주고 있다.

"그러나" 의사는 말을 이었다. "증상과 처방 사이의 연계는 효과적인 치료방법을 발견하는 가장 중요한 열쇠가 아닙니다. 좋은 의사들은 환자들이 치료에 어떻게 반응하는지에 주목합니다. 환자가 좋아지면, 현재 취하고 있는 치료방법이 옳은 방향을 향하고 있음을 나타냅니다. 그러나 현재의 치료방식이 잘 먹히지 않거나 수정을 요하는 부작용이 흔하게 나타나지요. 증상–진단–치료 모형은 치료로부터 증상으로 흐르는 피드백 고리를 무시하고 있는데, 이 피드백 고리가 성공적인 치료에 있어서 가장 중요한 것입니다."

"의사들은 진단을 심각하게 받아들이지 않아야 합니다. 왜냐하면 기대가 높으면 그 높은 기대가 의사들에게 중요한 반응들을 계속해서 들여다보지 못하게 할 수도 있기 때문입니다. 물론, 시간이 지나면서, 이어지는 치료와 그 효과들이 증상의 원인에 대한 증거를 제공하게 됩니다. 치료가 끝날 즈음이 되면 이 증거가 효과적인 진단으로 이어질 수 있을 겁니다."

나는 그의 주장 속에서 약한 부분을 찾아냈다고 생각했다. 그래서 "그렇다면, 왜 소위 명의라고 불리는 의사들은 환자가 낫기 전에 진단을 내리는 것인가요?"라고 물었다. "모든 의사들이 신속하게 진단을 내리고, 최고의 명의들조차도 그렇게 하지 않습니까?"

"진단은 환자에게 말해주는 것이라는 점에서 크게 유용한 것입니다. 진단을 얘기한다는 것은 의사가 그들이 지금 무엇을 하고 있는지 알고 있다는 인상을 주는 것이거든요." 의사가 대답했다.

그 때에는 이 생각들이 이치에 닿지 않는 궤변처럼 들렸다. 정상적이지 아닐뿐더러, 내가 작성하고 있었던 컴퓨터 진단 프로그램이 별 것 아니라는 것을 지적하고 있는 것이었으니까. 나는 컴퓨터 프로그램을 개발하기 위한 노력을 계속했지만, 수개월 후에는 다른 생각을 가지게 되었다.

* * *

1972년에, 나는 미국과 소련의 경영학 연구자들이 서로를 소개할 목적으로 조직된 학회에 참석했다. 나는 동베를린을 짧게 여행한 것이외에는 철의 장막 뒤에서 모험을 하는 따위의 일을 한 적이 없었기 때문에, 이 여행은 매혹적이면서 긴장도 주는 그런 것이었다.

베를린에서 돌아왔을 때, 병에 걸렸다. 감기라고 생각했다. 상태가 좀 나아지는가 싶더니 더 나빠졌고 이전 증상이 되돌아왔다. 그리고 그러한 증상이 계속적으로 반복되었다. 매 주기마다 증상이 더 심해져 갔다. 두 달이 흐른 후 어느 날, 거의 숨을 쉴 수가 없어서 네 발로 계단을 기어올라 서재로 향하는 내 자신을 보게 되었다.

나는 이비인후과 전문의에게 내가 건초열을 가지고 있는지 물었다. 그 증상은 아들에게 잠자리 이야기를 읽어줄 때 더 심했다. 내 할아버지들 중 한 분이 천식을 앓았었고, 다른 할아버지는 심한 건초열로 고생하셨다. 아들이 기르고 있던 기니피그 우리 속에 들어있는 지푸라기에 반응하고 있는지도 모르지 않나 싶었던 것이다.

의사는 부비강 수술이 필요하다고 말하면서, 나를 외과수술의에게 인계했다. 수술하고 며칠이 지난 후, 두 달 만에 처음으로 기분이 좋아져서 퇴원을 했다.

그러나 일주일이 지난 후에 호흡 문제가 되돌아 왔다. 외과의는 나를 병원으로 다시 돌려보냈다. 레지던트들이 채취한 표본들을 실험실로 보냈는데, 페니실린으로 치유될 수 있는 박테리아에 감염되었다고 판별해주었다. 대량의 페니실린 투여가 소화 지장을 초래했고, 두 주일 만에 14킬로그램 정도 몸무게가 줄었다. 수년 만에 처음으로 진료카드가 권고하는 몸무게를 가지게 되었던 것이다. 페니실린은 내 감염증을 치유한 것처럼 보였다. 기분이 나아졌고, 의사들은 나에게 퇴원해도 좋다고 했다.

일주일이 지난 후에, 내 호흡 문제가 다시 시작되었다. 두 주일이 지난 후에, 거의 완전하게 호흡이 멈추었다. 위기는 어느 날 저녁에 갑자기 찾아왔다. 아내는 우리집 지하실에 살던 대학생의 도움을 받아서 나를 자동차 속에 우겨넣고 사이렌을 울리면서 가장 가까이 있던 병원으로 미친 듯이 차를 몰았다. 나는 거의 의식을 잃은 상태였으나, 하얀색으로 코팅된 사람들이 내 얼굴에 마스크를 장착하고 내 팔에 주사바늘을 꽂아대던 기억이 나는 것도 같다.

이번에는 의사들이 나를 테트라클린으로 치료하려고 했는데, 그것이 페니실린이 놓친 박테리아와 바이러스를 죽인다는 이유였다. 두 주일이 지난 후에, 건강을 회복해서 집으로 돌아왔다.

그런데, 며칠이 지나자, 다시 거의 완전히 숨을 쉴 수가 없게 되었다. 우리는 최고속으로 응급실로 가는 여행에 올랐고, 하얀 옷들이 나를 들여다보던 이미지를 어렴풋이 떠올릴 수 있다.

그 다음날 정신이 들었을 때, 평상시와 마찬가지로 담배를 피워 물었다. 20년 동안, 하루에 두 갑에서 세 갑 정도의 담배를 피웠다. 그날 아침, 내 담당의사들 중 한 명이 병실에 걸어 들어오다가 내 담배를 손가락으로 가리키면서 엄한 목소리로 선언했다. '바로 그것이 당신을 죽이고 있는 거요!'

나는 그의 말을 믿었다. 나는 담배를 끄고, 그 이후로 담배를 피우지 않았다. 불행하게도, 나를 죽이고 있던 것은 흡연이 아니었다. 나는 그 이후로도 호흡곤란의 위기를 겪었다. 우리는 네 달 동안 응급실로의 여행을 반복하였다.

그러나, 나는 그 반복이 지겹다는 생각은 들지 않았다. 의사들은 가설과 처방이 거의 바닥나고 있었다. 주기는 점점 더 짧아졌고, 병원으로의 여행은 더 잦아졌다.

내 담당의들은 나를 독일에서 가장 유명하다는 알레르기 전문의에게 보냈는데, 나는 그를 타고난 전문가의 원형으로서 마음속에 간직하고 있다. 나는 그에게 아들의 기니피그 우리 속에 들어있는 지푸라기에 대한 내 가설을 말해주었다. 그는 내 양쪽 팔에 몇 가지 혈청들을 주사하고, 그 반응을 살펴본 후에, 내가 아무런 중요한 알레르기도 가지고 있지 않다고 단언했다. 아무 것도 없다는 것이다. 나는 내 오른팔이 두 배 정도 부어올랐음을 지적했다. 그 알레르기 선생은 '그건 전혀 중요한 것이 아니에요! 내가 가진 혈청들을 모두 주사했는데, 뭘 더 기대하는 겁니까?'라고 말했다.

그 이후로, 나는 독일에서는 아무런 알레르기도 가지지 않은 사람이 되었다. 그 궁극적인 권위가 그렇게 얘기했기 때문이었다. 다른 의사들은 알레르기 가능성을 아예 받아들이려고 하지 않았다.

어느 날, 내 담당의 두 명이 내 침대 곁으로 와서 죽음에 대비하는 게 좋으리라고 조언했다. 그들은 내가 무슨 이유로 천식을 앓았는지, 어떻게 그것을 치료할 수 있는지 알지 못한다고 말했다. 이제 더 이상 다른 방도가 없다는 얘기였다. 위기는 틀림없이 또 다시 찾아올 터였다. 그 동안의 경험이 병원만이 나에게 새 생명을 부여해줄 수 있으리라고 속삭여주었다. 그러나 언젠가는 제 시간에 병원에 닿지 않을 수도 있었다. 그러므로 내 삶에서 남아있는 부분을 즐기려고 노력해야 했는데, 그 남아있는 생이란 것이 몇 주일이 될 수도 있었다.

무엇인가가 심각하게 잘못되었다는 증거가 쌓여가는 여덟 달을 지내는 동안, 나는 그들의 말을 믿었고, 그리곤 죽을 준비를 하고 귀가했다. 내 나이 38세였다.

나는 내 남은 생을 무엇을 하고 보낼까 생각해보려고 했으나, 너무

아파서 뭔가 쓸모 있는 작업을 할 수가 없었다. 나는 유언장마저도 작성하지 않았다. 나는 숨쉬기가 너무 힘들어서 거의 침대에 누워서 시간을 보내고 있었다. 나는 다른 것보다도 내 임박한 죽음에 생각을 집중하고 있는 자신을 목격하곤 했다.

내 아내는 며칠 동안 나를 지켜보다가 이렇게 선언했다. '당신이 죽는다고 해도, 집안 침대에 누워서 죽어갈 수는 없는 일이요! 의사 연구실에서 당신에게 무슨 문제가 있는지 알아내려고 노력하면서 죽는 게 나아요.'

나는 아내가 냉정하고 동정심도 없다고 생각했지만, 그녀가 하는 말이 이치에 닿는다고 생각했다.

나는 John Dutton에게 전화를 걸었다. 그의 여동생이 보스턴에 개업하고 있던 유명한 의사에 고용되어 있었다. 그는 조사를 해본 다음에, 미네소타 주에 있는 Mayo의원에 가보라고 했다.

Mayo에 도착했을 때, 내 증상을 사라지고 없었다. 아무 것도 없었단 말이다. 나는 당혹감을 느꼈다. 의사들이 내가 얼마나 아팠었는지 믿지 않을 것이며, 그들이 내가 아팠던 이유를 발견할 수 없을지도 모른다는 생각에 두려웠다.

그러나 그들의 검사가 알레르기를 밝혀내었다. 의료 기사들은 주사한 내용물의 양을 조심스럽게 측정하고, 스톱워치로 진행되는 반응의 시간을 측정하고, 측미계로 반응의 크기를 계측했다. 그런 다음, 통계표를 보면서 내가 보인 반응을 표준편차를 이용해 설명해주었다. 내가 대부분의 털과 깃털에 대해서 보인 반응은 정상치에서 두 표준편차만큼 이탈하고 있었다. 기니피그 털에 대한 반응은 물경 다섯 표준편차만큼이나 떨어져서 진단카드에서도 벗어나 있었다.

의심할 바 없이, 수술, 페니실린, 그리고 테트라싸이클린 등이 기니피그 알레르기 치료에 효과가 없는 처방이었음을 나 스스로가 증명하고 있다고 믿는다. 이 처방들과 그 외 다른 처방들까지 내가 집에 머무르고 있지 않았다는 바로 그 이유로 효과를 보이고 있었던 것이다. 아들은 기니피그를 기르고 있었고, 나는 금정조라는 새를 기르고 있었다. 묵고 있던 호텔이 새 깃털 베개나 털 담요를 가지고 있지 않은 이상, 호텔에 머문다는 것 자체가 효과적인 치료방법이었을 것이다.

* * *

내가 곧 죽을 것이라고 생각하면서 병원 침대에 누워있는 동안, 편집인 한 분이 나를 만나러 왔다. 그는 자신의 회사가 출판할 책 한권을 써줄 수 있는지를 물었다. 나는 그가 병원에 입원해있는 나를 찾아내느라고 들인 노력에 감명을 받았지만, 아파서 정신을 차리지 못하고 있었다. 나는 그의 관심에 감사를 표하면서, 내가 책을 쓴다면 연락하겠노라고 약속했다. 그럴 가능성은 희박했지만 말이다.

내가 죽어간다고 믿으면서 침대에 누워 몇 달을 지내는 동안, 진지하게 상황점검을 하고 싶었다. 나는 이전에 발생했던 사건에 대한 분석과 그것을 이론화하는 작업이 지닌 허점들을 직접적으로 경험한 적이 있었다. 나는 Ulm에서 의사와 나누었던 대화를 곱씹어보았고, 현장에서 벌어지는 다양한 의료 진단의 모습들을 보아왔던 터였다. Ulm시 의사의 견해들이 나에게 점점 더 의미가 있는 것으로 다가왔다.

학술적 연구는 의과대학에서 가르치는 것과 같은 모형을 따라가려고 노력하고 있다. 과학자들은 자료를 이론으로 전환하고 있고, 그 이론들로부터 치료방법을 개발해낼 수 있을 것이라고 약속한다. 자료는 증상에 해당하고, 이론은 진단에 해당하며, 처방은 치료법에 해당한다고 볼 수 있다. 사회시스템은 인간의 육체와 마찬가지로 역동적인 것이며, 복잡한 것이 아니던가? 이론들은 자료 속에 들어있는 정보를 모두 포착하지 않으며, 처방을 개인에 따라 차별적으로 시행하지도 않는다. 과학자들이 자료와 처방 사이에 이론을 끼워 넣지 않는다면, 그것들 사이의 연계를 더 강한 것으로 설정할 수 있을지도 모른다. 사실인즉, 자료라는 것은 처방의 결과물 아닐까? 이론은 처방과 그 뒤에 따라 나오는 자료들 사이의 관계를 관찰함으로써 도출해낼 수 있는 것은 아닐까?

나는 적극적인 개입이 연구자들로 하여금 사람과 시스템 양쪽 모두에 대해서 좀 더 완벽하면서 역동적인 이해력을 얻도록 도울 수 있지 않을까 하는 생각을 했다. 사회과학자들이 이해하려고 노력하는 시스템은 매우 복잡하고 유동적이어서, 자발적 자료와 정태적 분석에 의존하는 전통적인 연구 방법으로 다루기에는 지나치게 복잡하고 유동적일지 모른다. 그러나 우리가 사람과 사회시스템을 이해하기 위해서 그것들을 변경해야만 한다면, 내가 한때 객관적인 '현실'로 여겼던 현상이 부분적으로는 우리의 연구가 만들어낸 산물일 수밖에 없는 것이다. 이것은 연구 대상들을 '개선한다'는 것, 즉 처방을 내리는 것이 무엇을 의미하는 것이 될 것인지에 대한 논점을 제기한다.

나는 병원으로 나를 방문했었던 편집인을 기억하고서, 조직 연구를 위해 처방을 활용하는 아이디어를 발전시킨 책을 써보면 어떨까 하고 생각하기 시작했다. 나는 조직이론가들을 설득해서 기술적인 과학이 아니라 처방적인 과학을 수행하도록 하는 책을 머릿속에 그려보았다. 나는 연구자들이 처방을 내리는 훈련과 그 처방을 실행에 옮기는 경험을 결여하고 있기 때문에(Czarniawska, 2001), 조직이론가들이 실제로 개입활동을 하리라고는 확신할 수 없었다. 그러나 연구자들이 조직을 '좀 더 나은' 것으로 만드는 방법에 대한 의견은 제공해줄 수 있을 터였다.

나는 병원으로 나를 방문했던 편집인에게 편지를 썼다. 그는 매우 관심이 있다는 대답을 보내왔다. 내게 대충 윤곽을 잡아 알려줄 수 있는지를 물어왔다. 대체적으로 책은 80개의 장으로 구성되는데, 그건 성경보다도 더 많은 단어들을 싣고 있는 책이 될 것임을 의미했다. 그것을 쓰는 데에만 몇 년이 걸릴 판이었다. 그리고 분명히 말하건대, 내가 앞으로 몇 년이나 살지에 대해서 예상할 수 없었다. 거기다가, 나는 선언문을 발표하자는 것이 아니라, 연구 관행에 실질적인 변화를 주고 싶었다. 나는 집필 동료들을, 그것도 많은 사람들을 전략적으로 선택해서 그들의 이름을 죽 나열하는 방식이 변화를 조성하는 데 더 도움이 되리라 생각했다. 그래서 나는 80명이 참여하는 책을 제안했던 것이고, 그것이 책 이름이 *Handbook of Organizational Design*(Nystrom, and Starbuck, 1981)이 된 연유다. Nystrom과 나는 이 책의 편집인으로 일하면서, 많은 학계의 저자들이 '더 나은' 것에 대해서 생각해보는 것 자체를 매우 어려워하고 있음을 발견할 수 있었다.

* * *

1974년에 미국으로 돌아가기 바로 전에, 멕시코에서 개최된 학회에 참여했는데, 그 학회와 연계하여 제공된 여행상품을 이용하기로 하였다. 멕시코로 떠나기 전에 여행자들에게 수돗물을 직접 마시지 말라고 권고하는 여행 안내서를 읽었다. 그래서 두 주일 동안 호텔 객실이 제공하고 있는 병 속에 든 물만을 마실 수 있도록 조심했다.

유카탄주 메리다시에 머물 때였다. 매우 더운 날 한 밤중이었는데, 병속에 든 물을 다 마셔버리고 말았다. 나는 빈 병을 들고 호텔 데스크로 내려가서 물을 더 얻을 수 있는지 물어보았다.

"이 일 끝내고 바로 도와드리겠습니다만, 괜찮으시다면, 선생님께서 직접 받으셔도 됩니다." 그가 대답했다.

"내가 물을 직접 받아도 상관없어요. 어디서 받으면 되지요?" 내가 대답했다.

"저기 있는 수도에 병을 대고 받으시면 됩니다." 그가 말했다.

"그렇다면, 이 병속에 들어있던 물이 바로 저 수돗물이었다는 말이요? 도대체 그럼 왜 물을 병속에 넣었던 거요?"

"여행객들은 병 속에 든 물이 아니면 마시지 않더라고요." 그가 설명했다.

아이디어를 받아들이느냐, 아니냐는 그 아이디어를 어떤 틀에서 바라보느냐에 따라 좌우되는 것이다.

* * *

Bo Hedberg, Paul Nystrom과 함께 한 연구는 팀워크가 사람의 사고행위를 어떻게 바꿀 수 있는지를 제대로 보여주었다. 우리들 사이의 협동은 논쟁으로부터 시작되었다. Hedberg는 왜 어떤 산업들이 정체에 빠지고, 회사들로 하여금 업계를 떠나게 만드는지, 그 이유를 발견하고 싶어 한 반면에, 나는 영리한 경영자들이 왜 회사를 정체를 겪고 있는 산업에 계속 머무르게 놔두는지, 그 이유를 알고 싶었다. 나는 산업의 정체를 개별 회사들의 경영자들이 직면하는 문제로 지각했지만, Hedberg는 산업의 정체를 정부 정책이 풀어야할 문제로 지각했다.

결국 우리들은 우리 둘 다 부분적으로 옳았다는 결론에 도달하면서 의견의 불일치를 해소할 수 있었다. 우리들은 점점 정체가 진행 중인 환경에 대해서 의견을 나누지 않게 되었고, 대신에 위기에 직면하고 있는 조직에 대해서 더 많은 의견을 나누게 되었다. 위기는 Hedberg가 처음에 생각했던 것과는 달리 부분적으로 조직의 환경으로부터 야기된다. 환경의 변화는 시장과 제품 및 기술을 낡은 것으로 만들기도 하지만, 환경은 조직이 환경의 변화에 적응하는 것을 어렵게 하는 조직화 방식에 관한 처방을 제공하기도 한다. 위기는 부분적으로 조직의 특성으로부터 초래되기도 하지만, 내가 처음에 생각했던 것과는 어느 정도 다르게 그렇다. 조직은 실수를 저지르지만, 자신의 환경을 안정화시키려고 노력하기도 하고, 자신이 기대했던 것으로부터 벗어난 환경 사건들에 대해서 눈을 감아버리기도 한다. 우리들이 발견한 가장 중요한 연구결과는 우리 둘 다 처음에 상상했던 것과는 다른 하나의 아이디어였으며, 그 아이디어란 심각한 위기는 위대한 성공으로 이끌었던 과정들과 완전히 동일한 과정으로부터 초래된다는 것이다(Starbuck, Greve, and Hedberg, 1978; Starbuck, 1979).

Hegel은 아마도 우리를 자랑스럽게 여길 것이다. 우리들의 합동 연구는 처음에는 완전히 서로 다른 두 견해가 후에 전보다 폭넓게 통합된 이해로 종합될 수 있음을 보여주었기 때문이다. 우리의 마음은 그저 너무 조급해서 상황의 한 부분만을 보고, 불완전한 해석을 쫓아다니는 데 매달린다. 우리는 우리를 가두어 놓고 있는 좁은 사고방식을 깨고 나와 다른 대안들을 생각해볼 필요가 있다. 협동하는 사람들 사이의 논쟁은 연구자들로 하여금 개념을 분명히 하도록 도와줄 수 있으며, 변증법적 논리는 연구자들이 합리성으로 쌓아올린 정신적 감옥을 깨고 밖으로 나올 수 있도록 도울 수 있다. 협동적인 연구는 논쟁거리들을 갈등이라는 틀 속에 집어넣고 협력자들에게 상황을 좀 더 전체적인 틀에서 바라볼 때 그 갈등들이 점차적으로 해소될 수 있음을 발견하도록 독려함으로써, 변증법적 추론이 자라는 토양을 제공한다.

* * *

연구자들은 간혹 서로 다른 분석단위들을 대상으로 계산된 상관관계들 사이의 차이들을 유의미한 식견으로 기술하곤 한다. Hatten and Schendel(1977)이 행한 연구와 Schendel and Patton(1978)이 행한 연구가 이 이슈와 관련하여 내 관심을 끌었다. Hatten and Schendel(1977)은 미국 주류회사들에 대한 통계적 자료들을 분석해서 회사들이 서로 다르다는 결론을 내렸다. 그들은 회사들이 '전략적 집단'을 형성해야 한다고 제안했다. 그 뒤를 이어, Schendel and Patton(1978)은 주류회사들을 소규모 지역회사, 대규모 지역회사, 그리고 전국적 회사 등, 세 종류로 나누고 각 종류별로 회귀계수를 계산해 보았다. [그림 4.2] 그래프는 그 연구의 기본 결과를 보여준다. 그들(1978:1616)은 '산업 수준에서는 시장 점유율이 이익률에 유의미한 긍정적 효과를 가지는 것으로 밝혀졌다. 하부집단에서는 하나같이 그 관계가 부정적인 것으로 나타났다.'고 지적했다. 10년 후에, Cool and Schendel(1988)은 개별 회사는 같은 전략집단에 속한 다른 회사들과 다를 수 있으며, 사실인즉, 이 관계들은

그림 4.2 미국 주류회사의 이익률 대 시장 점유율

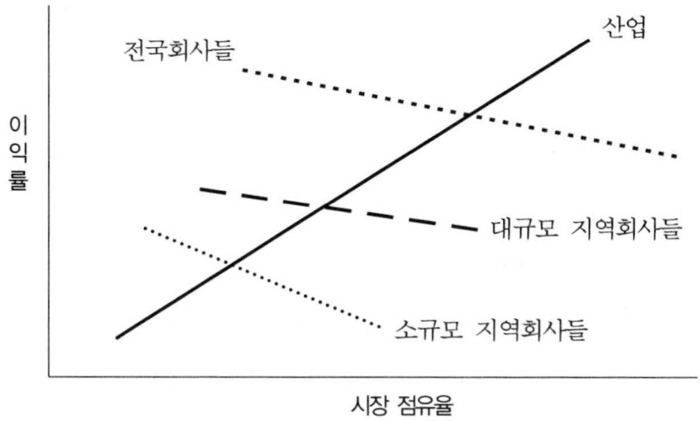

시간이 흐름에 따라 변할 수도 있어서, 산업 수준의 그래프나 집단 수준의 그래프 그 어느 쪽도 개별회사들과 관련된 진술을 하지 못한다는 현상을 목격했다.

* * *

1970년대 말인가, 아니면 1980년대 초 즈음의 언젠가, 나는 예상이 결과에 영향을 미치는 피그말리온 효과를 접하게 되었다. 예상은 자기충족적인 것이 되던지, 아니면 자기부정적인 것이 되던지 한다. 이 효과는 회고적 연구의 유용성을 더욱 약화시킨다. 과거를 설명하는 것이 우리에게 확신감을 심어주고 우리에게 안락감도 제공하지만, 미래에 영향을 미치고자 할 때에는 거의 도움을 주지 못한다. 피그말리온 효과는 우리들이 이해하고자 원하는 것이 어떤 현실인지에 대한 이슈, 즉 우리가 자료를 수집했을 때 존재하고 있던 현실인지, 또는 우리들이 영향을 미치려고 시도한 후에 존재하게 될지도 모르는 현실인지의 논쟁거리를 가지고 우리 앞을 가로 막는다.

4.4 1980년 대

1980년 즈음에, Alan Meyer가 삼각 측량법을 소개해주었는데, 그것은 한 상황을 조사하면서 한 가지 이상의 방법론을 사용하는 것을 의미한다(Denzen 1978; Jick, 1979). Meyer는 병원에 대한 연구를 막 마치고 분석 결과를 쓰고 있었는데, 마침 그때 그 지역의 의사들이 의사들에 대한 의료보험료를 크게 올린 것에 항의하는 차원에서 파업에 들어갔다(Meyer, 1982a, 1982b). 그는 다시 병원으로 돌아가서 그 병원들이 의사들의 파업에 어떻게 반응하는지를 지켜보기로 결심했다. 그는 그 병원들에 대해서 연구해왔었기 때문에, 그 병원들의 반응을 예상할 수 있을 것으로 생각했고, 따라서 그 병원들이 자신이 기대했던 것과 달리 행동하는 것을 보고 매우 놀랐다. 어떤 교수가 Meyer에게 설문지에 의존하지 말라고 조언했는데, 사람들이 현재 어떻게 할 것인지 갈피를 잡지 못하고 있는 바로 그때, 그들에게 반응 행위에 대해서 기술하라고 요구하는 것이 되어버린다는 이유에서였다. 대신에 그에게 스스로 병원 속으로 뛰어 들어가서 행동을 관찰하여야 한다고 조언했다. 그 결과, Meyer는 회계자료, 설문지, 면접, 개인적인 관찰 등을 포함하여 여러 종류의 자료를 얻을 수 있었고, 결과를 얻기 위해서 이 다양한 관점들을 통합하여야만 했다. 그의 분석은 폭넓게 인용되었고, 어떤 이들로부터는 존경의 대상이 되기도 했다. 그는 다양한 자료들을 통합했고, 계량적 자료와 질적 자료가 서로에게 어떻게 보완적인 것이 될 수 있는지를 보여주었다.

특히, 그는 19개 병원을 대상으로 횡단적으로 계산된 상관관계들이 그가 사례연구들에서 관찰한 것과 일치하고 있음도 보여주었다.

* * *

Karl Weick가 또 한 번 내 삶 속으로 걸어 들어와서 '그것, 재미있는데!(That's interesting!)'이라는 제목이 달린 Murray Davis의 논문을 읽어보라고 권했다. Davis(1971:309)는 다음과 같이 주장했다.

> 이론가는 그의 이론들이 진리이기 때문에 위대한 인물로 여겨지고 있다는 생각이 오래 동안 이어져 왔지만, 그건 틀린 말이다. 이론가는 그의 이론이 진실해서가 아니라, 흥미롭기 때문에 위대하게 여겨지는 것이다. 보잘 것 없는 이론들을 세심하고 철저하게 증명하는 사람은 얼마 가지 않아 잊히는 반면에, 흥미로운 이론을 대충대충 편의적으로 증명한 사람은 오래 기억된다. 사실, 이론의 진실성은 그것이 미치는 영향력과는 거의 관계가 없다. 왜냐하면, 어떤 이론이 그 진실성에 상처를 입거나, 더 나아가 거부를 당하더라도 그 이론이 흥미롭다는 사실은 계속해서 남아있을 수 있기 때문이다.

그는 계속해서 흥미로운 이론을 특징짓는 열두 가지 패턴을 제안했다. 이 패턴 모두는 처음에 명제를 제시한 다음 그것을 반박하는 특성을 보인다. 예를 들어, '독립변수처럼 보이지만 실제로는 결과변수다.'라던가. '반대적인 현상으로 보이는 데, 실제로는 거의 동일한 현상이다.'라거나, '서로 관련성이 없어 보이는 현상이 실제로는 상호의존적인 현상이다.'라는 형태를 띠고 있는 것이다.

Davis의 논문은 독자들에게 자신의 아이디어를 팔아야 하는 행위가 가지는 중요성을 일깨워주었다. 나는 성공적인 글쓰기는 선명한 설명의 문제뿐만 아니라. 독자들이 흥미롭게 느끼거나 매력적인 것으로 느끼는 방식으로 자신의 아이디어를 개진하는 행위도 포함되어야 한다고 생각한다. 또한 Davis의 논문은 자신의 아이디어가 폭넓은 영향력을 가지기를 원하는 저자들이라면, 자신의 아이디어에 대해 사적인 소유권을 부정하고 독자들에게 그것을 소유하도록 함으로써 자신의 아이디어임을 포기해야 한다는 사실을 나에게 들려주었다. '내 이론', 또는 '내 가설'에 대해서 말하는 저자들은 저자가 그것들을 소유하고 있기 때문에, 독자들은 그 이론이나 가설을 받아들이는 데 어려움을 느끼게 된다.

* * *

1970년대 중반에서 1980년대 중반까지, 나와 Nystrom은 경영자 MBA 과정 학생들에게 '고급 조직설계(Advanced Organization Design)'라고 이름을 붙인 과목을 가르쳤다. 과목명은 그 과목이 실제로는 현실의 조직문제를 해결하는 데 초점을 맞추고 있다는 점에서 얼마간 오해의 소지가 있는 것이었다. 경영자 MBA 학생들은 혼자 또는 소집단으로, 문제를 식별해내고 변화 노력을 설계해서, 그 노력을 시도해본 다음에, 그 결과를 모니터해서 무슨 일이 벌어졌는지를 분석한 다음, 새로운 변화노력을 재설계하는 작업들을 수행했다. 다루는 문제들은 다루기 까다로운 부하직원에 대처하는 것에서부터 부서 하나를 재구성하는 것에 이르기까지 다양했다. 10여년이 넘는 세월을 150명이 노력하는 것을 지켜보았기 때문에 나는 어떤 학생들보다도 더 많은 것을 배우기도 했지만, 그 경험 자체를 매우 즐기기도 했다.

'고급 조직설계'의 얼개는 Ulm에서 조우했던 의사의 아이디어를 반영했다. 비록 학생들은 조치를 취하기 전에 문제가 있는 상황을 분석할 필요가 있었지만, 나는 그 과정을 수강하는 동안, 그들이 취한 조치에 대한 반응을 모니터할 시간을 가질 수 있도록 하기 위해 그들이 취할 조치를 신속하게 결정하고 실천에 옮기도록 촉구했다. 내가 세운 전제는 그들이 취한 조치에 대한 반응이 문제가 발생한 원인을 더 잘 드러낼 수 있을지 모른다는 것이었다. 비록 수강 기간 3개월 동안 학생들이 그 문제들을 실제로 해결하지 못하는 경우도 종종 발생했지만, 그 과목의 수강이 끝났을 때에는 전반적으로 문제들을 더 훨씬 잘 이해할 수 있게 변해 있었다.

'고급 조직설계'는 Watzlawick, Weakland, and Fisch(1974)가 저술한 멋들어진 책에 크게 의존했다. 그들은 '간단한 심리요법'으로 정신의학적인 문제들을 다루는 센터를 설립했으며, 단지 몇 시간의 요법만으로 문제를 해결하는, 믿을 수 없는 성공을 거두었었다. 그들이 내세운 전제는 문제는 지각 속에 뿌리를 내리고 있다는 것이었다. 사람들은 상황에 문제가 있다고 지각하기 때문에 문제가 존재하는 것이고, 지각이 그렇게 만들기 때문에 해결될 수 없는 문제가 되는 것이다. 모든 지각들은 사람들로 하여금 어떤 종류의 문제들을 해결하지 못하도록 하기도 하고, 행동들을 자기강화 순환고리로 묶어놓는 맹점을 가지고 있다. 많은 경우에, 이러한 순환고리들은 문제가 존재함으로써 누군가가 이득을 보기 때문에 발생한다. 그 외에, 맹점이 문제를 해결하지 못하는 것으로 만들어버리기 때문에 그 문제가 유지되기도 한다. 따라서 Watzlawick, Weakland, and Fisch(1974)는 사람들이 상황들을 다르게 볼 수 있도록 그 상황들을 재조명하는 다양한 전략들을 제안했다.

재조명 행위는 사람들로 하여금 그들이 전에는 문제로 여겼던 상황을 문제가 아닌 것으로 만들어주거나, 전에는 인식하지 못하던 이점을 가지고 있는 것으로 바라보게끔 해주기도 하고, 사람들로 하여금 극복할 수 없는 장애를 극복해낼 수 있는 것으로 바라보게 해줄 수도 있다. 문제란 논리적인 문제해결이 그것을 해결하는 데 부적합했기 때문에 애초에 존재했던 것이며, 그에 대한 효과적인 해결책들 중 하나는 종종 문제를 해결 불가능한 것으로 만들어버리는 인지틀 속에서 비논리적인 것처럼 보이는 행위를 수행해보는 것이다. 다른 말로, 문제가 해결불가능한 것으로 보인다는 사실 자체가 그것을 어떻게 해결할 것인가 대한 유용한 의견을 제공할 수 있다는 말이다.

* * *

나는 미래예측을 가르치면서도 많은 것들을 배웠다. 현실에서 운영되어오고 있는 것이 이론이 마땅히 잘 작동할 것이라고 주장하는 것과는 사뭇 다른 현상이 흔히 벌어지듯이, 미래예측 연구는 연구자들을 놀라게 하는 결과들을 반복해서 산출해내고 있다. 나는 미래예측 기법에 대한 연구들로부터 중요한 일반추론 두 개를 도출해내었다. 첫 번째, 현재와 가까운 미래에 대해 도움이 되는 진술을 하고자 하는 연구자들은 과거에 어떤 일이 벌어졌는지에 대해 설명하는 것을 가급적 피해야만 한다. 두 번째, 간단한 이론이 복잡한 이론보다 더 견고하며, 간단한 방법론이 복잡한 방법론보다 더 탄탄한 결과를 도출해낸다.

사회과학 연구의 대부분은 역사 연구로 분류될 수 있다. 모든 실증자료는 과거의 사건들을 기술하고 있고, 자료의 분석은 이 지나간 과거의 사건들에 대해서 논의하고 있을 뿐이다. 연구자들은 그들이 수행한 분석을 통해서 미래를 추정하고자 하거나, 심지어 현재를 추정하려고 시도하는 법이 거의 없다. 사실, 연구자들이 최근에 어떤 변화가 일어나고 있었는지를 평가하려는 노력을 전혀 기울이지 않는 경우도 흔히 발생한다. 이론의 적합성에 대한 검증은 과거의 자료에 전적으로 의존하기 때문에, 그 이론들은 미래에 관한 기술로서, 어쩌면 현재에 관한 기술로서도 심각한 결함을 내포하고 있기가 쉽다.

횡단적 연구들조차 변화가 진행 중인 시계열에서 얻는 스냅사진이기 때문에, 과거에 대한 자료를 현재와 미래 사건들과 연결하는 행위는 의미상 시계열분석이라는 형태를 띠게 된다. 사회와 경제 관련 시계열 대부분은 높은 자동상관관계를 가지고 있는데, 이러한 자동상관관계는 계열에 대해서 유용하게 말해줄 수 있는 것들의 범위를 제한한다. 사실, 사회 및 경제적 시계열 대부분은 다음과 같은 모형에 부합한다.

$$S(t) = \text{상수}^{*} S(t-1) + \text{상수} + \text{ 임의적인 변화}$$

즉, 계열의 새로운 가치들은 각자가 세 가지 요소로 구성된다. 즉, a) 관성적으로 계열을 자신에게 의존하도록 만드는, 바로 앞에 나온 값의 부분, b) 각 주기마다 동일하면서 장기적으로 선형적 추세를 만들어내는 변화, c) 완전히 임의적인 변화가 그것이다. 전 주기로부터 관성적으로 넘어온 부분은 다음 주기에 임의적인 변화를 야기하고 그것은 계속해서 뒤따르는 주기들에서 지속적인 반향을 불러일으키게 된다. 결과적으로, 임의적으로 발생한 작은 변화들은 당장의 효과만을 가지는 것에 그치지 않고, 미래에 발생할 사건의 토대를 변화시키게 된다. 예를 들어서, 지진은 그것이 발생한 기간의 수익과 자본 비용에만 영향을 미치는 것으로 그치지 않는다. 한 기간에 수행된 경제 행위들이 그 후의 기간에서 수행되는 경제행위들에 영향을 미치기 때문에, 지진의 효과는 여러 기간에 걸쳐 영향을 미치게 되는 것이다.

광범위하게 스며들어 있는 높은 자동상관관계 때문에, 미래예측학자들은 한 계열의 과거 값들만을 고려하면서 계열들 사이의 상호작용을 무시하는 선형함수들을 가지고 정확한 단기 예측을 생성해내는 것이 가능해진다. 장기적인 선형추세를 가정하고 있는 미래예측은 최근에 발생한 관측치를 한 개나 두 개 정도 감안해 넣는다면 상당히 정확해질 가능성이 크고, 장기적인 추세를 무시한 미래예측은 최근에 발생한 관측치 여러 개를 고려에 넣는다면 정확도가 상당히 높아질 가능성이 크다. Dawes and Corrigan(1974)는 선형함수는 각각의 독립변수들에 따라 일정하게 변하는 함수들을 모두 근사치로 처리하기 때문에, 변수들 사이에 선형관계가 있다고 가정하는 것이 대개의 경우에 유용하다고 했다. 단조함수들(monotonic functions)은 변수들이 크기가 큰 측정 오류를 포함하고 있을 때 그 오류들은 흩뿌려져서 곡률(curvature)을 흐리게 하고 모든 변수들을 더 유사한 것들로 만들기 때문에, 더욱 선형적으로 되는 경향을 보인다. 결과적으로, 복잡한 미래예측 방법이 단순 선형함수보다 더 정확한 예측을 산출해내기 위해서는 정말이지 꽤나 효과적인 것이어야만 할 것이다.

나에게는 앞서 말한 관찰이 두 가지 의미를 가진다. 첫 째, 연구자들은 자료를 수정해서 선형적 추세가 되게끔 만들어야 한다. [그림 4.3]은 고도로 양식화된 모형으로, 내가 말하려는 점을 예시해주고 있다. 연구자들은 종종 추세를 무시하고 단 한 시점에서만 관찰을 수행한다. 그

그림 4.3 관찰된 자료가 현재와 미래를 왜곡하는 방식

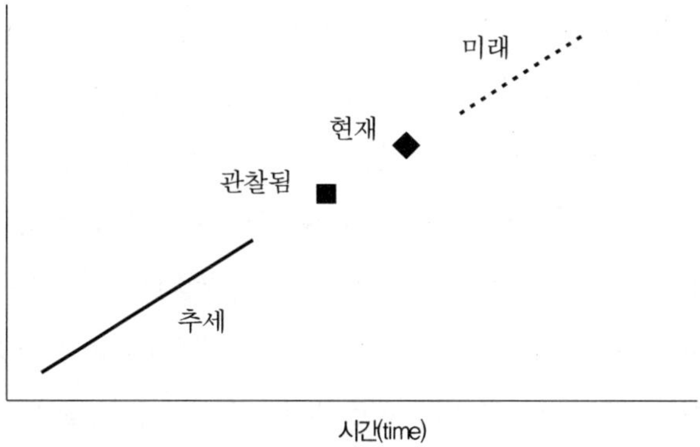

결과, 연구는 분석이 끝났을 즈음에는 벌써 낡은 것이 되어버리고, 연구 결과는 미래 상황을 심각하게 왜곡하게 될지도 모른다. 많은 시계열들이 단기적으로는 선형적으로 변하기 때문에, 연구자들은 자신의 분석을 활용하여 현재나 가까운 미래라면 용이하게 추정할 수 있을 것이다.

둘째, 연구자들은 이론들을 단순한 대안들과 비교해봄으로써 그 이론들을 검토해봐야 한다. 귀무가설과의 비교는 미래예측 방법을 검증하는 데 있어서 거의 의미를 찾기 힘들기 때문에, 미래예측 연구자들은 전형적으로 미래예측 방법을 '단순(naive) 미래예측'과 비교한다. 예를 들어, 단순한 사람이라면 시계열에 대해서 두 개의 가설들 중 하나를 선택할 것이다. 단순한 가설 하나는 변화가 없는 가설로서, 다음 값은 현재의 값과 동일할 것이라고 말하는 가설이다. 이 가설은 계열을 생성하는 인과과정에 대해서 아무런 특별한 주장도 하지 않는다. 단지 대부분의 인과과정은 관성적이라는 생각을 표현하고 있을 뿐이다. 내일 발생하는 것은 오늘 발생하고 있는 것과 닮아있으리라는 것이다. 두

번째 단순한 가설은 선형추세 가설로서, 어제 관찰된 추세가 내일까지 계속되리라고 언급하는 가설이다. 다음 값은 현재의 값과 현재의 값이 이전의 값과 다른 만큼 차이가 날 것이다. 이 가설은 대부분의 인과과정이 정지했을 때와 추세 상에 있을 때 모두 관성의 법칙을 따른다는 것을 표현한다. 이 두 가지 단순가설들은 그 어느 쪽도 무엇인가 심오한 그 어떤 것을 말해주지 않는다. 어느 쪽이든 계열을 생성하는 인과과정을 전혀 이해하지 못하는 아이의 머리로부터 생각해낼 수 있는 것이다. 그러므로 복잡한 미래예측 기법으로부터, 또는 소위 심오한 이론으로부터 더 정확한 예측치를 원하는 요구가 있으리라는 것은 당연하겠다.

Elliot(1973), Brodie and Kluyver(1987) 등은 단순, 소박한 모형과 엇비슷한 정확도를 보이는 복잡한 미래예측 모형들을 발견하였다. 그러나 이 연구자들은 매우 단기적인 미래예측만을 검사했다. 이론상, 장기적인 미래예측에서는 복잡한 방법이 정확도에서 큰 차이를 보이면서 더 큰 이점들을 보이는 게 당연할 터이다. Makridakis와 동료들은 사업과 관련 있는 1,001개의 시계열로 미래예측을 수행하는 과정에서 스물한 개에서 스물네 개에 걸친 방법들을 비교했다(Makridakis and Hibon 1979; Makridakis et al., 1982). 그들은 열여덟 주기에 해당하는 기간에 해당하는 미래예측을 산출해냈는데, 단순 방법과 복잡한 방법 사이의 정확도 차이가 미미하다는 사실도 함께 발견했다. 일반통념과는 모순되게, 그들은 미래예측 기간이 길어질수록 간단하고 단순한 미래예측이 다른 방법들보다 나을 가능성이 더 높아진다는 사실도 발견했다(Maridakis et al., 1982; 표 6과 7).

복잡한 미래예측 방법은 자료로부터 지나치게 많은 정보를 빼내려 한다. 가장 정확도가 낮은 방법은 대체적으로 변곡점이나 방향의 재설정과 같이 장기적인 추세에서 갑작스럽게 나타나는 변화들을 포착하려고 한다. 추세의 갑작스러운 변화에 신속하게 반응하는 방법은 그게 어떤 것이 되었든 임의적으로 발생하는 사건들에도 강력하게 반응한다. Makridakis and Hobon(1979)은 변곡점을 빈번하게 잡아내는 방법은 큰 오류들도 자주 저지른다는 점에 주목했다.

누군가가 이론이 현재와 가까운 미래에 도움이 되는지를 물어보기 시작할 때가 되면, 왜 복잡한 이론과 우아한 분석기법이 실제적으로는 잘못된 길로 인도하고 있는지 그 이유도 찾아보기 시작한다. Makridakis and Winkler(1983)은 다섯 개 또는 여섯 개의 방법으로 산출한 미래예측들의 평균이 그 방법들 중 그 어느 것보다 더 정확한 경우가 빈번하게 목격된다는 사실을 발견했다(Winkler and Makridakis, 1983; Winkler, 1884). 미래예측을 평균하면 미래예측 오류의 분산도 줄어들기 때문에, 큰 오류가 나타날 가능성이 줄어든다. 다른 많은 연구들이 다양한 종류의 미래예측들을 평균해서 얻는 이점들을 보여주고 있다(Armstrong, 1985; 183-5: Clemen, 1989). 그러나 Makridakis는 그런 연구결과들은 '최선의 모형이란 존재하지 않는다'는 것을 의미하는 것이기 때문에, 일부 미래예측 전문가들이 그 연구결과들을 받아들이는 데 어려움을 겪고 있다고 보고했다. 한 열등한 모형으로 생각되는 것으로부터 얻은 미래예측치를 한 '최선의' 모형으로부터 얻은 미래예측치와 평균하면 항상 개선된 미래예측을 얻는다고 가정해보자. 그렇다면, 그 '최선의' 모형이 그 열등한 모형보다 더 낫지 않음은 분명한 사실이다. 모형들의 정확도에서 보이는 분명한 차이는 당연히 임의적인 오차를 대변하고 있을 것이고, 유효한 정보는 두 모형들에 의해 공유된 요소들에 제한되어 있음에 틀림없다, 분명히, 미래예측 방법은 잡음을 정보로 오인하는 경향을 가지고 있어서, 여러 미래예측을 평균하는 것이 이러한 편차들을 줄여주는 것이 된다. 임의적으로 발생하는 잡음들을 다른 방식으로 처리하는 예측 방법들은 각자가 제멋대로 오차들을 만들어내는데, 그렇게 해서 얻은 미래예측치들을 평균하는 과정이 그렇듯 서로 다른 오차들끼리 서로 치고받게 만드는 것이다.

일반법칙 하나가 작용하고 있는 것처럼 보인다. 현재와 미래에 대하여 진술하기 위해 좀 더 복잡하고, 세련되고, 또는 우아한 기법들이 간단하고 거칠고, 단순한 것들보다 정확도에서 더 좋은 결과를 내놓지 못한다. 복잡한 인과분석은 단순한 추정보다 더 정확한 경우가 별로 없다. 명백히, 복잡한 분석방법과 복잡한 미래예측 기법은 자료로부터 지나치게 많은 정보를 빼내려고 하는 것이다. 방법론적 이론들은 보다 복잡한 방법이 자료를 더 완벽하게 활용한다고 주장할지 모르지만, 복잡한 방법은 잡음을 정보로 오인하는 경향이 있다. 단순한 방법이든 복잡한 방법이든 상관없이 여러 가지 방법을 적용하고 거기서 얻을 결과를 평균하는 것이 대체적으로 쓸모가 있다.

* * *

미래예측의 교훈을 발견하고서, 나는 왜 인간의 합리적 행위나 인과과정에 대한 매우 간단하고 단순한 가설이 복잡하게 얽혀있는 가설들보다 더 현실적일 수밖에 없는지 그 이유들을 많이 찾아볼 수 있게 되었다. 사람들이 많은 시간과 노력을 지적인 행위들을 개발하는 데 쏟아 붇고 있지만, 그런 조치들이 기대했던 이득을 생산해내지 못하는 일이 매우 흔하게 발생한다. 특히, 인간은 흔히들 환상에 불과한 기회를 추구하곤 한다(Starbuck, 1994). 다른 조직들과 경쟁하고 있는 조직 하나를 생각해 보자. 그 조직은 기회를 포착하고 그것을 활용하기 위해서 움직인다. 오직 한 조직만이 홀로 행동한다면, 이 기회가 수익을 창출해낼 수 있을 것이다. 그러나 의사소통과 모방이 그 기회를 환상에 불과한 것으로 바꾸어버려서, 그 기회를 활용하려고 하는 조직은 상태를 그대 유지하거나 오히려 더 나빠져 버린다. 경쟁업자들도 동일한 기회를 추구했기 때문이다(Van Valen, 1973; Campbell, 1985; Barnett and Hansen, 1996).

조직성장 이론 두 개가 환상에 불과한 기회를 역설해오고 있다. Andrews(1949)는 기업이 단기적인 비용절감을 위해서 규모를 키울지 모르지만, 그 목적은 절대 실현될 수 없다는 점을 지적했다. 경영자들은 어떤 비용들을 '고정된' 것으로 인식하는데, 단기적인 관점에서 본다면, 그 비용들이 생산량이 점진적으로 오르거나 내려도 변화하지 않으리라는 것을 의미한다. 이 고정비용은 생산량에 따른 비용을 발생시키지 않으면서 얼마간 더 많은 생산량을 산출하는 기회를 제공하고 있는 것처럼 보이기 때문에, 경영자들은 단위당 평균비용이 생산량이 증가함에 따라 감소할 것으로 기대한다. 그러나 장기간에 걸쳐서는 모든 비용이 생산량에 따라 변하기 때문에, 단위당 장기 비용은 생산량이 증가해도 그대로이거나 오히려 증가할 수도 있다. 따라서 경영자들은 성장이 실제로는 평균비용을 증가시키고 있음에도 불구하고 성장이 평균비용을 감소시킨다고 기대하기 때문에, 끊임없이 생산량을 증가시켜려는 판단을 내릴지 모른다.

그와 유사하게, Penrose(1959:2)는 단기적인 관점과 장기적인 관점을 비교했는데, 그러나 그녀는 '서로 다른 지점에 위치해 있다는 데 따르는 이점 외에도, 한 지점에서 다른 지점으로 옮겨가는 데 따르는 이점이 있을 수 있다.'고 주장했다. 그녀(1959:103)는 '회사의 성장은 사회의 자원들을 가장 효율적으로 활용하는 것과 일치하는 것일지 모른다. 과거 성장의 결과, 다시 말해 그 당시의 규모가 그에 부합하는 이점을 가지고 있지 않을 수 있다. 성장 과정에서 연속적으로 취해지는 단계마다 그것이 회사에게 이익을 가져다줄 수 있고, 혹 그렇지 않다고 하더라도 제대로 활용이 되지 않은 자원이 사용되기 때문에 사회에 이익이 될 수 있는 것이다. 그러나 규모의 확대가 그것이 어떤 것이든 완결되고 나면, 새로운 성장의 기회가 개발되고, 그에 대한 조치가 취해지면서 규모 확대에 대한 애초의 정당성은 별 것이 아닌 것으로 사라져가게 된다.'라고 주장했다. 이 주장은 Andrews의 주장과 닮아있지만, Penrose는 회사가 규모를 확대하기로 결정했을 때 존재했던 환경상황이 확대가 완결되었을 때에는 더 이상 존재하지 않을 수 있다는 점도 지적하고 있다. 회사를 앞서서 이끌어가는 의사결정자는 끊임없이 그들이 활용하려고 하는 환경을 뒤쫓아 가고 있는지 모른다.

사람들과 조직들이 풀리지 않는 문제를 풀려고 할 때에도 성과를 얻지 못하는 행동이 발생한다. 풀 수 없는 문제는 사람들이 서로 양립할 수 없는 욕망을 가지고 있거나, 사회가 상호간에 일치하지 않는 가치를 신봉하기 때문에 존재한다. 조직은 사회 가치를 구현하고 있기 때문에, 일치하지 않는 요구들을 충족시키고자 영원히 노력할 따름이며, 어떤 가치를 옹호하는 조직적 특성들은 그와 반대되는 가치를 옹호하는 특성들과 갈등을 빚는다.

위계적 지배가 그런 예 하나를 제공한다. 서구 사회는 민주주의와 사람들 사이의 평등을 옹호하지만, 위계적 통제, 행동 통일, 효율성 등도 옹호한다. 서구인들은 일반적으로 조직이 위계적 구조를 채택하고 이 구조를 활용해 행위들을 조정하고 낭비를 줄여줄 것으로 기대한다. 그러나 위계적 통제는 비민주적이며, 불평등적이다. 모두가 부하직원이 상사가 지시하는 대로 행동하지 않는 이유도 이해하지만, 조직이 이 비효율적인 분열상태를 제거해야만 하는 이유도 이해한다. 그러므로 조직은 위계적 통제를 눈에 덜 띄게 하거나 부하직원들의 목표를 상사의 목표와 맞춘다든지 하면서 위계적 통제에 대한 저항의 '문제'를 해결하려고 노력한다. 1940년대 후반에는 그 해결책이 경영자들이 '민주적'으로 관리하는 것이었다. 그러나 시간이 좀 흐른 후에는 대부분의 부하직원들이 상사의 민주적 관리는 진실한 것이 아니라고 생각하게 되었고, 이 해결책은 실패했다. 1950년 초반의 해결책은 경영자들이 과업행위들을 통제하면서도 '배려'를 표현하는 것이었다. 그러나 시간이 좀 흐른 후에, 대부분의 부하직원들은 상사의 배려가 진실한 것이 아니었다고 생각하게 되었고, 이 해결책은 실패했다. 1950년대 후반의 해결책은 목표에 의한 관리(MBO)였는데, 그것은 상사와 부하직원이 주기적으로 만나서 상호간 합의된 부하직원의 목표를 정하는 것이었다. 그러나 얼마간 시간이 흐른 후, 대부분의 부하직원들은 상사들이 이 만남을 목표를 지시하는 수단으로 사용한다고 생각하게 되었고, 이 해결안은 실패했다. 1960년대에는 그 해결책이 '참여적 경영'이었는데, 그것은 작업자들의 대표들이 작업방법이나 투자, 충원하기, 전략, 등등에 대한 다양한 결정을 내리는 경영이사회에 참여하는 것이었다. 그러나 시간이 흐른 후에, 대부분의 작업자들은 a) 경영자들이 이 이사회의 결정들에 여전히 커다란 영향을 행사하고 있고, b) 작업자들의 대표들은 이사회의 구성원이 됨으로써 사적인 이득을 취하고 있다고 생각하게 되면서 실패했다. 1980년대 초반에는 그 해결안이 '조직 문화'였는데,

조직은 조직문화를 통하여 목표와 방법의 통일성을 만들어낼 참이었다. 그러나 시간이 흐른 후, 대부분의 경영자들은 전반적인 연대감이 운영 목표와 방법으로 전환되지 않는다는 것을 알게 되었고, 종업원들은 균질화에 저항했으며, 결국 이 해결책은 실패했다. 1980년대 후반의 해결책은 '품질분임조(QC)'였는데, 후에 '전체 품질관리(TQM)'로 확대되었다. 그러나 시간이 흐른 뒤에, …

그러니까, 한 유행이 가고 다른 유행이 뒤따르는 일이 계속되고 있다. 단기적인 관점에서 본다면, 많은 조직들이 매우 유사한 '해결책들'을 채택해오고 있고, 장기적인 관점에서 본다면, 많은 조직들이 엇비슷한 '해결책들'을 채택해오고 있는 것이다. 다양한 해결책들이 상사-부하직원의 관계에 영향을 미쳤지만, 이 영향은 긍정적인 것만큼이나 부정적이기도 했으며, 근본적인 '문제'는 아직 그대로 남아있다. 근본적인 문제와 다양한 해결이라는 측면에서 장기간에 걸쳐 나타나고 있는 변화는 조직내부의 관행이 아니라 경제, 교육, 사회구조, 기술로부터 발생하고 있는 것처럼 보인다. 매우 장기적인 관점에서 본다면, 조직은 성공적이지 못한 관행들을 연속적으로 시도해오고 있는 것 같다.

* * *

산업-조직심리학이 일궈낸 진보를 평가해보려는 노력과 미래예측을 통한 경험이 나로 하여금 귀무가설에 대한 대안과 관련해서 생물생태학자들 사이에 벌어지고 있는 논쟁을 관심을 가지고 들여다보도록 했다. 귀무가설에 대한 대안이 지닌 가치를 일부 생물생태학자들이 인식할 수 있다면, 사회학자들 중에서도 그 가치를 인식할 수 있는 사람이 있을 터였다. 그러나 나는 미래예측 연구자들의 용어, 즉 단순 모형들이 생물생태학자들의 '귀무모형'이라는 용어보다 낫지 않을까 하고 생각한다. 왜냐하면, 이 대안적 가설은 근본적인 가정들 일부를 포함하고 있기 때문이다.

* * *

Jane Webster와 나(1988)는 산업-조직심리학 분야에서 진보가 제대로 이루어지지 않고 있는 상황을 곱씹어보았다. 어째서 심리학자들 사이에는 그들이 알고 있는 것에 관해 동의가 거의 이루어지지 않고 있는 것일까? 우리는 자연과학 분야의 진보에 대해 논한 연구들이 사회적 구축이 미치는 강력한 영향력을 강조하고 있음을 발견했다(Sullivan, 1928; Latour and Woolgar, 1979; Knorr-Cetina, 1981; Latour, 1987). 비록 물리학자들도 작동하지 않는 이론들은 폐기처분 하지만, 그렇더라도 과학자 자신들은 이론이 작동하는지의 여부를 결정할 때 수많은 선택권들을 행사한다. 그들 사이에 이루어지는 사회적 교류가 그 이론이 설명하기로 되어 있는 현상의 측면들, 그리고 연구자들이 이론의 효능을 측정하는 데 사용하는 기준에 영향을 끼친다.

뉴턴의 법칙은 실재하는 패러다임들 중에서도 가장 잘 알려져 있는 것들 중 하나다. 물리학자들은 이 법칙들이 어떤 현상에 대해 더 나은 예측을 하도록 해주기 때문에 받아들이게 되었지만, 이 법칙들이 물적 시스템 특성들 중 어떤 부분에 대해서는 전혀 말해주는 것이 없을뿐더러, 빛이나 아원자의 상호작용 같은, 물리학자들이 설명해줄 것으로 기대해오고 있는 현상을 설명하지 못하고 있다. 뉴턴의 법칙은 절대

진리가 결코 아니다. 물리학자들이 설명할 때 기본으로 사용하고 있는 진술이라고 봐야 한다. 물리학자들은 뉴턴의 법칙들을 맨 밑바닥에 깔아놓고 그 위에 설명들을 구축한다. 그 설명들이 잘 작동하면, 물리학자들은 만족해하고, 뉴턴의 법칙에 대한 확신감을 새로이 한다. 그러나 이 기본이 되는 설명들이 작동하지 않으면, 뉴턴의 법칙들로부터 벗어나 있는 현상들을 설명해보려고 노력한다. 예를 들어, 지금까지 발견하지 못했던 외생적 영향력이 존재하는 것일까? 같은 질문들을 해대는 것이다. 마침내, 뉴턴의 법칙들로 어떤 설명도 불가능한 이탈 현상들이 체계적으로 반복해서 발생하면, 물리학자들은 이 극단적인 상황 안에서만, 예를 들어 아인슈타인의 상대성 이론 같은, 대안적인 이론을 고려하기 시작하는 것이다.

사회과학과의 대조는 충격적이다. … 그러면서 암시적이다. 물리학과 사회과학 사이의 차이는 물리학자들과 사회과학자들이 연구하는 현상보다 그들의 마음속에 존재할 가능성이 더 큰 지도 모른다(Landy and Vasey, 1984). Hedges(1987: 453-4)는 사회과학의 사실들이 물리학의 그것들과 마찬가지로 대체적으로 안정적임을 주장한 후에, 물리학과 사화과학 이론을 다음과 같이 대비시키고 있다.

> 실험적 일관성이 어느 정도 실패하는 경우라도 그때마다 새로운 물리 이론들이 탐구되는 것은 아니다. 그 대신, 일관성이 결여되는 이유를 방법론에서 찾아볼 가능성이 높다. 적어도 이론에 대한 일시적인 확신감이 상황을 안정시키기 때문에, 중대한 재개념화가 이루어질 정도가 되려면 일치하지 않는 결과들이 계속적으로 이어지는 현상이 요구된다. 사회과학에서는 이론이 이러한 안정화 역할을 수행하지 않는 일이 흔히 발생한다.

Campbell(1982:697)은 심리학 이론들을 '지나치게 보편적인 진술들을 모아놓은 것이어서, 그것들을 참되다고 주장함으로써 얻을 수 있는 정보라는 것이 별로 없다.'라는 말로 특징짓고 있다. 그러나 물론, 그와 동일한 관찰이 뉴턴의 법칙들과 같은 자연과학의 주요 명제들에게도 그대로 적용된다. 진실로 보편적인 명제는 그것이 어떤 것이건 어느 곳에서나 적용되는 것이기 때문에, 그것이 적용되는 상황에 대해서 아무런 정보도 제공하지 않으며, 따라서 항상 참인 명제는 동의반복적인 것임은 두 말할 나위가 없다(Smedslund, 1984). 보편적인 이론적 명제들은 특정한 경우에 명백한 적용방식들을 가진 공식이라기보다는 발견적(heuristic) 지침이라고 봐야 할 것이다. 그리고 이러한 발견적 접근방식(heuristics)을 특수한 경우들에 적용해보는 것은 과학자들의 결정에 달린 일이다.

그러나 보편적인 이론적 명제들은 그것들이 동시에 사회적 기능도 수행하기 때문에, 그저 발견적 접근방식만으로 그치는 것이 아니다. 과학적 진보는 과학자들에 의해 형성된 지각인 것이어서, 과학적 진보를 돕기 위해 이론들이 완전히 옳은 것이어야 할 필요는 없다. 이론은 옳다는 것만큼이나 합의와 일치성이라는 뒷받침을 필요로 한다. 과학자들 사이에 기준선이 되는(baseline) 이론들로 현상을 설명하려는 데에 동의가 이루어진다면, 과학자들은 의사소통과 비교를 촉진하고, 중요한 것과 중요하지 않은 것들을 정의함으로써 연구의 집단적 성격을 강화해주는 공유된 지각틀 속으로 자신들이 발견한 결과들을 투영하게 된다. 사실, 과학을 집단적인 작업이라고 인정한다면, 추상적 개념들은 광범위한 사회적 지원을 받기 전까지는 이론적 명제가 되지 못한다. 실질적 합의가 부족하다는 것은 이론으로서 부족하다는 것과 동질적인 것이며, 과학자들이 이론을 공유하는 데 동의해야만, 상대의 작업 위에 자신의 지식을 쌓아올릴 수가 있게 되는 것이다. 그러니까 진보를 이뤄내려면, 과학자들이 진보를 이루어내겠다는 데 동의해야만 하는 것이다.

Webster와 나(1988)는 사회과학자들이 앞을 향해 나아갈 수 있도록 도와줄 기준선이 되는 이론적 명제들을 예시해주는 본보기로서 산업-조직심리학에 대한 몇 가지 명제들을 제안한 적이 있다. 이 명제들은 다양한 현상들을 기술하고 있으며, 그 명제들로부터 벗어난 것들은 상황적인 것으로 서술하고 있다. 에를 든다면, 우리들은 거의 모든 심리학자들이 다음과 같은 명제들을 기본적인 명제로 받아들일 수 있을 것이라고 제안했다.

광범위하게 퍼져 있는 특성들. 개인의 특성들 거의 모두는 나이, 교육수준, 지적수준, 성별, 그리고 사회 계급과 상관관계를 가지며, 집단과 조직의 특성들 거의 모두는 연혁, 규모, 그리고 부(wealth)와 상관관계를 가진다. 모든 연구는 이 변수들을 측정하고 그것들을 고려해야 함을 암시한다.

인지적 조화(cognitive consonance). 동시에 발생한 인지(태도, 믿음, 지각, 가치 등)는 논리적으로 일치되어가는 경향이 있다(Festinger, 1957; Heider, 1958; Abelson et al, 1968). 당연한 귀결 1: 회고는 일어난 사건을 발생 가능이 높은 것으로 만든다(Fischhoff, 1980). 당연한 귀결 2: 사회적 지위, 역량, 통제, 조직적 태도는 합치성을 지향하는 경향이 있다(Sampson, 1969; Payne and Pugh, 1979). 당연한 귀결 3: 일치하지 않는 인지들은 불공정하다는 느낌과 같은 주관적인 감성을 일으키고, 강한 부조화는 변화 시도나 참여 감소와 같은 행동을 촉발할 수 있다(Walster et al, 1973). 당연한 귀결 4: 동시에 촉발된 인지들은 서로 반대되는

두 개의 묶음으로 양극화되는 경향이 있다(Cartwright and Harary, 1956). 당연한 귀결 5: 사람들과 사회시스템은 변화에 저항하는 경향이 있다(Marx, 1904; Lewin, 1943).

사회적 명제들. 행위들, 상호작용들, 그리고 감성(sentiments)들은 서로를 강화한다 (Homans, 1950). 당연한 귀결 1: 사람들은 이웃과 닮아간다(Coleman, Katz and Menzel, 1966; Industrial Democracy in Europe International Research Group, 1981). 당연한 귀결 2: 집합체는 차별적인 규범과 고유된 신념을 발달시킨다(Roethlisberger and Dickson, 1939; Seashore, 1954; Beyer, 1981). 이 명제들은 인지적 조화(cognitive consonance)의 당연한 귀결로 간주될 수 있을 것이다.

타인의 아이디어 평가는 아이디어의 생성을 억제한다(Maier, 1963).

새로운 아이디어 실행과정에 참여하면 그 아이디어를 더 받아들이기 용이해진다(Lewin, 1943; Seashore, 1954; Kelly and Thibaut, 1954), 당연한 귀결 1: 목표설정에의 참여행위는 목표의 승인을 촉진한다(Maier, 1963; Locke, 1968; Vroom and Yetton, 1973; latham and Yukl,1975). 당연한 귀결 2: 변화 설계에 참여시키면 변화에 대한 저항을 줄일 수 있다(Coch and French, 1948; Marrow, Bowers, and Seashore, 1967; Lawler and Hackman, 1969). 당연한 귀결 3: 이견을 말할 기회는 이탈(exit) 가능성을 낮춘다(Hirschman, 1970).

강화 명제들. 보상은 행동이 일어날 가능성을 높이지만, 처벌은 행동이 일어날 가능성을 낮춘다(Thorndike, 1911; Skinner, 1953). 물론, 이 어귀는 동어반복이지만(Smedslund, 1984), 그렇다면 뉴턴의 $F=ma$도 마찬가지다. 나는 명제란 합의를 촉진할 목적으로 정보를 전달할 필요

가 없음을 보여주려고 이 명제를 넣었을 뿐이다.

즉각적인 강화는 더 강한 영향력을 행사한다(Hull, 1943).

지속적인 강화는 신속한 학습을 가능하게 하지만, 학습한 것에 대한 망각도 신속하게 일어난다. 그에 반해 간헐적인 강화는 학습은 늦게 일어나지만, 그것을 망각하는 것도 늦게 일어난다(Hull, 1943; Estes. 1957).

4.5 1990년대

1990년대 초반, 지식집약적인 회사에 대해서 탐구해보던 와중에, Wachtell, Lipton, Rosen and Katz라는 매우, 매우 예외적인 법률회사를 알게 되어서 그 회사에 관한 연구를 하게 되었다(Starbuck, 1993b). 이 회사는 경영학 교수들이 학생들에게 건네는 조언이 놀랄만한 결과를 만들어낼 수 있음을 보여주었다. 그 회사는 재정적으로나 법률적으로 대단한 성공을 거두었을 뿐만 아니라, 독특하다는 측면에서도 나에게 경이로움을 안겨주었다. 그 회사는 전형적인 법률회사와 크게 달랐을 뿐만 아니라, 매우 성공적인 여타 법률회사들과도 크게 달랐다. 이 회사는 다른 회사들이 승소할 수 없다고 여기는 케이스들에서 승소하는 회사라는 명성을 누리고 있었고, 새로운 선례를 남기는 신선한 법률적 전략을 꾸려냄으로써 실제로 그런 케이스들에서 승리를 거두고 있었다. 이 회사의 변호사당 수익률은 미국의 어느 타 법률회사보다도 88% 높았으며, 파트너당 이익률은 다른 어떤 회사보다 60% 높았다. 그 회사의 하위직 인사담당자는 다른 어떤 경쟁회사들에서 일하는 사람보다 높은 직무만족을 보였고, 다른 회사들에 비해 평균적으로 세 배나 높은 비율로 변호사들을 파트너로 승진시키고 있었다.

내가 이 법률회사를 학회에서 소개한 후에, 다른 강연자가 나를 구석으로 끌고 가서 심각한 어조로 그 회사는 다른 법률회사와 너무나 다르므로, 그 회사에 대해서 언급하지 않는 것이 마땅하리라고 말했다. 그는 동료와 함께 법률회사에 관한 통계 연구를 진행한 적이 있는데, 바로 이 독특한 회사가 추정을 왜곡시켰기 때문에, 그 회사를 자신들의 자료에서 제외할 수밖에 없었노라고 말했다(Gilson and Mnookin, 1989).

이 조언은 나를 매우 충격에 빠뜨렸지만, 내가 독특함을 회피하고 평균을 찬양하는 문화 속에서 일하고 있다는 사실을 다시 한번 생생하게 일깨워주었다. 학회지에 이 회사에 관해 관찰한 것들을 보고하려고 한다면, 나는 독특한 사례 한 건을 연구하는 것이 왜 유용한 연구인지를 설명해야만 했을 것이고, 그러면서 대규모 표본으로 평균을 계산하는 데에 매달리는 것이 왜 잘못된 것인지를 설명했어야만 할 터였다.

그래서, 나는 보편적으로 참인 명제를 추구해왔던 연구들이 표피적이거나 중요하지 않은 명제들, 또는 사람들이 이미 오래전에 받아들였던 명제들을 재생산해내고 있었다는 점을 설명하면서 보고서를 작성하기 시작했다(Starbuck, 1993b). 사람들은 기존 조직들이 성취하지 못한 목표를 추구하기 위해서 새로운 조직을 만들기 때문에, 전체 조직들에게는 더 다양한 방식으로 성장하라는 압력이 존재한다. 실제로 다양한 특성들이 성공이나 생존능력을 길러내는지를 보기 위해서, 조직들 사이의 차이점들을 살펴볼 필요가 있다. 게다가, 독특성은 일시적으로 존재할 가능성이 크다. 회사가 뛰어나게 이윤이 많이 내려면, 스쳐 지나가는 유행과 순식간에 사라지는 기회를 최대한 이용할 수 있어야 한다. 그리고 빼어난 수익을 계속 유지하기 위해서는 자신의 독특성을 갉아먹는 힘에 저항해야만 한다. 그러므로 조직이 어떤 특성을 보유하고 있는지에 대해서 뿐만 아니라, 그들이 어떻게 그러한 특성들을 가지게 되었는지를 탐구해보는 일은 유용할 것이다.

널리 퍼져있는 연구 문화는 조직이 분명하게 정의될 수 있을뿐더러, 식별이 가능한 특성을 소유하고 있다고 가정한다. 연구자들은 설문지를 배포하고 응답들의 평균을 내서 이 평균들을 조직의 특성들이라고 해석했다. 그러나 나는 이 법률회사에 참여하고 있는 다양한 사람들이 서로 다른 모습의 조직들을 보고 있으며, 그 회사를 관찰해본 사람들도 그랬음을 알게 되었다. 이 다중성은 지각하는 사람이 다른 관점을 가지고 있다는 데에서만 일어나지 않고, 법률회사의 복잡성과 내부의 비일관성 때문에 일어나기도 했다. 내부인들은 회사의 특성들에 대해서 의견의 일치를 보이지 않았으며, 외부인들은 그러한 특성들을 이해하는 데 어려움을 겪었다. 물론, 그 회사가 성취해낸 탁월한 성공에는 그 회사를 모방하지 못한 경쟁사들의 무능력도 일부 작용했다. 다른 회사들이 그 회사를 모방할 수 있었다면, 그 회사가 창조해내었던 법률적 전략들을 만들어낼 수 있었을 것이고, 따라서 그들도 그 회사가 얻고 있던 높은 이윤을 얻을 수도 있었을지 모른다. 그러나 경쟁사들이 그 회사를 모방할 수 없었던 몇 가지 이유들이 있었는데, 그 이유들 중 하나가 경쟁사들이 그 회사의 사업 관행을 이상한 것으로 생각했다는 것이다.

연구자들 사이에 널리 퍼져있는 또 다른 신념은 성공적인 조직들은 그들의 환경에 적응한다는 것이었다. 그러나 나는 이 예외적인 회사는 자신의 환경과 역사적 시대를 반영하고 있으면서, 동시에 환경과 시대의 모습을 만들어내는 데 영향력을 행사하는 자이기도 했다. 그 회사의 창업자들은 그 회사를 설립할 당시에 존재하고 있던 상황적 여건을 거스르는 반응으로 회사를 설립했던 것이고, 고용관행, 법률적 전술(tactics), 변호사들과 고객들 사이의 관계에 대한 변경 등과 같은 회사의 조치들은 그 산업의 구조에 심각한 영향력을 행사했던 것이다. 이 회사가 법정에서 개진했던 주장들과 그 회사가 승리했던 케이스들은 간접적으로 사업 관계 및 고용인-피고용인 관계에 대해서 기존에 받아들여지고 있던 정의를 법적으로 바꾸어버렸다. 다른 말로 한다면, 그 법률회사 자체가 그 환경을 구성하는 중요한 요소였던 것이다.

이 연구는 나에게 통계적 평균들의 연구가 가지는 한계점과 예외적인 사례들을 연구함으로 얻는 이득들을 생생하게 알려주었다. 평균을 모방하는 행위가 사람이나 조직으로 하여금 절망적인 실패를 피하도록 도와줄 수는 있겠지만, 그것이 큰 성공을 거두는 방법을 제시해 보여줄 수는 없는 것이다. 평균적인 행동을 목격하는 행위가 사람이나 조직으로 하여금 관습적인 적응방식을 이해하게끔 도울 수는 있겠지만, 예외적인 것이 될 수밖에 없는 극적인 혁신을 만들어갈 방식은 보여주지 않는다. 사람 또는 조직들과 그들의 환경 사이에서 벌어지는 역동적인 상호작용을 조사하는 연구들은 자기만의 독특함을 내보이면서 예사롭지 않거나 다른 연구와 구별되는 사례 연구로 발전하는 경향이 있다.

* * *

Jeffreys and Berger(1992)가 쓴 논문이 나에게 통계적 유의성의 검증을 개선할 또 다른 길을 보여주었다. 귀무가설을 단순 모형(naive model)으로 교체하는 것이 하나의 개선이겠지만, 유의성 검증과 유사한 평가

절차는 그게 어느 것이든 진실을 이진 변수로 취급함으로써 받게 되는 약점들을 지니게 된다. 전통적인 통계적 검증은 가설이 진실이거나 거짓이라고 가정한다. 검증의 개념적 토대는 불확실성을 가정하고 있음에도 불구하고, 불확실성의 높낮이는 존재하지 않는다. Jeffreys와 Berger는 가능도비(likelihood ratio)가 참(truth)을 연속 변수로 처리하도록 해준다는 점을 지적했다. 그 비율은 다음과 같이 계산한다.

$$\frac{\text{확률 (대상 모형이 참인 경우의 자료)}}{\text{확률 (단순 모형이 참인 경우의 자료)}}$$

대상 모형이 단순 모형보다 자료에 훨씬 더 잘 들어맞는다면, 비율은 1보다 확연하게 커질 것이다. 그런 경우라면, 그 비율이 대상 모형과 연관된 (단순모형보다) 더 큰 복잡성을 정당화하기에 충분할 만큼 큰지 물어볼 수 있다. 그러나 통계학 책 뒤에 실려 있는 표 중에서 올바른 답을 말해주는 표는 존재하지 않는다.

*　　*　　*

John Mezias와 내가 경영자들의 지각이 얼마나 정확한지에 대해서 연구하기로 했을 때, 유의미한 결과를 도출해내기 위해서 우리가 필요로 하는 관리자들의 수가 얼마나 되어야 하는지에 대해서 이런저런 걱정을 많이 하고 있었다(Starbuck and Mezias, 1996). Schmidt(1971)와 Claudy(1972), Dorans and Dragow(1978) 등이 컴퓨터 시뮬레이션을 돌려보고 회귀변수가 균등 가중된 독립변수들보다 신뢰성이 더 높으려면 관측치 수가 수백 개 되어야 함을 암시하는 결과를 얻었음을 기억해냈다. Einhorn and Hogarth(1975) 역시 회귀와 평균 가중된 독립변수들을 비교한 적이 있었다. 그들은 a) 표본의 크기와 독립변수들의 수가 넓은 범위에 걸쳐, 회귀가중치와 균등가중치 독립변수들 사이에 거의 차이가 없으며, b) 표본 크기가 작을 때, 다중 상관관계가 높지 않을 때, 또는 독립변수들이 상호 상관관계를 가지고 있을 때에는 균등 가중된 독립변수들이 회귀가중치보다 더 신뢰성이 높다는 결론을 내리고 있었다. 열 개의 독립변수를 가지고 있고, 다중상관계수가 0.5 이하인 경우에는 표본의 크기가 400을 넘어야 회귀가중치가 균등 가중된 독립변수들보다 신뢰성이 높아질 터였다.

따라서 나는 수백 명에 달하는 관리자들로부터 자료를 구해야 한다는 사실을 알게 되었다. 그러나 위 연구들은 완전한 정규분포를 가정하고 있는 것이어서 걱정이 되었다. Mezias와 나는 완전한 정규분포를 가지는 자료를 얻을 수 없을 터였다. 우리들이 선택한 변수 하나는 이진변수였고, 변수 네 개는 이산변수였으며, 분포가 한쪽으로 기울어져 있었다. 따라서 우리는 완전한 정규분포를 가정한 계산이 지정하고 있는 것보다 더 많은 관측치를 필요로 하는 상황이었다.

나는 관리자들이 어떻게 행동하는지에 대해 가설적인 자료를 만들어서 우리가 당면한 통계 문제를 시뮬레이션 해보았다. 우리가 얻게 될 자료에 대해서 내가 설정한 가정은 70명의 관리자들로부터 얻는 자료에 일부 기반한 것이었지만, 나는 현실적인 것처럼 여겨지는 가정들을 설정해서 자료들을 증식시켜야 했다. 나는 결과변수에 다중상관계수가 대략 0.4 정도가 될 수 있을 만큼 충분한 오차를 첨가하였다. 이전의 연구들은 0.1과 0.4 사이에 위치하는, 훨씬 낮은 다중상관관계들을 산출하고 있었으므로, 내 시뮬레이션은 결과변수 내의 실제 오차를 축소하여 설명할 뿐만 아니라, 신뢰할 만한 회귀 계산에 필요한 표본의 크기도 축소하고 있는 것이다. 그러나 그 당시에 Mezias와 나는 우리 연구가 이전의 연구들보다 더 높은 상관관계를 산출해낼 수 있으리라고 낙관적으로 생각하고 있었다.

이 시뮬레이션 실험에서 핵심적인 통제요건은 표본의 크기다. 컴퓨터는 독립변수와 결과변수들에 대해서 N개에 해당하는 가설적인 값들을 산출해낸 다음, 관리자의 지각 오류를 어림해서 오차를 첨가하고, 표본으로 회귀계수를 계산해서 추정된 계수를 저장했다. 회귀계산 방식은 보통 최소제곱 회귀(OLS)였다. 그 다음에, 컴퓨터는 N번의 관측치를 가진 새로운 표본을 생성해서 두 가지 방법으로 결과변수에 대한 예측치를 계산했다.

1. 결과변수는 앞서의 표본으로부터 최소제곱 회귀에 의해 추정된 선형함수와 같다.
2. 결과변수의 표준화 값은 독립변수들의 표준화 값을 더해서 K배 한 것과 같다. 나는 결과변수의 분산이 다섯 개의 독립변수들을 합한 것의 분산과 대충 같아지도록 계수 K를 1/제곱근(5)과 동일하게 정했다.

컴퓨터는 20, 50, 100, 200, 500, 1000개의 표본 크기에 따라 이 과정을 50번 반복했다.

이 과정은 경험적 자료를 분석한 것이 아니라 시뮬레이션이었기 때문에, 자료를 생성하는 데 사용되었던 계수의 정확한 값을 알고 있었으며, 그래서 추정된 효과크기에 포함된 오차를 계산할 수 있었다. 시뮬레이션 결과는 표본 크기가 1,000개 미만인 모든 경우에 있어서, 최소제곱 회귀가 추정된 효과크기에서 규모가 큰 오차들을 만들어낼 가능성이 상당하다는 점을 보여주었다. 우리가 천 명 미만의 관리자들로부터 자료를 얻는다면, 회귀에 근거한 결과변수 추정치가 선험적 바탕에 의존해서 내릴 수 있는 측정치보다 오히려 신뢰성이 떨어질 판이었다.

[그림 4.4]는 최소제곱 회귀(OLS)의 예측정확도를 균등 가중된 독립변수들의 예측정확도와 비교하고 있다. 1에 위치한 수평선은 균등 가중된 독립변수들로 계산된 예측 정확도를 표시하며, 다른 세 가지 선은 최소제곱 회귀에 의한 예측정확도(평균과 90% 신뢰 한계)를 보여주고 있다. 최소제곱 회귀가 균등하게 가중된 변수들보다 더 정확한 예측치를 내어놓을 때도 가끔 발생하지만, 평균적으로, 표본크기가 1,000개에 이를 때까지는 정확도가 더 떨어진다. 그래프에 나온 것보다 훨씬 큰 표본크기에서는 최소제곱 회귀가 균등하게 가중된 독립변수들보다 평균적으로 더 나은 예측치를 생성해내지만, 매우 큰 표본크기에서도

그림 4.4 균등하게 가중된 독립변수들을 사용한 접합도에 대한 최소제곱을 사용한 접합도의 비율

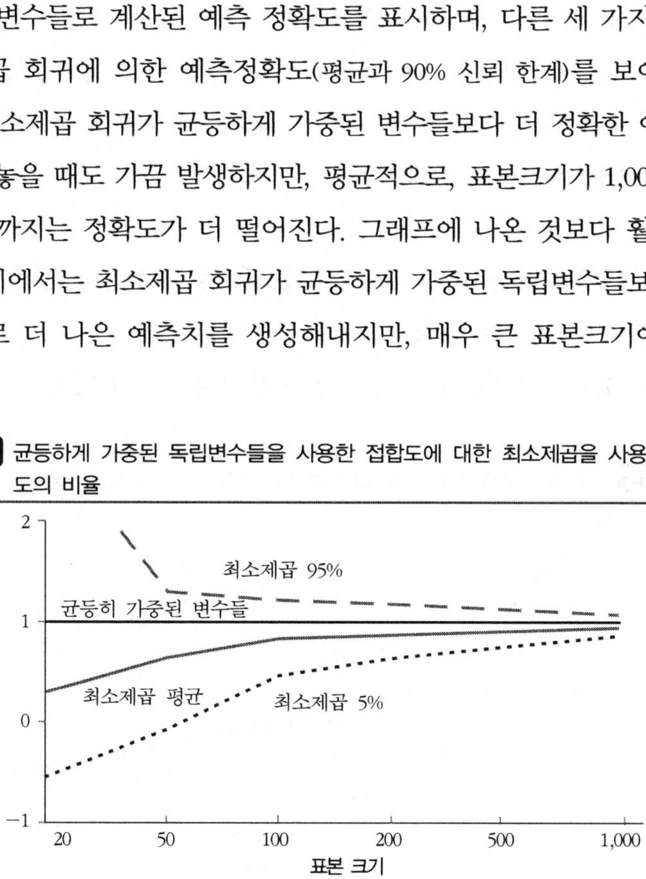

최소제곱 회귀는 균등 가중된 독립변수들보다 눈에 띌 정도로 나은 예측을 하지 않는다.

[그림 4.5]는 최소제곱 회귀에 의해 추정된 회귀계수에 포함된 최대오차의 분포를 보여주고 있다. 이것들은 표준화된 독립변수의 계수들에 포함된 오차들이다. 표본 크기 200에서 최대오차는 평균적으로 108% 이상이고, 표본 크기 1,000에서조차 62%에 머물러 있다. 표본의 크기가 커지면 오차도 줄어들지만, 각 독립변수들의 중요성에 대해 우리가 내리게 될 추론을 확신하려면 매우 큰 표본이 필요했을 것이다.

나는 앞에서 언급한 시뮬레이션의 결과에 크게 실망해서, 마음이 심란했다. 미래예측 문헌에 의하면, 최소제곱 기준의 사용이 빈약한 미래예측을 초래한다고 했지만, 나는 오차가 얼마나 클 수 있는지에 대해서 제대로 이해하지 못했고, 특히 최소제곱 회귀가 매우, 매우 큰 표본에서조차 균등하게 가중된 독립변수보다 약간 더 나을 뿐이라는 현상을 이해하지 못했다. 분명, Mezias와 나는 1,000명이 넘는 관리자들로부터 자료를 수집할 수 있는 방법을 생각해낼 수가 없었다. 최소제곱

그림 4.5 최소제곱 회귀에 의해 추정되었을 때 표본크기 내의 최대 오류

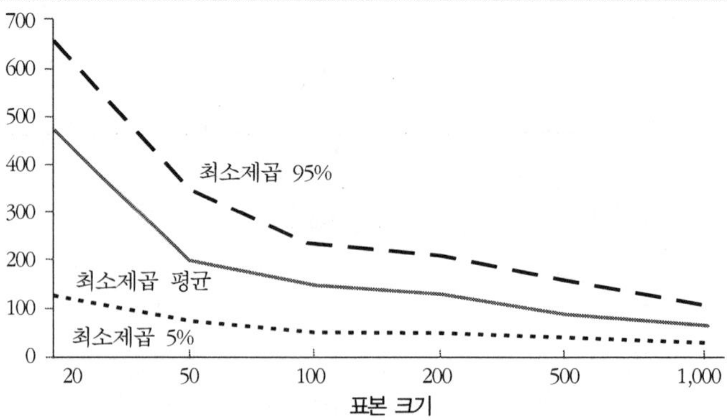

회귀가 우리가 취할 수 있는 유일한 분석 도구라고 할 때, 우리가 어떤 자료되었든 그것을 구해서 분석하지 않아도 그보다 더 정확한 예상을 할 수 있을 정도였으니 말이다!

내가 오차제곱 통계의 대안을 찾는 데 관심을 기울이기 시작한 때가 바로 이 시점이었다. 최소제곱 회귀가 가지고 있는 심각한 문제점은 오차제곱을 사용하면 멀리 떨어져 있는 관측치를 크게 강조하게 된다는 것이다. 크기가 작은 표본은 특이값을 그저 몇 개 정도 가지고 있기 때문에, 특정한 특이값들에 내재된 특이성들이 커다란 중요성을 가지게 된다. 크기가 큰 표본은 특이값들을 많이 가지고 있어서 서로 상쇄가 되어서 특이값 하나하나는 약한 영향력만을 미치게 되기 때문에, 특정한 특이값의 특이성은 그 중요성이 작을 수밖에 없다. 그러나 그와 같은 균형을 유지하기 위해 필요한 표본의 크기는 사회과학자들이 정상적인 상황에서 구할 수 있는 표본 크기보다 크다(Kelly and Maxwell, 2003).

대안적인 방법을 찾는 중에, 제곱의 합이 아니라 절대값의 합을 최소화하는 회귀계산 아이디어와 만나게 되었다. [그림 4.6]은 절대값과 오차제곱 사이의 차이를 예시하고 있다. 오차제곱은 오차가 커지면서 급격하게 증가하지만, 오차의 절대값은 선형적으로 증가한다. 결과적으로, 절대값 회귀에 의해서 계산된 계수 추정치에서는 특이값이 지배력을 행사하지 않는다. 그러므로 나는 최소제곱 회귀를 절대값 회귀와 비교하면서 시뮬레이션을 반복적으로 수행해보았다. [그림 4.7]이 보여주는 것처럼, 평균적으로 절대값 회귀가 최소제곱 회귀보다 더 신뢰할 만한 상관계수 추정치를 산출했다. 그것은 또한 균등하게 가중된 독립변수보다 15 ~ 25% 정도 더 신뢰도가 높았다. 개선된 부분이 극적인

그림 4.6 추정된 함수에 대한 편차의 영향력

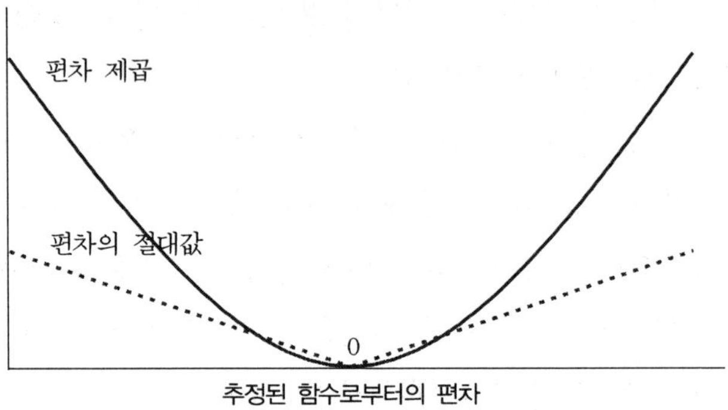

그림 4.7 최소제곱 회귀에 따른 적합도, 절대값 회귀에 따른 적합도, 균등하게 가중된 독립변수에 따른 적합도의 비율들

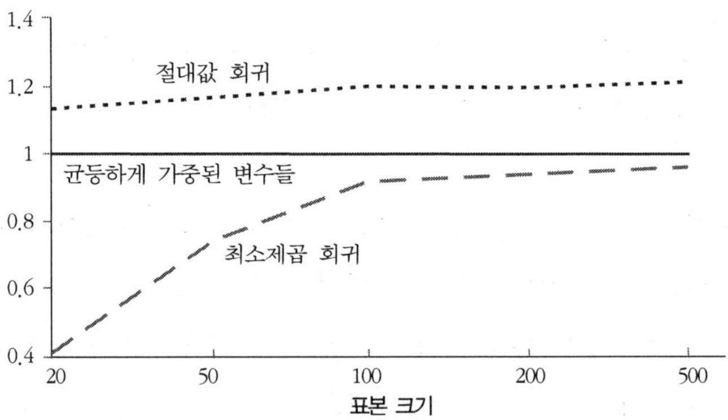

것은 아니었지만, 자료 수집을 쓸모 있는 것으로 만들어주는 방법이 존재하고 있다는 것을 목격하는 것만으로도 희열감이 솟아올랐다.

* * *

결과변수에 대한 독립변수의 영향력을 입증하기 위해서 다중회귀분석을 사용해오고 있는 수많은 연구자들의 주장을 듣고, 그런 주장들을 하고 있는 수많은 학술지 게재 논문들을 읽은 후, 자료를 수집하는 것보다 '편리한' 가정을 설정하는 데 더 열심인 연구자들에 대해서 점점 더 냉소적으로 되어갔다. 나는 그에 대한 반동으로 또 하나의 규칙을 제정했다. '모든 회귀방정식은 결과변수에 관한 완전한 이론이 되어야 한다.'가 그 규칙이다. 이것은 연구자들이 관측되지 않은 변수가 추정된 회귀계수에 아무런 영향을 미치지 않는다고 가정해서는 안 된다는 것을 의미한다. 한 변수가 결과변수에 영향을 미칠 수 있다면, 연구자는 그것을 관측해서 계산에 포함시켜야만 하는 것이다. 관련 가능성이 있다고 생각되는 변수가 자료 속에 무작위적으로 분포되어 있어서 계수 추정치에 영향을 미치지 않는다고 주장하고 싶으면, 그 변수를 넣고, 빼고 해서 계수를 추정한 다음, 계수가 동일하다는 것을 보여주어야만 하는 것이다.

이 규칙은 너무나 많은 연구자들이 회귀 계산을 인과관계를 증명하려고 사용한다는 이유와도 관계가 있다. 회귀가 인과관계가 아니라 상관관계를 보여준다고 하더라도, 연구자들은 자신들의 '이론'을 진술할 때 인과관계를 가정하고 회귀계수를 인과관계의 강도를 나타내는 것으로 얘기한다. 이 관행은 너무 만연되어 있어서, 회귀방정식이 진술하고 있는 인과 이론들이 실제로는 어림짐작으로 그렇게 언급할 뿐이라고 주장하는 것 자체가 좀 더 적절한 통계적 분석을 향해 다가서는 가장 중요한 첫걸음처럼 생각될 지경이다.

* * *

1994년에, 저명한 계량심리학자인 Jacob Cohen은 심리학자들이 '사십 년에 걸친 가혹한 비판'에도 불구하고 '귀무가설 유의성 검증이라는 예식'의 집행을 지속하고 있음을 지적하는 논문을 발표했다. 그는 특히 귀무가설의 기각을 '검증 받은 이론'을 확인하는 것으로 여기는 '잘못된 해석'에 대해서 불만을 제기했다. Cohen(1994)은 심리학자들에게 그래픽 방법을 더 많이 사용해줄 것을 권하면서 효과크기에 대한 신뢰구간을 추정해보라고 촉구했다. 그는 일반화는 반복연구를 토대로 해서 이루어져야 한다고 주장했다.

Cohen의 논문을 읽어본 Albert Bartz는 많은 심리학자들과 대화를 나누어본 후, 1995년에 미국심리학회(APA; American Psychological Association)에게 서신을 보냈다. 통계학 관련 서적을 여러 권 집필했던 Bartz는 통계적 영향력에 대한 Cohen의 주장이 의미하는 바를 논의하기 위한 태스크포스나 학회를 소집해줄 것을 제안했다. APA 참모진은 과학사건 이사회의 차기 안건으로 채택하고, Bartz에게 또 다른 저명한 계량심리학자인 Frank Schmidt와 접촉해보라고 권했다. Schmidt는 Bartz의 제안을 지지했으며, 1996년에는 Schmidt가 '연구의 분석과 해석이 통계적 유의성 검증에 의존하는 것은 누적적인 지식의 성장을 구조적으로 뒤처지게 한다. … 우리들은 통계적 유의성 검증을 포기해야 한다. … 개별 연구로부터 얻은 자료라면, 적합한 통계치는 효과크기에 대한 점 추정치와 그 점 추정치를 둘러싸고 있는 신뢰구간이다. … 복수의 연구들로부터 얻은 자료의 경우, 적합한 방법은 메타분석이다(Schmidt, 1996:115).'라고 지적하고 있는 논문을 발표했다.

이러한 제안들은 꽤 시끄러운 소동을 일으켰다. APA는 통계적 추정에 대한 새로운 권고사항들의 개발을 목적으로 한 태스크포스를 임명했으며, 유의성 검증에 관한 심포지엄이 APA와 미국 심리학 협회(APS:

Americna Psychological Society)의 연차 회의에서 개최되었다(Abelson, 1997; Estes, 1997; Harris, 1997; Hunter, 1997; Scarr 1997; Shrout, 1997). 그러나 APA 태스크포스는 초기에 짤막한 모임을 가진 후, '귀무가설 유의성 검증이나 p 값의 사용을 금지하는 행위로 해석될 수 있는 조치는 그게 어떤 것이든 지원하지 않는다.'고 선언했다(Task Force on Statistical Significance, 1966). 그러나 그들은 심리학 연구자들이 방법론을 발전시킬 가능성이 있는 몇 개의 영역을 조사할 계획을 가지고 있다고 말하기는 했다. 태스크포스의 마지막 보고서에는 다양한 방법론적 논쟁거리들을 거론하고 있었지만, '항상 효과크기를 제시할 것'과 '어떤 효과크기에서도 구간 추정치는 제공되어야 한다.'는 조언이 포함되어 있었다.

* * *

1995년에, 학계에 관심이 높았던 Steve Kerr라는 관리자가 그 당시 경영학회장이었던 Rick Mowday에게 학회가 마케팅 과학원(MSI: Marketing Science Institute)이라고 불리는 조직의 활동과 유사한 활동에 착수해야한다는 제안을 했다. Mowday는 Kerr의 제안에 부응하지 않았지만, 1997년에 내가 학회장이 되자마자 그 제안을 나에게 넘겨주었다. 나는 MSI가 일궈낸 것에 깊은 감명을 받았다.

MSI는 1961년에 설립된 이후, 현시대의 경영관리 문제와 관련되어 있으면서 적용 가능성이 있는 마케팅 분야의 학술연구를 독려해오고 있다. 최근에 MSI는 육십여 개가 넘는 회사들을 구성원으로 품고 있으며, 마케팅 분야에서의 영향력은 막강하다고 평가할 만하다. 최근 10년 동안에 걸쳐서, MSI가 지원한 프로젝트는 마케팅 분야에서 뛰어난 연구에게 수여하는 상은 모조리 받았으며, *Journal of Marketing* 과 *Journal of Marketing Research*에 게재된 논문들의 60%를 차지하고 있다. 2003년에는 MSI가 지원한 프로젝트가 장기간에 걸쳐 중대한 영향력을 끼쳤던 연구로 선정되어 두 개의 상을 수상했으며, 2003년에 발표된 최우수 연구에 주는 두 개의 상 중 하나를 수상했다. 그보다 더 중요한 것은 MSI가 관리자들과 연구자들 사이의 쌍방향 대화를 지원하고 있다는 점일 것이다. MSI의 전제는 이론과 실제는 서로를 강화할 수 있고, 강화해야 마땅하다는 것이다. 즉, 좋은 이론은 실무를 개선할 수 있으며, 좋은 실무는 좋은 이론을 끌어낼 수 있다는 주장이다. 물론, 보조동사 '할 수 있다(can)'는 상호 혜택이 자동적으로 이루어지는 것이 전혀 아니기 때문에 중요한 의미를 가진다.

MSI의 회원사들은 격년마다 연구 우선과제를 선정하는데, MSI는 그것을 2,000여 명에 달하는 전 세계 학계 소속 연구자들에게 배포한다. 학계 연구자들이 프로젝트를 제안하고, 그 결과로 30개에서 35개에 달하는 새 프로젝트가 매년 시작하기 때문에, 언제나 90개 정도의 프로젝트가 진행 상태에 있다. 프로젝트 보고서는 기술적이고 학술적인 경향을 띠고 있기 때문에, MSI는 기업전문 작가들을 고용하여 그 보고서를 실무적 함의를 도출한 임원 요약분으로 다시 작성한다. MSI 보고서는 2,000여 명의 연구자들과 2,000여 명의 관리자들에게 회람된다. 회원만 참석할 수 있는 학회와 워크숍에서도 연구 결과들에 대해 논의하고 그것이 가지는 실무적 함의를 개발한다. 전형적인 학회는 40명의 관리자와 20명의 연구자들로 구성되며, 참여자들 사이의 대화를 강조한다.

MSI가 제공하는 혜택은 주로 개념적, 촉진적인 측면이 강하다. 지원을 받게 되는 프로젝트는 그저 수수한 정도의 재정적 지원을 받을 뿐이다. MSI의 활동은 연구자들이 좀 더 나은 질문을 하도록 돕고, 자료를 수집하기 전에 질문들을 좀 더 잘 분석하고, 좀 더 나은 자료를 얻고, 연구결과가 지닌 함의를 좀 더 잘 분석하도록 조력함으로써, 더 나은 연구가 생산될 수 있도록 한다. 물론, 회사가 흥미롭다고 생각하는 질문들 모두가 이론적인 관점에서는 중요한 것이 아닐 수도 있겠지만, 회사는 분명하지 않기 때문에 그 질문들을 하는 것이다. 이는 그 질문들이 일반적으로 받아들여지고 있는 신념들에 의문을 던지면서, 중요한 이슈들을 건드리고 있음을 의미한다. 연구 설계와 관련하여 연구자들과 관리자들 사이에 벌어지는 논쟁은 실무적인 관점에서 어떤 이슈가 조사되어야 하는지를 분명하게 밝히는 데 도움을 준다. 참여회사들의 지원을 통해 응답자의 응답률을 높이고, 어귀를 좀 더 알아먹게끔 고치고, 응답자들이 보다 더 신중하게 응답에 임하도록 유도함으로써, 자료의 질을 개선할 수 있다. 연구 결과를 놓고 연구자들과 관리자들이 벌이는 논의는 연구자들로 하여금 자신의 작업이 가지는 가치와 한계를 이해할 수 있도록, 그리고 앞으로 더 나은 질문을 제시할 수 있도록 도움을 준다.

내 경험상 학계에 속한 거의 모든 경영관리 연구자들의 목표들은 연구 현장으로 활용되는 회사의 목표와 양립될 수 있게끔 제공될 수 있다고 생각한다. 그 주된 이유는 학계의 연구자들이 조사하고 싶어 하는 논제는 회사의 관점에서 볼 때 거의 유관하지 않으며, 회사가 조사하고 싶은 논제는 학계 연구자들의 관점에서 볼 때 거의 연관성이 없기 때문이다. 예를 들어, 회사들은 대개의 경우 끊임없이 변화하고 있는 당면한 단기적인 이슈들에 집중하는 데 반해, 연구자들은 주로 천천히 진화하는 장기적인 이슈들에 관심을 가진다. 그러한 상호 비관련성이 쌍방의 욕구를 충족시키는 연구 디자인을 구축하는 데 도움이 될 수 있다. 연구자들은 자신들의 흥미를 끄는 질문들을 하면서 회사들이 구하는 대답을 발견하는 데 도움을 줄 수 있고, 그와 반대로 회사들은 회사들의 관심을 끄는 대답을 얻으면서 연구자들이 구하고자 원하는 대답을 발견하도록 도울 수 있다. 상호 보완성은 연구자가 보편적 인간 행동을 연구하고 싶을 때 특히 나타날 가능성이 크다. 왜냐하면 그와 같은 주제들은 다양한 연구 상황에서 조사될 수 있기 때문이다. 그러나 연구자들의 질문들을 회사 차원의 응용적 관점의 틀 속에서 바라보는 연구 계획을 개발하기 위해서는 상당한 상상력과 탄력성을 필요로 한다. 연구자와 회사 양자 모두가 무엇인가를 얻기 위해서 무엇인가를 기꺼이 내주고자 할 때야 가능한 것이다.

예를 하나 들어보기로 하자. John Mezias와 나(2003)는 관리자들의 지각 정확도에 대한 실제적인 자료를 원하고 있었다. 이 주제에 대한 우리의 관심은 관리자들의 전략수립 행위에 따르는 효과성에 대한 의문으로부터 야기된 것이었기 때문에, 우리는 전략에 대한 이론들을 구성하고 있는 변수들에 대해서 관리자들이 가지고 있는 지각들을 연구하고 싶었다. 그러나 관리자들은 전략을 이론들의 변수들을 가지고 생각하지 않기 때문에, 우리는 관리자들과 그러한 변수들에 대해서 논의하는 것 자체가 어렵다는 사실을 발견했다. 결과적으로, 우리는 이 주제를 다룬 첫 번째 연구에 불만족했고, 좀 더 나은 자료를 구할 수 있는 방법을 찾고 있었다.

우리는 세계적으로 가장 큰 회사들 중 하나에 재직하고 있는 한 고위 임원에게 접근해서 여덟 시간에 걸친 협상 끝에 회사로부터 우리

프로젝트에 대한 지원을 약속받아낼 수 있었다. 그 임원은 회사의 최우선 과제가 품질개선이며, 우리에게는 회사가 그 영역에서 얼마나 잘해내고 있는지를 말해줄 자료만 주어질 것이라고 말했다. 우리가 다른 누군가와의 관련성에 대해 고려하지 않고 연구를 설계했더라면, 품질개선을 목표 주제로 선택하지는 않았을 것이다. 그러나 관리자들은 이 영역에서도 지각을 가지고 있을 것이고, 회사가 많은 자원을 품질을 측정하는 데 투입하고 있었기 때문에, 관리자들의 지각과 비교해볼 '객관적인 실체'에 대한 좋은 측정치에 접근할 수 있을 터였다. 게다가 우리의 초기 연구는 응답자들이 우리들의 설문들을 적합하다고 여기는지의 정도에 대해서 제대로 알고 있지 못했다는 문제점을 안고 있었다.

규모가 큰 네 군데 부서의 인사담당자들이 부서에서 일하는 관리자들에게 적합한 설문지를 작성할 수 있도록 도와주었다. 우리들도 우리가 연구하고 있던 변수들이 응답자들에게 관련성이 있고 중요하리라고 확신했다. 많은 관리자들이 품질개선 훈련과정에 참여해오고 있었으며, 각 부서에는 품질개선에 초점을 맞춘 분과들이 있었고, 모든 관리자들은 자주 품질측정 평가를 받고 있었다. 우리가 배포한 설문지에 응답해준 관리자들의 3/4이 그들이 속한 부서가 더 좋은 품질을 달성하면 개인적으로 더 많은 보상을 받을 수 있을 것으로 기대하고 있었다. 그러므로 우리들은 설문들을 품질개선에 집중해 맞춤으로써, 응답자들이 훨씬 우리들의 설문을 더 잘 이해하고 우리들의 질문이 적합하다고 여길 수 있게끔 작성했다.

품질개선이 회사 경영자들의 최우선 과제였기 때문에 그것을 연구했음에도 불구하고, 일 년 후에 우리들이 후속 자료를 구하려고 했을 때는 그 프로젝트가 더 이상 최우선 과제가 아닌 것으로 변해 있었다.

우리를 도와주던 고위 임원은 다른 프로젝트에 참여하고 있었고, 우리를 돕던 그 임원의 보좌역은 다른 직업을 찾아 떠나고 없었다. 우리는 전처럼 관리자들의 지각 정확도에 대한 자료를 얻고 싶었던 것이고, 그렇기 때문에 우리가 전에 한 작업과 일관성을 유지하기 위해 품질개선에 대한 자료를 구하고 싶었지만, 회사는 새로운 관심거리를 개발하고 있었던 것이다.

기업이 기금을 제공하고 경영자가 승인하는 연구에 따르는 한계는 분명하다. 그러나 많은 학술 연구들이 매우 질이 낮은 자료를 가지고 빈약하게 서술된 질문들에 대답하려고 하는 바람에, 기술과 기회를 헛되이 쓰고 있다. 그래서 나는 여러 사람의 도움을 받아가며 MSI와 닮았으면서 경영관리 연구에 진력할 연구원(research institute)을 설립하는 데 2년 이상의 시간을 매달렸다. 많은 중진 학자들이 그 사업에 기꺼이 시간을 할애해 주었으며, 많은 고위직 경영자들이 그러한 목적에 쓸 수 있도록 자신이 다니는 회사에게 일정한 회비를 납부해주도록 요청했다. 경영자들은 그러한 식으로 연구를 지원하는 것에는 별 관심을 보이지 않았으나, 연구 자체에 대해서는 실무교육에 영향을 미치는 하나의 방식으로서 기꺼이 지원하고자 했다. 경영자들은 세미나와 연구자들과의 쌍방향 의사소통을 그들 자신과 동료들의 전문성을 개발하는 효과적인 방식으로서 받아들였던 것이다. 나는 연구원이 40개에서 60개 정도의 회사를 끌어들일 수 있을 것으로 확신하게 되었지만, 종잣돈으로 약 2백만 달러 정도의 자금이 필요했고, 나는 그것을 구할 수 없었다.

지식의 생산

05

지식의 생산

"지식과 실수는 동일한 정신 자원으로부터 흘러나오는 것으로,
단지 결과만이 이 둘을 구별할 수 있을 뿐이다."
Ernst March(1905; 1987년도 인쇄본 116쪽)

많은 사회과학자들이 그들을 매우 생산적인 연구자로 보이게끔 해주는 시스템을 고맙게 받아들이는 이유가 무엇인지 알아보는 것은 쉬운 일이지만, 지적으로 뛰어난 연구자들이 지속적인 가치를 가진 것들을 거의, 또는 전혀 생산해내지 못하면서 시간을 허비하고 있다는 것은 안타까운 일이다. 사회과학자들의 연구가 가지는 공리적 가치가 너무 낮기 때문에, 사회과학자들이 속한 사회 환경은 그들이 수행하는 연구에 거의 관심을 보이지 않고 있으며, 그들을 자신들만의 지적 놀이에 빠진 사람들로 바라보고 있다. 사회과학 연구가 연구결과에 대한 신뢰성 기준을 좀 더 높게 설정한다면, 사회에 더 큰 가치를 제공할 뿐만 아니라, 연구자 자신들도 좀 더 존중받을 수 있을 것이다.

나는 이 장에서 연구 결과를 개선해줄 것으로 믿고 있는 몇 가지 연구 책략들을 제안하고자 한다. 물론 이 책략들이 모든 문제를 다 해결해줄 수는 없는 노릇이지만, 그래도 그것들이 일부 잡티들을 솎아 주고, 연구를 수행한 자가 누구인지에 보다 덜 의존적인, 탄탄한 지식을 생산해낼 수 있을 것이다. 다음에 이어지는 두 절은 연구자들에게 자신의 선입견을 뒤흔들어 자신이 생각하고 있는 것을 도발해보아야 하고, 자연적 실험들을 관찰하거나, 또는 상황을 뒤집어 균형상태를 깨뜨려봄으로써 자신이 지닌 지식이 타당한지를 증명해볼 것을 촉구한다. 세 번째 절은 신뢰할 만하면서 견고한 지식의 생산을 강조하는 통계방법들에 초점을 맞춘다. 마지막으로, 지식이라는 것이 본질적으로 인간적이고 사회적인 것임을 인식하고, 연구자들에게 그들이 알고 있는 것에 대해 합의를 이끌어내고자 노력해줄 것을 주문한다. 지식이 축적되려면 그 전에 사람들이 지식이 축적되기를 원한다는 합의가 필요하다. 그러한 합의는 기득권층의 이해관계, 그리고 연구자들 사이에 광범위하게 배어있는 관행들과 같은 장벽에 맞닥뜨리게 된다.

내가 제시하고자 하는 문제들은 정상적인 것이거나 관습적인 것으로 보이는 연구를 수행하는 과정에서 발생하는 것이어서, 내가 제안하는 책략들 대부분이 정상적이지 않고 낯설게 여겨질지도 모르겠다. 내 경험에 따르면, 그러한 인식들은 책략들에 좀 더 익숙해지면서 사라지고, 그 책략들을 활용하는 데 따르는 이점들을 경험할 수 있게 된다.

5.1 자기 자신 흔들어대기

"논쟁은 피해야 한다; 그것들은 언제나 상스럽고,
종종 설득적이기까지 하다."
Oscar Wilde, *Importance of Being Earnest*(Act II, 1985)

논리적 일관성이 제공하는 편안함은 인간의 경험 속에 깊숙이 자리하고 있어서, 사람들에게 비논리적인 것이 바람직하다는 사실을 설득시키는 방법은 존재하지 않을지 모르겠다. 그러나 논리는 연구자들의 눈을 멀게 하고 그들이 발견할 것들에 대해 한계를 짓는 감옥을 만들어낸다. 연구자들은 그들이 명시적으로 제시한 가정들과 추론이 지닌 타당성을 스스로 도발해봄으로써, 자신들이 연구하고 있는 상황에 대한 균형감각을 얻고, 그럼으로써 스스로 인식하지 못했던 암묵적인 가정들을 발견해낼 수 있다.

어쩌면, 사람들은 언어적 변경, 즉 어휘나 문법을 바꿔서 자신의 사고행위에 자그마한 소란을 불러일으킬 수 있을 것이다. 언어가 사고에 영향을 미친다는 것은 의심의 여지가 없다. 물론, 다른 것들보다 더 지대한 영향을 끼치는 언어적 변환이 존재한다. 나는 능동사를 사용하고 피동사와 '… 이다(to be).'라는 형태를 피하는 정책을 채택한 후에 그런 커다란 변화를 경험했다. 이 정책은 내 저술을 좀 더 명확하고 좀 더 설득력 있게 서술하고자 채택했던 것이지만, 미묘하게, 그리고 점진적으로 내 사고 방식을 변화시켰다. 전에는 적합하다고 생각할 수밖에 없었던 이론들에 대해서 불만족을 느끼기 시작했으며. 특히 인과적 과정에 더욱 많은 관심을 기울이기 시작했다. 연구자들이 종종 부정관사를 써야 할 곳에 정관사를 사용하는 것을 목격하고 나서는,

앞의 것에 비해 깊이는 덜하지만, 나름의 변화를 경험하기도 했다. 예를 들어, 연구자들이 실제로는 다양한 특성들을 보이는 여러 조직들을 논하고 있으면서도 종종 'the organization'이라고 언급한다. 연구자들은 'the organization'이라고 말함으로써, 마치 모든 조직들을 유사한 것처럼 언급하면서 이질적인 현상들 속에 동질성을 짜깁기해 넣는다. 그러한 용법들을 주의 깊게 살펴보기 시작한 이후로, 이런 현상들이 생각보다 넓게 펴져 있음을 보게 되었고, 연구자들이 독자들은 물론, 자기 스스로까지 오도하면서, 인위적으로 동질성을 짜넣고 있음을 전보다 더 잘 인식할 수 있게 되었다.

삼각측량법(triangulation), 즉 어떤 상황을 한 가지 이상의 자료 형태로 조사하는 방법은 자신의 사고행위를 뒤흔들어볼 수 있는 또 다른 괜찮은 방식이다. 예로써, Sutton and Rafaeli(1988)의 연구를 들 수 있다. 그들은 판매량과 판매원이 고객에게 표현하는 감정들 사이의 관계를 조사했다. 한 체인편의점은 판매원들에게 미소를 띠고 친절하게 대하도록 설득함으로써 경쟁우위를 얻고자 했다. Sutton과 Rafaeli는 은밀하게 판매원의 행동을 관찰해서 그 결과를 평가하려고 했다. 하지만 회사가 바람직하다고 생각했던 행동들은 편의점의 판매실적과 역상관관계를 보였다. 판매원이 미소를 보이는 곳에서는 판매량이 줄었고, 판매원이 친절하지 않은 곳에서 오히려 판매량이 늘었던 것이다. 따라서 Sutton과 Rafaeli는 이 문제를 다른 방법론을 통해서 접근해보았다. 그들은 면접을 통해서, 그리고 자신들이 직접 편의점에서 일을 하면서 질적인 자료들을 수집하였다. 이렇게 얻은 새 자료는 편의점의 판매량이 그 편의점을 들락거리는 고객 수에 따라 결정되는 판매원의 작업량을 반영한다는 점을 지적하고 있었다. 판매량이 큰 편의점일수록 더 많은 고객을 상대할 수밖에 없었고, 따라서 판매원들은 고객들에게 사교적인 행위를 제공할 여유가 없었던 것이다. 따라서 통계적 분석에서 보았을 때 놀랄만한 이 발견은 직접적인 관찰을 통해서 이해할 수 있을 만한 것이 될 수 있었다. 연구자들은 다른 측면에서 상황을 바라봄으로써 그들이 처음에 제시했던 명제에서 벗어날 수 있었던 것이다.

'삼각측량법'이란 용어는 동일한 대상을 두 가지 이상의 관점에서 바라본다는 것을 암시하지만, 관점을 바꾸게 되면 대상 자체가 바뀌게 될 수도 있다.(Lewis and Gimes 1999). 따라서 삼각측량법은 전설에 나오듯 한 마리의 코끼리가 아니라, 서로 다른 동물 여섯 마리를 조사하는 맹인들에 해당할 수가 있는 것이다. 특히, 삼각측량법은 예컨대, 개인 고객들과 말을 나누는 개인 판매원들, 그와 대조적으로 많은 가게의 수개월에 걸친 판매액과 많은 종업원에 대한 관찰에서와 같이, 언제나 상이한 분석수준을 포함하고 있는 것처럼 생각된다. 합산을 하느냐, 아니면 나누어 계산하느냐에 따라 그 의미들이 극적으로 달라질 수 있는 것이다. 많은 사례들을 평균하면 그것들을 거의 제대로 기술하지 못하거나, 어쩌면 아무것도 기술하지 못할 수도 있다. 모집단에서 이루어지는 상관관계가 하부집단 어느 곳에서도 발생하지 않을 수 있다는 얘기다. 모집단에 관해서 행한 참된 진술이 모집단의 구성원 하나하나에 대해서는 거짓일 수 있는 것이다.

모든 반대와 경고들은 얼마간의 타당성을 가진다.
동의하지 않는 협력자는 둘 다 옳다.
모든 인과관계 화살표는 화살촉이 둘이다.
모든 개별적인 명제에 대한 정반대 명제는 똑같이 타당하다.

자신의 두뇌를 좀 더 심하게 뒤흔들어놓기 위해서 논리에 대한 반박 논리를 활용할 수 있다. 자신의 두뇌에게 다양한 가설적인 추측들에 따른 논리적 결과들을 추정해보도록 시도해볼 수 있을 것이다. 이 추측들이 자신이 현재 가지고 있는 지각들을 부정한다면, 그 논리적 결과들이 그 지각들이 지닌 한계들을 드러내 보여줄 수 있다. 혹은, 서로 반대되는 두 갈래의 추론 과정을 병렬로 배치해볼 수도 있을 것이다. 그 결과로 나타나는 딜레마가 자신이 행한 추론과정에 내재된 한계를 밝혀낼 수 있다.

사람들은 그러한 모순들을 개인적으로, 또는 한 사회 단위의 구성원으로서 활용할 수 있다. 모순의 두 가지 사회적 양태가 대체적으로 유용하다. '모든 반대와 경고들은 얼마간의 타당성을 가진다.'라는 명제는 사람들이 서로 다른 현상들을 지각하고 서로 다른 가치들을 가진다는 사실을 다시 한 번 일깨워준다(Starbuck, 1996). 그와 유사하게, '서로 동의하지 않는 협력자들은 둘 다 옳다.'라는 진술은 상황을 다른 시각에서 바라볼 수 있도록 유도한다. 두 명제 모두가 큰 그림을 보게끔 하고, 부차적인 상관관계들을 고려해보도록 하며, 상이한 목표들이 지닌 정당성을 인식하게끔, 그리고 다른 정보자료들을 검토해보게끔 동기부여한다.

이 명제들 중 두 개, 즉 '모든 인과관계 화살들은 두 개의 화살촉을 가지고 있다.'는 명제와 '모든 명제의 정반대 명제는 똑같이 타당하다.'라는 명제는 개인적인 차원에서 적용해볼 수 있다. 첫 번째 것은 단기적인 인과관계를 천천히 변화하는 맥락 속에 배치해서 장기적인 피드백 경로를 탐색해보도록 독려한다. 두 번째 명제는 진실이라는 것이 거의가 딱 떨어지도록 명백한 것이 아니며, 상황은 자신이 인식하는 것보다 거의 언제나 더 복잡하다는 사실을 일깨워준다.

나는 내 두뇌가 무시해오고 있던 것들에 대해서 곰곰이 생각해보도록, 또한 그것이 가정해오고 있던 것들을 재고해보도록 할 요량으로, 이 명제들을 절대적인 용어를 사용해서 기술한다. 물론, 반대의견들이 타당하지 않은 예도 있을 것이고, 당연히 타당한 반대 명제가 존재하지 않을 수도 있을 것이다. 그러나 "어떤 반대의견들과 경고들은 어느 정도의 타당성을 가지고 있다."고 말한다면, 반대의견과 경고들의 타당성을 부인하는 게 너무 쉽지 않겠나 싶은 생각이 들었다. 나는 반대의견과 경고들에 내재된 가능한 타당성에 대해서 완벽하게 고려해보도록 나 자신을 몰아갈 필요가 있고, 따라서 가능한 타당성에 대한 모든 증거를 탐색해보라고 나 자신에게 요구하고 있는 것이다. 마찬가지로, 내가 '어떤 명제들의 반대 명제들은 똑같이 타당하다.'라고 말하면, 반대 명제들의 타당성을 부인하기가 너무나 쉬어진다. 내가 알고 있듯이, 내 마음은 새롭거나, 상이하거나, 일관성이 없는 지각들을 봉쇄해버리는 눈가리개를 만들어내고 있어서, 이 눈가리개를 제거해버리기 위해서는 극단적인 수단들을 사용할 수밖에 없는 것이다.

'서로 다른 의견을 가지고 있는 협력자들은 둘 다 옳다.'라는 명제나 '모든 명제들의 반대 명제들은 똑같이 타당하다.'라는 명제는 변증법적 사고행위를 보여주는 본보기로 바라볼 수 있는데, 이 사고행위는 자신의 지각을 확장하는 데에 논리를 활용하는, 가장 보편적이면서 유용한 방식이다. 변증법적 사고행위에서는, 'A가 B를 초래한다.'라거나, 'X는 좋다.'와 같은 하나의 명제(테제: thesis)에서 출발한다. 그 다음에, 그것과 반대되는 명제(안티테제: antithesis), 예컨대 'B는 A를 초래한다.'나 'X는 나쁘다.'와 같은 명제를 만들어낸다. 마지막으로, 'A와 B는 서로에게 영향을 미친다.'라거나 'X는 좋은 결과와 나쁜 결과 양쪽 다 초래한다.'

와 같이, 그 명제들을 하나의 시각에서 통합하도록 시도해보는 것이다.

내 경험한 바에 따르면, 변증법적 사고는 거의 언제나 상황에 대해서 유효한 깨달음을 제공해주었다. 나는 이것을 우리 인간은 상당히 복잡한 세상에 살고 있지만 상대적으로 단순한 창조물이라는 생각을 뼈대로 하여 설명하고자 한다. 우리는 우리의 세상을 우리가 이해하기 쉬운, 분명하고 단순한 용어들을 통해서 바라보는 경향이 있다. 그러나 그렇게 함으로써, 우리는 우리 세상을 너무 단순화시켜서 세상이 지닌 모호성을 무시하고, 세상에 내재되어 있는 미묘한 부분들을 간과해버린다. 변증법적 사고행위는 우리로 하여금 조금이나마 우리가 지닌 한계를 극복하도록 도와준다.

협력 연구는 변증법적 사고행위를 자극하고 지원할 수 있다. 두 명 이상의 연구원들이 서로 상이한 전제에서 출발해서 다른 이론들을 주장하고 변호할 때, 그들은 상대 협력자들에게 대안적인 해석을 내놓고 있는 것이다. 그러면 연구자들은 협력을 통하여 그들 사이에 차이가 나는 이론들을 조화시키고자 노력하게 되고, 결과적으로 좀 더 전체적인 이론으로 발전시킴으로써 그러한 조화를 일궈내는 경향을 보인다. 나는 앞 절에서 Hedberg와의 논쟁이 우리들 사이의 협력을 이끌어내었고, 그 협력이 결과적으로 우리 둘 다 처음 주장에서 일부는 옳고 일부는 틀렸음을 우리에게 인식하게 해주었음을 보고한 바 있다(Starbuck, 1989). 다른 한 예로, Latham과 Erez 사이에 벌어진 논쟁을 들 수 있을 것이다. 이 두 사람은 실험에서 사뭇 다른 연구결과를 얻었다. Latham 과 Erez는 Locke를 중재자로 불러들인 후에 그 이슈들을 해결하기 위해서 네 개의 실험을 시행하였다(Latham, Erez, and Locke, 1988). 그들은 자신들이 과거에 수행했던 실험들이 보였던 차이점은 겉으로 드러난 실험 통제 때문이 아니라, 실험자 각자가 실험에 참가한 피실험자들에게 내린 지시 방식의 차이에서 비롯된 것이었음을 발견하였다. Locke(Latham, Erez, and Locke, 1988:769)는 다음과 같이 언급했다.

> 나를 가장 놀라게 한 것은 두 사람이 분명히 똑같은 현상을 연구하고 있음에도 발생할 수 있는 절차와 설계상에서 보이는 차이의 수였다. 이 사례에서, Erez와 Latham이 이전에 시행한 연구의 절차와 설계에서 적어도 아홉 가지의 차이점을 발견할 수 있었다. 이들 중에는 꽤나 미묘한 것도 있었다(예를 들어, 자기효능감 관련 지시사항). 많은 것들이 인쇄물로 발표된 논문을 읽었을 때에는 분명하게 드러나지 않는 것들이었다(예를 들어, 말하기(tell)와 말하고 팔기(tell and sell) 지시사항 사이의 차이점들; 피실험자들에게 싫은 목표는 거부하라고 말하기). 이 연구들에서 그러한 차이점들이 발생했다면, 그 차이점들이 다른 현상들을 조사하는 연구들에서도 발생할 수밖에 없으리라는 가정이 가능하다.

변증법적 사고행위는 사회과학 이론의 발달과정에서 사회적으로 흔히 발생하는데, 연구자들이 불만족스러운 명제들을 그 반대 명제들과 통합하는 방식으로 반응할 때 그렇다. 예를 들어서, 19세기 말엽에 미국과 유럽 대부분의 국가들에서 과학적 심리학은 내성적 증거에 의존한 지각의 과학(a science of perception)이었다(Starbuck, 2000). 1900년대 초엽에 행동주의자들의 혁명이 기존의 방식에 도전장을 내밀었다. 행동주의자들은 내성법은 매우 믿을 수 없는 자료를 생산해내며, 인지과정은 행동의 원인이 아니라, 행동의 결과로 발생하는 것이라는 주장을 폈다. 1930년대와 1940년대에 걸쳐서 논쟁이 지속되었지만, 심리학 연구는 행동에 초점을 맞추었고, 인지는 대체적으로 무시되었다. 한 논쟁에서, Tolman(1948)은 자신이 행한 실험증거가 일부 쥐들이 자신의 환경에 대한 인지 지도(cognitive map)를 발달시키고, 이를 바탕으로 혁신적인 행동을 효과적으로 수행할 수 있음을 보여준다는 주장을 제시했다. 그러나 Guthrie and Horton(1946: 7)은 고양이의 행동을 설명하는 데 사고 과정에 대한 고려는 불필요하다고 주장했다. '우리들은 고양이가 의심할 바도 없이 우리들과 비슷하게 경험이란 것을 한다는 걸 부인하려는 것이 아니다. 그러나 우리는 그러한 의식적인 경험에 의존하지 않고도 고양이의 행동을 적절하게 기술할 수 있다는 것을 매우 바람직한 것으로 여기고 받아들인다.'

그럼에도 불구하고, 심리학자들은 단순한 동물들에 관한 행동 연구를 사람에게 그대로 적용하여 추정하는 것이 어렵다는 사실을 발견하면서, 점차적으로 새로운 접근방법들을 찾을 준비를 해가고 있었다(Chomsky, 1959). 1950년대에 들어서면서, Newell이나 Simon을 위시한 여러 사람들이 인지과정 모형으로서 컴퓨터 프로그램을 사용하기 시작했다 (Newell and Simon, 1956; Newell, Shaw, and Simon 1958). 이러한 시도는 인지에 관한 관심을 새롭게 불러일으켰다. 1970년대를 시발점으로 하여, 인지 연구들은 심리학 분야에서 주요 학술지들과 박사학위 논문들을 지배하기 시작했다. 1960년대 말에는 심리학자들이 행동주의 연구보다 인지 연구를 두 배 정도 더 자주 인용했다(Robins, Gosling, and Claik, 1988). 1990년대 중반에 이르러서는 심리학자들이 인지 연구를 행동주의 연구의 다섯 배 정도 인용하게 되었다.

그러나, 이러한 행동주의자로부터 인지론자로의 이행은 아직 불완전한 변증법적 사고행위를 대변하고 있을 뿐이다. 연구자들이 행동과 인지가 각각 어떻게 현상의 대안적 측면을 대변하는지를 보여주고 있는 하나의 포괄적인 틀 속에서 이 둘을 통합하지 못하고 있기 때문이다.

인지이론은 행동주의 이론이 설명하지 못하는 현상을 설명할 수 있다. 그러나 다른 한편으로, 행동주의 이론이 인지이론이 설명하지 못하는 현상을 설명할 수 있는 것이다(Starbuck, 2000; Starbuck and Hedberg, 2001). 가장 극단적인 행동주의자들 중에서도 소수만이 인지가 가끔 인간의 행동을 유도하기도 한다는 것까지 부인하고 있지만, 행동에 대한 인지의 영향력은 느슨하거나 변동적일 수밖에 없고, 오히려 인지에 대한 행동의 영향력이 강하게 나타나는 경우가 흔히 발생한다.

좀 더 완벽한 변증법적 사고행위가 리더십 이론에서 지속적으로 이루어지고 있다(Webster and Starbuck, 1988). 20세기 초엽에, 많은 저자들과 관리자들이 성공적인 조직은 단호한 리더들과 순종적인 부하직원들이 필요하다고 생각했다. 심리학자들과 관리자들은 리더십을 개인이 안정적으로 가지고 있는 성격적 특성으로 보았으며, 따라서 행운이 따르는 사람들은 태생적으로 리더십 자질을 가지고 있는 반면에, 그렇지 못한 사람들도 있다는 것이다. 이러한 정통주의적 사고는 반대 명제들을 끌어 모았다. Weber(1947)는 어떤 조직들은 리더십을 비인격화하기도 하고, 부하직원들은 종종 리더들을 합법적이지 못한 존재로 판단하기도 한다는 점을 지적했는가 하면, 호손 연구는 우호적인 감독행위가 부하직원들의 생산성을 증가시킨다는 주장을 펴기도 했다(Roethlisberger, and Dickson, 1939; Mayo, 1946). Barnard(1937)는 권위는 상사가 아니라 부하직원들 속에서 자란다고 주장했다.

세기 중반이 되자, 심리학자들은 이렇듯 차이가 나는 관점들을 통합한 제안들을 하기 시작했다. Coch and French(1948), 그리고 Lewin (1953)은 민주적 리더십을 얘기했다. Bales(1953), Cartwright and Zander(1953), 그리고 Gibb(1954)은 리더십을 집단의 몇몇 구성원들에 의해 공유되어 있는 행위로 분석했다. Bales(1953)는 리더의 사회적 역할과 과업역할을 구별하였다. Cattell and Stice(1954), 그리고 Stogdill (1948)은 상이한 부류의 리더들이 나름 보여주는 독특한 성격적 속성들을 고려했다. 1950년 말에는 오하이오 주립대학의 연구가 리더십을 두 개의 차원, 즉 구조주도적 행위(initiating structure)와 배려행위(consideration)의 두 요인으로 나누었다(Fleishmen, Harris, and Burtt, 1955; Stogdill and Coons, 1957). 구조주도적 행위는 1910년대의 리더십 개념에 해당하고, 배려행위는 그 개념에 반하는 행위에 해당한다. 따라서 심리학자들이 원래 서로 배타적인 것으로 보았던 관점들은 점차적으로 복합적이고 복잡한 현상을 기술하는 독립적인 차원들로 받아들여지게 되었다.

상이한 아이디어들이 둘 다 타당성을 가지게 되면, 그 아이디어들이 서로 부합할 수 있는 방식을 보여주는 포괄적인 틀 속에서 그 둘을 통합하는 길이 있을 수밖에 없다. 그러한 포괄적인 틀을 발견하는 일이 변증법적 사고행위가 지향하는 바다. 그렇지만, 서로 대조되는 지적인 관점들을 통합하는 일을 너무 조급하게 서두르지 않는다는 것도 중요한데, 그 이유는 일관성이 필요한 만큼이나 대조적인 것도 필요하기 때문이다. 대조는 우리로 하여금 개념을 분명하게 하면서 너무 쉽게 개념들을 통합해선 안 된다고 경고한다. 병렬적 배치와 구체화는 새로운 이론을 자라게 한다. 긴 안목으로 보면, 이슈들을 갈등이라는 틀로 바라보게 한 다음, 점진적으로 우리 자신들에게 갈등이란 존재하지 않는다는 점을 확인시킴으로써 진보의 걸음을 내딛게 되는 것이다.

자신을 흔들어놓는 또 다른 방식은 극단적인 사례, 즉 평균적인 상황이나 행동과 극단적으로 달리 보이는 상황이나 행동을 연구, 조사해보는 것이다. 빈번하게 목격하는 현상들은 흔히 자신의 기대에 강한 영향력을 행사하기 때문에, 극단적인 사례들을 이해하는 데에는 어려움이 따르다. 극단적인 사례들은 보지 못하고 지나친 인과적 요소들을 들춰내어 보여주고, 현상의 복잡성을 인식하게 해줄 수 있다. 특히, 사람들과 조직들, 사회시스템들은 그들의 환경과 공생관계를 발달시키기 때문에, 시스템들이 상호작용 수단으로 활용하는 피드백 경로에 민감해질 필요가 있다. 모든 사람들과 모든 조직들, 모든 사회시스템들은 부분적으로 나름의 독특함을 지니고 있기 때문에, 그들 사이의 유사점뿐만 아니라, 차이점에 대해서도 세심해질 필요가 있는 것이다.

극단적인 사례에 대한 연구를 하는 과정에서 부딪히는 과제들 중 하나는 사례를 극단적인 것으로 만들어주는 것이 무엇인지를 가려내는 일이다. 과거는 미래에 영향을 미치는 것이니까, 시스템은 단순히 상이한 경험들을 해온 것만으로도 차별화를 발달시킬 수 있다(Denrell, 2004). 극단적인 사건들을 초래하는 과정들이 극단적인 것이어야 할 필요는 없고, 정상적인 것일 수 있다는 것이다. Hedberg, Nystrom과 나는 일련의 연구에서 심각한 위기에 직면하고 있는 것처럼 보이는 조직들을 조사하였다(Starbuck, 1989). 우리가 이 연구를 시작했을 때에는 비정상적인 것들을 찾아보려고 생각했지만, 우리들의 연구는 비정상성이라는 현상이 우리들의 선험적 믿음 속에 자리하고 있는 오류였음을 밝혀주었다. 거의 모든 조직은 언젠가 그들의 존재를 위협하는 위기에 직면한다. 위기들이 많은 조직들을 폐업에 이르게 하지만, 어떤 조직들은 두 번 이상의 위기에 직면하기도 한다. 따라서 비록 심각한 위기가 조직들이 정상적으로 겪는 도전들과 비교해볼 때 극단적인 상황을 구성하긴 하지만, 그 위기들이 실제적으로 그렇게 희귀한 현상이 아닌 것이다. 이러한 극단적인 상황은 조직과 그 환경이 정상적으로 진화해가는 과정에서 나타나는 것이다. Perrow(1984)도 심각한 산업재해와 같은 극단적인 상황이 정상적인 과정으로부터 야기될 수 있으며, 정상적인 과정이 조만간에 사고를 일으킬 가능성이 매우 크다는 점을 주장했다. Perrow은 여러 다양한 사업들 안에서 벌어진 중요한 사고들을 검토한 것에 기반하여, 구성요소들이 꽉 엮어져있는(tightly coupled) 복잡한 시스템은 오작동할 길이 다수 존재한다고 추론했다. 게다가, 그러한 시스템은 통제하기가 너무 어려워서 사고를 방지하려는 노력 자체가 사고를 유발할 수도 있다는 것이다.

예외적인 성과를 조사하는 연구들은 필연적으로 극단적인 사례들에게 관심을 집중하게 되는데, 예외적인 성과 요건들을 이해하려면 평균이 아닌, 극단적인 사례들을 연구해야만 하기 때문이다. 덧붙여 말하지만, 조직의 예외적인 성과에 관심이 있다면, 복잡한 설명이 필요하다는 것을 예상해야 한다. 예외적인 성과를 올리는 조직은 그들이 처한 환경의 특성들을 잘 활용함으로써 그럴 수 있다는 점이 복잡한 설명을 필요로 하는 이유 중 하나다. 이런 활용행위가 환경을 변화시킴으로써 환경이 조직의 존재를 반영하게 되고, 그러면서 조직은 환경과 상호의존적으로 발전해가게 된다. 게다가, 복잡성은 모방을 어렵게 한다. 조직이 예외적인 성과를 올리는 이유를 간단하게 설명할 수 있다면, 그 조직은 효과적인 경쟁자들을 만나게 될 것이고, 결과적으로 더 이상 예외적이라고 할 만큼 좋은 성과를 올리지 못하게 될 것이다.

이 이슈들의 일부가 예외적인 법률회사인 Wachtell, Lipton, Rosen and Katz를 조사한 내 연구(Starbuck, 1993b)에 잘 예시되어 있다. 법률회사를 연구한 두 연구가 평균 통계치에서 유사한 결과를 얻었다. Gibson and Mnookin(1989)과 Samuelson and Jaffe(1990)는 '레버리지', 즉 파트너에 대한 파트너가 아닌 동료변호사 비율이 수익률를 결정하는 핵심 요인이라고 추정했다. 그들은 많은 법률회사들을 통합해 계산했을 때, 파트너당 이익이 높을수록 레버리지가 높다는 점을 발견했다. 대부분의 법률회사들은 동료변호사들에게 지급하는 임금보다 훨씬 초과하는 시간당 임금을 고객에게 부과하고, 그 차익을 파트너들이 차지한다. 그러나 Wachtell의 레버리지는 다른 어떤 주요 법률회사들의 그것보다 훨씬 낮았으며, 다른 회사들보다 동료변호사들에게 보다 높은 임금을 지불했다. 그리고 회사가 고객에게 시간급을 부과할 때, 그 특정한 사건을 맡은 변호사들의 임금에 비례해서 부과했다. 따라서 Wachtell은 분명히 수익을 결정하는 패턴으로부터 이탈해 있었음에도 불구하고, 미국에서 가장 높은 수익을 올리는 법률회사였던 것이다.

사실, Wachtell은 전형적인 법률회사로부터 뿐만 아니라, 높은 성과를 올리고 있는 법률회사로부터도 많이 벗어나 있었다. 물론, Wachtell은 다른 모든 법률회사들이 공유하고 있는 특성들과 몇몇 그와 다른 법률회사들이 공유하고 있는 특성들도 보유하고 있었다. 그러나 Wachtell은 다른 법률회사들이 모방할 수는 있지만 따르지 않았던 독특한 특성들과, 다른 법률회사들이 모방조차 할 수 없었던 특성들도 보유하고 있었다. 후자의 특성은 중요하다. 왜냐하면, 조직이 예외적인 것이 되기 위해서는 그만의 독특한 특성들이 결합되어 있어야만 하기 때문이다. 이 예외적인 조직은 다른 조직들이 습득하기에 매우 어렵거나 불가능한 특성을 일부 보유하고 있으며, 다른 조직들이 양립할 수 없다고 여기는 속성들을 한데 결합하는 능력을 보유하고 있다. 경쟁하는 회사들이 Wachtell의 특성을 손쉽게 모방할 수 있고, 그 회사들의 리더들이 Wachtell의 리더들과 동일한 목표를 가지고 있다고 한다면, Wachtell은 지금에 이르기까지 예외적인 회사로 더 이상 남아있을 수 없을 것이다. 그러나 Wachtell은 외부인들이 이해하기 어려운 특성들을 가지고 있었다. Wachtell의 특성들 중에 몇몇 독특한 특성들은 창업자와 그 창업자들이 회사를 창업했던 사회적 상황으로부터 유래된 것이었으며, 그 외 또 다른 독특한 특성들은 회사 리더들의 다양한 경험들을 반영하면서 발달했던 것들이었다. 그러니까, Wachtell은 그 환경과 역사적 시대상을 반영하면서, 또한 환경과 시대상에게도 영향을 미쳐오고 있다는 얘기다.

나는 인간 두뇌의 효용성을 확장하는 방식의 하나로 자신을 흔들어 보는 것을 연구 도구의 하나로 생각한다. 그것은 자신에 내재되어 있는 암묵적인 가정들을 발견하고, 연구하고 있는 상황에 대해서 상이하면서, 희망하건대, 더 나은 지각을 얻는 방식을 제공한다. 그러나 효과적인 연구는 이와 함께 적절한 상황들, 새로운 사실을 드러내놓는 현상들을 연구할 것도 요구한다. 다음 절에서는 연구자가 처한 환경을 흔들어보는 방식에 대해서 논하기로 한다.

5.2 자신의 환경 흔들기

사회시스템들은 자신의 잠재능력과 한계에 대해 잘못된 인상을 직조해내는 탁월한 능력을 가지고 있다. 그것들은 매우 중요한 제약조건들을 거의 어기는 법이 없고, 사실, 그 제약조건들을 어기는 곳 가까이 가려고도 하지 않는다. 또한 그것들은 거의 언제나 거의 모든 차원에서 균형 가까운 곳에 머물러 있으려고 하기 때문에, 그것들이 수행할 수 있는 전체 행동범위를 노출하지 않는다. 현존하는 사회시스템 연구들은 역동성을 무시하고, 역동성에 영향을 미칠 수 있는 요인들을 간과하는 경향이 있다. 그 연구들은 거의 모든 자유도를 미답보 상태인 채 남겨두고 있으며, 비정상적인 상황에서 어떤 일이 벌어질 수 있는지에 대해서는 보여주는 것이 없다. 그 연구들은 시스템이 감히 거스르려고 하지 않는 제약조건들처럼 매우 중요한 요인들이거나, 너무 위대해서 누구나 존중해 마지않는 권력과 같은, 누구도 감히 도전해볼 생각조차 하지 않는 어떤 힘들에 대한 정보를 거의 제공해주지 않는다. 그 연구들은 균형을 강조하고 새로운 방향 설정을 경시하며, 균형점으로 향하는 과정이 작동하는 방식에 대해서는 제대로 알려주는 것이 거의 없다. 안정적인 상태에 놓여있는 사회시스템에 대한 연구들은 많은 사회시스템들이 공유하고 있는 특성들을 강조하고 있지만, 일반론은 겉껍질에 불과한 것이 되어버린다. 대부분의 일반 특성들과 관계들이 효용성이 약한 의례적인 기능을 수행하는 것에 그치는 것처럼 말이다,

잠재적인 행동들의 범위를 전체적으로 인식하기 위해서는 사회시스템들이 예외적인 환경에서 어떻게 운영되는지를 살펴볼 필요가 있다. '자연적 실험'이란 정상적인 행동 패턴이 방해를 받아오고 있거나 현재 받고 있는 상황이다(Starbuck, 1976). 이러한 자연적 실험들은 외적인 사건들이 사회시스템을 정상적인 균형상태로부터 떼어놓을 때 발생한다. 그 결과, 시스템에 내재된 적응적, 그리고 반응적인 어떤 능력을 볼 수 있으며, 그것이 균형상태가 존재하는 이유를 발견할 수 있는 길을 열어준다.

Alan Meyer의 병원 연구가 탁월한 예를 제공한다. Meyer는 몇 곳의 병원들에 대한 자료를 분석해서 논문을 쓰고 있을 때, 보험회사들이

의사에 대한 보험료를 대폭 올린다고 발표했다(Meyer 1982a; 1982b). 의사들은 항의의 표시로 파업에 들어갔고, Meyer는 병원으로 되돌아가서 파업에 대한 병원들의 반응을 관찰하기로 결정했다. 일부 병원들은 파업이 일어날 수도 있음을 예상했고, 그에 대한 대처 계획들을 개발해 놓고 있었으나, 다른 병원들은 그렇게 하지 않았다. 일부 병원들은 파업이 지속되는 동안에 지속적으로 수익을 내었으며, 그 파업은 그 병원들에게 파업이 발생하는 동안 어떻게 전보다 더 수익을 낼 수 있는지를 보여주었다. 그에 반해 다른 병원들은 파업 기간에 손실을 보았다. 병원이 어떻게 반응할 것인지에 대해 Meyer가 이전에 관찰한 바에 근거해서 내린 예상은 틀린 것으로 판명되었다. 그는 병원의 구조와 관행들을 기반으로 하여 예상했지만, 병원들이 공유한 이념들이 구조나 관행들보다 파업에 대한 반응과 훨씬 더 높은 상관관계를 보였다. 병원들의 반응과 높은 상관관계를 보인 것은 Meyer가 그 이전에 최고경영층을 면담했을 때 그들이 자신들의 병원을 기계와 같다든지, 또는 유기체와 같다는 식으로 기술했는지에 달려있었다.

Meyer는 스스로가 요동(jolt)이라고 명명한 정상적인 행동의 일시적인 붕괴상태를 관찰했었다. 또 하나의 요동이 챌린저 왕복 우주선이 폭발했을 때 미우주항공국에서 발생했다(Starbuck and Milliken, 1988). 이 사례는 매주 낮은 주위 온도 속에서 진행된 발사과정에서 거의 주목을 받지 않았던 점진적인 개선 과정에 주목해볼 것을 주문한다. 점진적인 개선들은 견고한 로켓 발사장치를 좀 더 가볍고 좀 더 강력하게 만들기 위해 이루어진 것인데, 아마도 그 개선들이 안전했던 설계를 작동이 불가능한 것으로 바꾸어놓았던 것 같다. 오링(O-ring) 손상에 대한 점진적인 순응과정이 일부 관리자들로 하여금 이 손상에 내포된 심각성을 보지 못하게 하면서, 오히려 그 손상을 로켓이 위험하지 않고 견고하다는 표시로 오인하게끔 이끌어 갔다. 챌린저호 재앙은 또한 미 우주항공국이 정상적이라고 여겼던 행동, 그리고 우주비행은 매번 해오던 일상적인 것이라는 주장이 자신들의 기술에 대한 신뢰성에 대해서, 그리고 우주비행사들이 하드웨어적 결함을 극복해낼 능력을 가지고 있다는 데 대해서 터무니없는 가정을 하게끔 만들었음을 보여주었다.

요동은 어떤 면에서 '암흑상자' 안을 들여다보기 위해서 전자 엔지니어들이 사용하는 충격함수나 계단함수와 닮아있다. 지속적이고 변화가 없는 투입물에 대한 반응을 살펴보는 것만으로는 회로에 대해 완전히 이해하는 것은 불가능하다. 그러나 투입물에 갑작스러운 충격이나 변화를 주고 그 반응을 살펴보면 회로에 대한 이해도를 훨씬 더 높일 수가 있다. 그러나 전자회로에 대한 연구와 사회시스템에 대한 연구 사이의 차이는 엄청나다. 전자 엔지니어들은 암흑상자의 내용물이 고정적이라고 가정하지만, 요동은 사회시스템들이 표출하는 행동들과 사회시스템의 미래 성격을 모두 변화시킨다. 예컨대, 요동은 경쟁자들 집단 사이에 자원을 새롭게 배분할 수 있거나, 사람들에게 새로운 기술을 가르치고 새로운 지각을 제공할 수 있는 것이다.

요동들은 변화의 기회를 조성하여 제공한다. 그것들은 조직들에게 맨 처음 움직임에 따르는 이점들을 얻게 해주거나, 쇠퇴하는 환경으로부터 도피하는 기회를 제공한다. 그것들은 관례적인 행동들을 뒤흔들어 놓는가 하면, 구성원들에게 활력을 불어넣으며, 옹호자들을 결집시키기도 한다. 의사결정 상황이 사람들이 해결책으로 밀고 싶어 하는 부차적인 이슈들과 행위들을 끌어내면서, '쓰레기통(garbage can)' 의사결정 행위가 발생한다(Cohen, March, and Olsen, 1972). 연구자의 관점에서 볼 때, 요동은 모호하거나 반응이 없던 특성들을 드러나게끔 해주는 자연적 실험을 조성한다. 요동은 겉으로 보기에 유사한 리더들과 신념 체계, 조직들 사이에 존재하는 차이점들, 그리고 숨겨진 경계 조건들을 드러내 보여준다. 요동은 시스템의 역동성에 대한 교훈을 제공하고, 이전의 균형점을 회복하고 새로운 균형점을 구축하려는 과정을 활성화 시키며, 조직과 환경 사이에 발생하는 공생적 상호작용을 목격하게 해준다.

자연적 실험들이 유용한 정보를 제공하는 원천임에는 틀림없지만, 그것들이 이론의 예측 효능성을 검증해주는 것은 아니다. 거의 모든 자연적 실험 분석들은 회고적인 형태를 보이며, 연구자들은 회고적 이론들을 눈에 확 띄는 전형적인 사실들과 부합하도록 만들 수 있기 때문에, 그러한 이론들은 적정하게 작동하는 것처럼 보이게 된다. 잘해 보았자, 자연적 실험에 대한 회고적 분석은 연구자들에게 자신의 이론에 상황적 요소들을 첨가하도록 부추길 뿐이다. 연구자들이 이론의 모자란 부분을 좀 더 분명하게 드러내 보여주기 위해서는 자신의 이론들로부터 예상들을 도출해보려는 노력을 해야 하고, 실제 발생한 것이 그들이 예상한 것과 근접해 있는지를 증명해야 한다. 덧붙여 말하자면, 중대한 이론적 진보는 비생산적인 사고 노선을 배제하는 중요한 실험들에 달려있는 반면에, 자연적 실험의 결정요인들은 이론 검증으로서의 유용성과는 상관이 없다. 그러므로 연구자들은 의미 있는 과학적 진보를 이루어내기 위해서 중요한 실험들을 수행하고 가까운 시일 내에 자신들의 이론들을 예측적인 측면에서 유효하다는 것을 증명하는 일을 시도할 필요가 있다.

실제로 일상적인 삶을 살아가고 있는 사람들을 참여시키는 실험행위는 오래도록 사회과학자들에게 풀어야 할 숙제를 안겨주고 있다. 연구자들조차도 실험에의 참여가 자신의 생계나 앞으로의 경력에 위협이 된다고 생각하면 피실험자가 되고 싶어 하지 않는다(Riecken and Boruch, 1974; Rivlin and Timpane, 1975; Campbell and Russo, 1998). 특히, 연구결과가 많은 사람들에게 해를 입히거나 혜택을 줄 가능성이 있을 때에는, 그러한 상황이 위험을 부담하지 않으면서 혜택만을 제공하는 실험들만 수행이 가능한 것으로 제한해버리는데, 이는 피실험자들이 대우를 받는 쪽을 선택하기 때문에 임의적인 상태에 놓여있지 않게 됨을 의미한다.

그러나, 연구자들과 실험에 참여하려는 잠재적 피실험자들 사이의 상호교류가 그 자체만으로 꽤 가치있는 것이 될 수 있다. 하나만 예를 든다면, 잠재적 피실험자들은 결과에 대해 신뢰가 갈만한 예상을 받아들일 수 있을 때라야 참여를 결정할 가능성이 크다. 이런 협상은 연구자들에게 결과에 대한 예상을 하도록 영향력을 행사하며, 그뿐만 아니라, 잠재적 피실험자들이 그럴 듯하게 생각하는 이론을 이용하여 그런 예상을 하도록 강제한다. 이는 예견되는 이론들이 크게 엉뚱한 것이 아니며, 연구자들이 자신의 예상들에 대해 어떤 증거를 가지고 있음을 약하게나마 증명해주는 것이다. 또 다른 예를 든다면, 잠재적 피실험자들은 예상된 결과를 연구자들과 다른 기준을 가지고 평가할 가능성이 매우 크다. 사실, 연구자들은 흔히 자신을 사적인 가치관에 영향을 받지 않고 순전히 객관적으로 행동하는 자로서의 특징을 내세운다. 잠재적인 피실험자가 연구자들에게 자신들의 사적인 가치들에 주목하고, 그러한 가치들이 연구에 어떻게 영향을 미치는지에 관심을 가지도록 만들 수만 있다면 양쪽 모두가 혜택을 받을 수 있을 것이다.

그러나 내 경험상으로 볼 때, 연구자들의 목표와 잠재적인 피실험자들의 목표가 아무런 관련성이 없는 경우가 종종 발생한다. 특정한 실험설계에 매몰되지 않고 마음속에 여러 가능성들을 열어둔 채 상황에 접근할 필요가 있다. 그러려면, 연구목표에 부합하면서 잠재적 피실험자들의 바램을 일부 충족시켜주는 실험을 설계한다는 것을 목표로 삼고 잠재적 피실험자들이 원하는 바를 검사할 필요가 있다. 협상 과정이 길어질 수도 있고, 우여곡절도 있을 수 있겠지만, 연구 결과는 중요한 이슈들에 직접적으로 관련되어 있는 고품질의 자료가 될 수 있을 것이다.

King(1974)은 실험적 중재가 지닌 잠재력을 예시해주고 있는 직무설계에 관한 현장실험을 보고했다. 그 실험은 한 회사가 운영하는 네 군데 공장에서 수행되었다. 공장 1과 공장 2는 기계공들이 스스로 기계를 장착하고 끝마친 작업을 검사하는 '직무충족화'에 대한 실험을 수행했다. 다른 두 공장, 즉 3, 4 공장은 작업자들이 일정한 간격에 따라 한 작업에서 다른 작업으로 옮겨가는 '직무순환'에 관한 실험을 수행하였다. 따라서 겉으로는 직무충족화의 결과와 직무순환의 결과를 비교하는 실험으로 보인다. 그러나 공장들 사이에는 또 다른 차이점이 존재했다. 제조담당 책임자가 공장 관리자들에게 실험을 수행하는 이유를 설명할 때, 달리 설명했던 것이다. 그는 공장 1과 3의 관리자들에게 과거 연구가 직무변화가 생산성을 높여준다는 점을 시사하고 있다고 말했지만, 공장 2와 4의 관리자들에게는 과거 연구가 직무변화가 생산성에 영향을 미치지는 않지만 '노사관계' 개선을 시사하고 있다고 설명했다. 실험 결과, 높은 생산성을 기대한다는 말을 들은 공장 관리자들이 근무하는 공장에서는 그 후로 12개월 동안 6%의 생산성이 제고되었고, 노사관계가 좋아지리라는 기대를 들은 공장 관리자들이 근무하는 공장에서는 12개월 동안 결근률이 12% 감소했다. 직무충족화 실험이 수행되었던 두 개 공장의 생산성은 직무순환이 시행되었던 두 개의 공장에 비해 생산성이 단지 0.4% 정도 증가했을 뿐이었고, 직무충족화 실험이 시행되었던 공장의 결근율은 직무순환이 시행되었던 공장의 결근율에 비해 단지 1% 이하의 차이만을 보였을 뿐이었다. 따라서 작업자들이 실제로 한 행위 측면에서의 변화는 실로 작은 결과만을 산출했을 뿐이지만, 그에 비해 공장 관리자들의 기대가 훨씬 더 큰 결과를 초래하는 것으로 나타났다.

타인들이 그들의 문제를 해결할 수 있도록 기꺼이 돕고자하는 마음도 연구에 대한 일반적인 사회적 지원에 기여한다고 믿고 있다. 나는 일곱 나라에서 짧게는 수개월에서 길게는 수년에 걸쳐서 살기도 했고 고용되어 일하기도 했다. 잠깐이지만 여덟 나라의 학술기관을 방문하기도 했고, 또 다른 아홉 나라에서 개최된 학술대회도 참여하였다. 나는 학자들이 그들의 사회에 공헌하고자 하는 노력과 학술연구의 질, 그리고 학술연구를 지원하려는 사회의 기꺼움 사이에는 약하게나마 상관관계가 있음을 목격해왔다고 생각한다. 나는 국민들이 대학들을 그들의 경제적, 사회적 안녕에 공헌하고 있는 기관으로 생각하는 곳에서는 학계의 임금수준이 상대적으로 높고 연구 기금은 넉넉하며, 연구자들은 대체적으로 연구에 더 몰두하고 있는 것처럼 보인다고 추측한다. 그와 반대로, 국민들이 대학들을 기이한 사람들이 모여 있는 장소로 바라보는 곳에서는, 학계의 임금수준이 상대적으로 낮고 연구기금은 부족한 경향이 있으며, 연구자들은 대체적으로 연구를 수행하는 데에 힘쓰지 않는 것처럼 보인다. 내 추측이 맞는다면, 학술연구 가치를 판정하는 자가 학술계 인사만은 아닐 것이다.

5.3 통계적 견고성(Robustness)*과 신뢰성 강조하기

이전의 절들에서는 계량적 연구와 비계량적 연구 모두에 적용되는 아이디어를 제시했다. 이 절에서는 통계적 방법에 초점을 맞추었다. 통계적 방법은 너무나 많은 소란을 일으켜왔기 때문에, 특히 관심을 가지고 주목할 만한 가치가 있다.

자료를 분류하는 방법과 자료로부터 도출된 추론은 둘 다 자료 자체의 완전성에 의존한다. 만약 자료가 중요한 변수를 누락하고 있다면, 그 어떤 계산 기법도 이 누락으로부터 야기되는 문제를 해결할 수 없다. 사회과학자들은 종종 생략된 변수가 추론을 왜곡하지 않는다는 영웅적인 가정들을 하곤 하지만, 그러한 가정들은 증거도 없는, 신뢰하기 어려운 것으로 생각된다. 그러므로 회귀방정식에는 결과변수에 중요한 영향력을 행사할지도 모르는 변수들은 모두 하나같이 그 모습을 보인다는 측면에서, 연구의 소비자들이 회귀방정식은 결과변수에 대한 완전한 이론을 대변해야만 한다고 요구하는 것은 일리가 있는 주장이다.

우선적으로 해야 할 것들 중 하나가 통계적 유의성 검증방식의 오용이 거의 전우주적으로 이루어지고 있는 현상을 끝내는 일이다. 그러나 역사는 이러한 일이 전혀 용이하지 않다는 점을 보여주고 있다. 사람들은 1950년대에 유의성 검증의 허점들을 지적하기 시작했으며, 많은 저명한 방법론자들이 유의성 검증을 반대하는 자들의 편에 서오고 있다 (Falk and Greenbaum, 1995). 따라서 실질적으로 이 관행을 끝내는 일은

* 한국 통계학회의 용어 지침에 따르면, robustness는 '로버스트성'으로 번역하도록 되어 있다. 그러나 본서에는 내용에 더 무게를 두어 견고성으로 번역한다. 이후, robust는 문맥에 따라 '로버스트', 혹은 '견고한'으로 번역한다.

그 가능성이 심히 낮을 것으로 판단된다. 그보다는 유의성 검증에 내재된 달갑지 않은 특성들, 구체적으로는 이분적 추론의 도출이나 모형의 구성요소에 대한 편도함수 추론의 도출, 신뢰성이 떨어지는 점 귀무가설의 사용, 정규분포 정확성에 대한 지나친 의존 등을 점차로 줄여가는 것이 더 생산적일 것이다.

5.3.1 가능도비와 단순 가설(Likelihood Ratios and Naive Hyphtheses)

전통적인 유의성 검증은 기본적인 통계논리가 관측치들이 임의적인 오차들을 동반하고 있다고 말하고 있음에도 불구하고, 가설이 완전히 참이거나 완전히 거짓이라고 가정한다. 자료에 불확실성이 끼어있다면, 자료로부터의 추론에도 불확실성이 끼어들 수밖에 없다. 게다가, 모형을 통한 계산은 그 모형을 구성하는 개별 요소가 아니라 온전한 전체 모형에 의존하는 것이어서, 모형의 타당성에 대한 추론은 전체 모형에 대한 추론이어야 한다. 가능도비(likelihood ratios)는 그 문제들을 유의성 검증보다 더 의미 있게 처리한다(Jeffreys and Berger, 1992). 비율은 다음과 같이 계산한다.

$$\frac{\text{확률 (A 모형이 참인 경우의 자료)}}{\text{확률 (B 모형이 참인 경우의 자료)}}$$

만약 두 모형이 둘 다 똑같이 자료에 잘 들어맞는다면, 비율은 1이 될 것이다. 만약 A 모형이 B 모형에 비해 자료에 훨씬 더 잘 들어맞는다면, 비율은 1 보다 확연히 클 것이다. 진실 여부에 대한 판단이 아니라, 두 모형을 각각 완전한 모형으로 처리하면서, 두 모형의 상대적 유효성에 대해서 판단하려는 것이다.

당연히, 모형의 요소들을 더하거나 뺌으로써 편도함수적 사고를 할 수도 있다. 예를 들어,

$$\frac{\text{확률 (변수 X를 뺀 A 모형이 참인 경우의 자료)}}{\text{확률 (A 모형이 참인 경우의 자료)}}$$

이것은 개별 변수들의 영향력을 떼어내 보고자 하는 현재의 관행에서 비롯되는, 어쩔 수 없는 추정 방법으로 생각된다. 그러나 그런 계산 하나하나에는 연구자들과 청중들에게 모형에서 단 하나만의 수정만이 고려되고 있음을 소비자에게 되새기도록 하는 경고 딱지가 붙어 있는 것이다.

귀무가설을 단순 가설(naive hypotheses)로 대체하면 추론의 중요성을 주장하는 기준을 더 높게 가져갈 수 있을 것이다(Starbuck, 1994). 자신의 이론이 완전히 엉터리 가정들을 모아놓은 것보다 낫다고 주장하는 대신에, 그 이론이 아무런 인과적 통찰도 필요로 하지 않는 가정들보다 낫다고 주장할 수 있게 되는 것이다. 이러한 단순 가정들은 가능한 형태들이 많이 있는데, 가령 '내일은 오늘과 같을 것이다.', '변화는 선형 추세를 따를 것이다.', 혹은 '다양한 카테고리에 속한 관측치 수는 그 카테고리의 의미와는 무관할 것이다.'와 같은 것들이 될 것이다. 대부분의 상황에서 단순 가설들을 두 개 이상 고려하는 것이 일리가 있기 때문에, 다양한 단순 가설들을 사용할 가능성이 진실에 대한 이분법적 판단으로부터 벗어날 수 있는 또 다른 방식이 될 수 있는 것이다.

5.3.2 효과크기와 메타분석

진실에 대한 이분법적 판단으로부터 벗어날 수 있는 또 다른 길은 효과크기에 대해서 얘기하는 것이다(Kirk 1996; Nix and Barnett 1998). 연구자들은 습관적으로 결과변수에 대한 독립변수나 상황변수 혹은 통제 조건들의 영향력 측정치로 t 값을 사용하고 있지만, t 값은 각 요인들에 의해 표현되는 변동성을 감안하지 않기 때문에, 실제로 영향력을 비교하는 수단이 되지 못한다. 예를 들어서, 아래 방정식에서 계수를 추정해본다고 할 때,

$$Z = A^* X + B^* Y$$

A와 B에 대한 t 값은 X 가 Y 보다 변동성이 훨씬 더 클 수 있다는 가능성을 감안하지 않는다. 표준화된 회귀 계수들은 X가 1 표준편차만큼 변화할 때 발생하는 Z의 변화량 대비 Y가 1 표준편차만큼 변화할 때 발생하는 Z 변화량을 추정하는 것이기 때문에, 표준화된 회귀 계수가 X와 Y의 영향력 추정치보다 더 나은 추정치를 제공할지 모른다. 그러나 표준화된 회귀 계수는 X와 Y가 모두 실질적으로 확률변수(random variable), 즉 대규모 모집단에서 무작위로 추출된 변수들일 때에 한해서만 의미가 있다.

통계적으로 의미는 있지만 실제로는 무시할 만한 차이, 또는 통계적으로는 의미가 없지만 실질적으로는 중요한 차이들을 보고하고 있는 논문들을 발견하는 일은 어렵지 않다. Webster와 나(1988)는 대규모 표본 연구와 소규모 표본 연구가 매우 유사한 상관관계 분포를 얻지만, 소규모 표본 연구가 +0.5를 상회하는 상관관계를 더 많이 산출하고

있고, 대규모 표본 연구는 −0.2와 +0.2 사이에 위치하는 상관관계를 더 많이 보고하고 있음을 발견하였다. 이 차이는 연구자들이 상관관계가 영(零)에 근접하고 있을 때 추가적으로 관측치를 증가시키고 있다는 논지와 맞아떨어진다. 어떤 연구자들은 관계의 크기를 예상한 다음, 통계적 유의성을 산출해내기에 충분할 만큼의 관측 수를 얻으려고 애를 쓴다(Cohen 1977). 그런가 하면, 어떤 관계들이 통계적으로 유의미한 곳에 도달할 때까지 관측수를 늘려가는 연구자들도 있다. 그 반대로 긍정적인 상관관계를 얻게 되면 관측을 그만두어버리는 연구자들도 존재한다. 대규모 표본 연구와 소규모 표본 연구는 그것들이 산출하는 자료 면에서 거의 차이를 보이지 않기 때문에, 통계적 유의성에 대한 강조가 극히 작은 상관관계를 강조하는 데까지에 이른다. 우리가 행한 분석의 결과, 나는 '통계적으로 의미가 없다.'는 보고를 관찰된 현상이 의미가 있다. 또는 없다고 판단하는 진술로서가 아니라, 분석된 자료의 양과 적합성에 대한 진술로서 받아들이고 있다.

그동안 효과크기를 측정하는 다양한 대안들이 제시되어 왔다(Glass, McGraw and Smith 1981; Hunter and Schmidt 1990; Snyder and Lawson 1993; Tatsuoka 1993; Fleiss 1994; Rosenthal 1994; Kileen 2005). 효과크기는 그것이 이항 변수가 아니라 연속변수들이라는 점, 그리고 그 크기가 결과변수에 미치는 영향력과 직접적으로 관계되어 있다는 점에서 유용하다. 지금은 20개가 넘는 교육학, 심리학 관련 학술지가 연구자들에게 효과크기를 보고하라고 요구하고 있다. 그러나 하나의 숫자로 (그게 어떤 종류의 것이든) 추정치를 표현하는 것은 그 숫자의 정확도를 과장하는 것이 되어버리기 때문에, 통계학의 개혁에 찬성하는 사람들은 연구자들에게 효과크기에 대한 점 추정치가 아니라, 그에 대한 신뢰구간을 보고하라고 권고하고 있다(Thompson, 2002; Rosenthal and Rubin, 1994도 볼 것). 이 접근방식이 가지는 이점은 모호성이 존재할 때에는 효과크기가 넓은 범위를 가지고 있는 것으로 기술된다는 것이다. 이 접근방식의 결점은 연구자들이 신뢰구간이 영(零)을 포함하는지, 또는 그렇지 않은지에 대한 언급으로 되돌아가는 경우, 연속변수(효과크기)를 이진변수로 치환해버리는 경향을 보인다는 것이다.

효과크기에 대한 관심을 증폭시키고 있는 자극 중의 하나가 메타분석으로, 많은 연구들로부터 얻은 비교가능한 결과들을 통계적으로 분석하는 기법이다. 개별연구들은 그 나름의 독특한 결과를 얻었을 가능성이 있기 때문에, 많은 연구들을 비교하는 것이 개별연구들의 특이성을 상쇄해서 평균을 얻을 수 있도록 도와줄 수 있고, 연구들이 보여주는 변이들이 왜 발생했는지, 그 이유에 대한 추론을 가능하게 해줄 수도 있다. 그러한 비교들은 문헌검토라든가 이론적 통합이라는 제목을 달고 수십 년 동안 이루어져 왔는데, 메타분석은 그러한 노력들을 통합하고 계량화하려고 시도한다.

연구들을 통합하여 통계적으로 비교하려면 표준화된 측정치가 필요하고, 표준화된 회귀 계수와 같은 효과크기는 표준화되어 있는 것으로 보이기 때문에, 메타분석은 효과크기 보고 행위를 조장한다. 그러나, 메타분석을 해오고 있는 사람들이 관찰된 변이성에 영향을 미치는 요인들로 인해서 발생하는 연구들 사이의 확률 차이를 항상 고려하는 것은 아니다. 예를 들어, 이직율이 낮은 곳에서 수집된 자료는 공유된 경험, 공유된 문화, 공유된 정책과 절차로 인해서 줄어들어 작아진 분산을 가지고 있을 수 있다. 그러한 자료를 단순하게 표준화해서 그것을 여러 다양한 곳에서 수집한 자료들과 비교할 수는 없는 것이다.

회귀분석으로부터 신뢰할 만한 추론을 이끌어내기 위해서는 특이치 효과를 줄일 수 있는 크기가 큰 표본을 필요로 하는데, 그 때문에 메타분석에서 이루어지는 추론들 중 일부는 특이값 효과에 영향을 받을 가능성이 크다. 메타분석이 하나의 연구가 백 개씩의 관측치를 가진 오십 개의 연구를 검토한다고 가정해보자. 어떤 추론, 예컨대 오십 개 연구들로부터 얻은 계수들의 평균값과 같은 추론의 신뢰도가 아주 크기가 큰 표본(50×100=5,000)의 추론에 대한 신뢰도에 근접하고 있다. 그러나 연구들이 상이한 결과를 얻은 이유에 대한 추론과 관련해서 볼 때, 표본크기는 단지 50개에 불과한 것이어서 보통 최소제곱(OLS) 통계로 처리하기에는 너무 작은 숫자인 것이고, 따라서 신뢰도는 빈약한 것이 되어버린다. 앞 장에서 논의된 연구(Schmidt 1971; Claudy 1972; Einhorn and Hogarth 1975; Dorans and Drasgow 1978)는 과거 연구들 사이에 존재하는 차이들에 대한 추론을 하기 위해서는 적어도 100 ~ 200개의 연구를 손에 넣어야 한다고 말한다. 그리고 추후 연구에서 믿고 적용할 만한 추론을 얻기 위해서는 적어도 200 ~ 400개의 연구가 필요할 것이라고 한다. 이런 규모의 표본크기로도 메타분석으로부터 얻은 추론은 신뢰적인 측면에서 볼 때, 대체적으로 분석가들의 선험적 가설 정도에 불과하다. 메타분석에 포함되어 있는 연구들 사이에서 보이는 차이들에 대해 진정으로 정보적인 면에서 유익한 추론이 가능하려면, 수백, 심지어 수천 개의 연구가 필요할 듯하다. 현존하는 많은 메타분석들은 100개도 채 안 되는 연구들을 검토하고 있기 때문에, 저자들은 연구들의 특성들에 대해 자신들이 설정한 가설들을 불충분한 자료로나마 지지해보려는 노력도 하지 않으면서, 편의적으로 그 가설들을 발표, 게재해오고 있지나 않은지 모르겠다.

5.3.3 로버스트 통계학(Robust Statistics)

자료에 내재되어 있는 오류들도 통계적 추론을 위태롭게 한다. 쉽게 구할 수 있는 데이터베이스에 대한 감사 결과에 따르면, 오류 비율이 30%에 근접하고 있다고 하며, 내 개인적인 경험에 의하면, 학생들을 통해 수집한 자료들도 다양한 오류들을 포함하고 있다. 통계학자들은 추론 기법을 붕괴점(breakdown point), 즉 계산된 통계치를 완전히 무효화시킬 수 있는 최소 오류 관측수를 가지고 평가한다. [표 5.1]은 다섯 가지 회귀법 각각에 대한 붕괴점을 보여준다. 오차제곱 통계는 붕괴점이 관측치 한 개인데, 이는 잘못된 관측치가, 설사 그것이 자료를 입력할 때 저질러진 오류라고 하더라도, 하나만 있어도 계산이 크게 왜곡될 수 있다는 의미다.

표 5.1 붕괴점: 분석을 왜곡할 수 있는 최소관찰자 수

분석종류	최소관찰자 수
보통 최소제곱 회귀(OLS)	1개 관측치
절대-오류 회귀(L1)	1개 관측치
최소 중앙값 제곱 회귀(LMS)	관측치의 50%까지
최소 절사 제곱 회귀(LTS)	관측치의 50%까지
로버스트 MM 회귀	관측치의 50%까지

어떤 통계적 추론이나 검증이라도 그것이 의미가 있으려면, 비교되는 하위모집단들(subpopulations)이 동질적이어야 하는데, 자료가 동질적이지 않은 경우가 훨씬 흔하다. 즉, 하나의 대상을 표현하는 것으로 분류되는 관측치들이 실제로는 여러 가지 대상들의 혼합물을 표현하고 있는 것이다. 사실, 모든 사람과 사회시스템은 어떤 측면에서는 특이한

존재이기 때문에, 관측들을 분류하는 다양한 방식들이 있다. 예를 들어, 앞 절에서 Wachtell, Lipton, Rosen, and Katz가 다른 법률회사와 크게 다르다는 점을 지적했다. 대부분의 법률회사들에 대해서는 상당히 잘 기술하고 있는 것처럼 보이는 이론들이 Wachtell사에 대해서는 잘 설명해주지 못한다. 그런데도, Wachtell사를 법률회사라는 분류에 집어넣는 순간, 그 회사는 그것이 어떤 것이 되었든지 '법률회사'에 대한 통계적 추론에 강하게 영향력을 미칠 수 있는 특이점이 되어버리고 만다. Wachtell사를 '예외적인 법률회사'라는 분류 속에 집어넣으면, Wachtell 사는 여전히 특이점으로 남아있긴 하지만, 그 극단적인 성질은 이전보다 줄어든다. 매우 예외적인 법률회사들을 상당히 잘 기술하고 있는 것처럼 보이는 이론들도 Wachtell사를 잘 기술하지 못하며, Wachtell사는 '예외적인 법률회사'에 대한 어떤 통계적 추론에도 강력한 영향력을 행사할 수 있다. 그러므로 통계적 추론을 왜곡하지 않는 분류법을 결정하는 것은 매우 중요한 일이다. 그러한 결정은 변수가 2개나 3개 정도 포함되어 있을 때는 그런대로 쉬운 작업이 되겠지만, 사람들은 4개 이상의 차원을 시각화하는 능력을 결여하고 있어서, 변수의 숫자가 증가하면 점점 어려워진다. 그러한 이유로, 통계학자들은 관측치들을 연산에 기반해서 분류하는 통계방법들을 개발시켜왔다. 예를 들어, 한 철저한 방법은 예컨대 자료의 90%로 이루어지는 가능한 하위집합들을 모두 검토한 다음, 그 중에 가장 작은 하위집합을 선택하는 방식을 취한다.

[표 5.1]에 열거된 네 가지 방법들은 보통 오차제곱 회귀보다 자료오차와 극히 이례적인 값들에 덜 민감하게 반응하기 때문에 '견고하다(robust)'라고 일컬어진다. 절대오차 회귀(L1)은 회귀선에서 벗어난 값의

제곱이 아니라 그 값의 절대값을 합산하기 때문에, 극히 이례적인 값들에 덜 민감하다([그림 4.6]을 볼 것). 그러나 절대오류 회귀가 보통 최소제곱 회귀(OLS)와 마찬가지로 단 하나의 관측치로 붕괴점에 도달하는 데 비해서, 다른 세 가지 방식은 잡음이 섞인 자료(noisy data)로부터 신뢰할 만한 추론들을 도출할 가능성을 제공한다. 최소중앙값 제곱(LMS) 회귀는 회귀선으로부터 어느 정도 이상 벗어나 있는 관측치 모두를 무시해버리기 때문에, 자료오차나 극히 이례적인 값에 무척 둔감하다. 최소중앙값 회귀의 결점은 대부분의 관측치들에게 관심을 보이지 않는다는 점이다. 최소 절사제곱(least trimmed squares) 회귀는 사용자가 정한 특이치들의 일부를 무시한다는 것을 제외하고는 보통 최소제곱(OLS)과 유사하다. 무시된 부분이 임의적으로 결정되기 때문에, 상이한 부분들을 생략하고 계산한 결과들을 비교한다는 것은 일리가 있어 보인다. 로버스트 MM 회귀는 특이한 관측치들을 무시하지 않고 그 대신 그것의 영향력을 제한한다는 점을 제외하고는 보통 최소제곱 회귀와 유사하다.

이러한 다양한 방법들을 예시하기 위해서 나는 1개의 결과변수와 5개의 독립변수들에 대하여 12,000개의 관측치를 인위적으로 만들어보았다. 6개 변수 모두 측정 오차를 포함하고 있고, 그중 몇 개는 소수점을 좌측이나 우측으로 한 자리 옮겨 놓은 입력 오차를 가지고 있으며, 3개의 독립변수는 한쪽으로 기울어진 분포를 가진다. [표 5.2]는 [표 5.1]에 열거된 방법들의 성능 통계값을 보여주고 있다. 자료의 잡음혼잡도가 중간 정도인 경우, 로버스트 방법 모두에서 보통 최소제곱법보다 더 정확한 추정치를 산출했는데, 그중에서도 가장 정확한 방법은 최소 절삭제곱 회귀와 로버스트 MM 회귀로 나타났다. 그러나 잡음혼잡도가 매우 높은 자료로부터 유용한 추정치를 뽑아낼 수 있는 통계방법은 존재하지 않는다. 대량의 측정 오차와 수많은 자료 입력 오차들이 독립변수와 결과변수 사이의 연결성을 깨뜨려서 독립변수 모두가 서로 유사한 것들로 보이게끔 만들어버리기 때문이다. 그 결과로, 회귀 추정치들은 세로좌표를 과장하고 독립변수들, 특히 영향력이 큰 것들의 계수들을 과소평가하게 된다. [표 5.2]는 잡음혼잡도가 매우 높은 자료에서 도출된 계수 추정치는 어떤 분석 방법이 사용되더라도 유용하지 않음을 보여준다.

견고성은 이 방법들이 좀 더 신뢰성이 높은 추론을 도출해낸다는 사실을 의미할 수 있다. 오차제곱 통계치(즉 OLS 회귀)는 많은 연구들이 얻을 수 있는 것보다 훨씬 큰 표본크기를 요구하기 때문에, 연구자들은 현실적으로 얻을 수 있는 크기의 표본들로부터 신뢰할 만한 추론을 도출해낼 수 있는 추론방법을 필요로 한다. 높은 붕괴점을 가진 로버스트 방법은 많은 관측치들이 오차를 포함하고 있다고 해도 신뢰할 만한 추론을 도출해낼 수 있을지 모른다. 그러나 표본크기와 추론의 정확도

표 5.2 추정된 계수에 포함된 절대 오류 평균 백분율

추정방법	보통 혼잡한 자료	매우 혼잡한 자료
보통 최소제곱 회귀(OLS)	67.8%	85.9%
절대-오류 회귀(L1)	25.3%	83.3%
최소 중앙값 제곱 회귀(LMS)	12.9%	83.0%
90% 자료로 계산한 최소 절사 제곱 회귀(LMS)	9.9%	91.1%
80% 자료로 계산한 최소 절사 제곱 회귀(LMS)	8.3%	78.5%
로버스트 MM 회귀	8.2%	82.5%
90% 자료로 계산한 로버스트 MM 회귀	8.3%	83.1%

사이의 관계는 크기가 작은 표본일수록 희소한 오차들을 포함하고 있을 가능성이 작아지기 때문에 간단하지가 않다. 예를 들어, 자료입력 오차 가능성이 1%일 경우를 가정해보자. 크기가 100인 표본이 그러한 오차를 포함하지 않을 확률은 7%인데, 크기가 1,000인 표본이 그러한 오차를 포함하지 않을 확률은 거의 영(零)에 가까울 것이다.

[그림 5.1]은 보통 최소제곱 회귀와 로버스트 MM 회귀로 연산된 계수추정치의 정확도를 비교해서 보여주고 있다. 이 인위적으로 합성된 자료들로 이루어진 변수들은 정규분포를 가지고 있으며, 측정오차와 함께 소수점 한자리가 오른쪽으로나 왼쪽으로 옮겨진 입력 오류를 범한 관측치 몇 개를 포함하고 있다. 각 점은 20개의 표본을 대변하고, 선들은 중앙값 백분율 오차와 이 중앙값의 상, 하 사분위(quartiles)를 표현한다. 로버스트 통계법을 사용하는 데 따르는 이점은 분명하며, 이 이점은 표본크기가 작을수록 증가한다.

많은 연구자들이 분산을 다 많이 '설명해주는' 회귀일수록 신뢰도가

그림 5.1 추정된 계수 내 오류

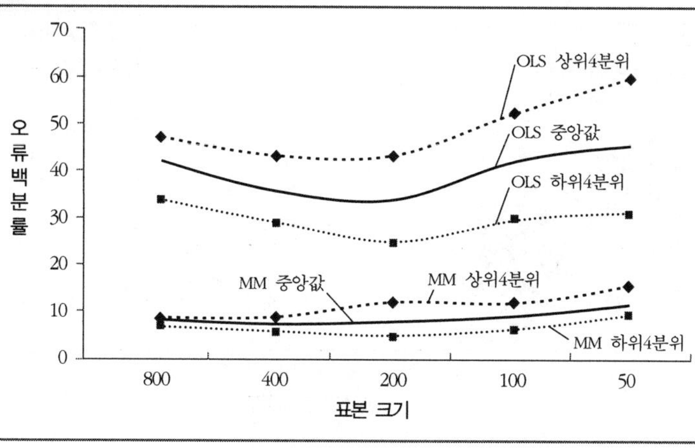

더 높을 것이라고 믿고 있는 것 같다. 적어도 보통 최소제곱 회귀와 관련해서는 논쟁거리가 될 만한 가정이다. [그림 5.2]는 추정된 계수의 중앙값 백분율 오차를 [그림 5.1]을 만들어낸 회귀들에 대해서 설명된 분산의 백분율과 연관을 짓고 있다. [그림 5.1]은 크기가 50과 100인 표본에서 계산된 것들 중 일부가 잘못된 계수 추정치를 산출해내었고, 오차의 중앙값 백분율이 크기가 50과 100인 표본으로 설명되는 분산과 역상관 관계를 가진다는 결과를 얻었다. 그러나 표본의 크기가 200을 넘는 경우에서는 설명된 분산과 중앙값 백분율 오차 사이의 상관관계는 나타나지 않는다.

로버스트 통계방법이 정확성 면에서 탁월하다는 것은 분명한 사실이고, 자료가 보통 최소제곱 회귀의 가정과 부합한다면, 로버스트 MM 회귀와 최소 절삭제곱 회귀 둘 다 보통 최소제곱 회귀의 성능을 산출하기 때문에, 모수를 추정하는 방법으로 보통 최소제곱 회귀를 선호할 하등의 이유가 없다. 마찬가지로, 가능도비와 효과크기가 통계적 유의

그림 5.2 추정된 계수 내 중앙값 오차 대 보통 최소제곱으로 설명되는 분산

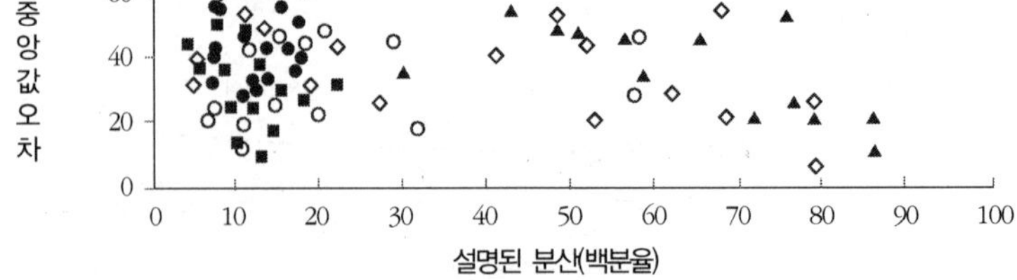

성 검증보다 훨씬 의미가 있다. 완전한 정규분포를 가지고 있지 않은 자료는 예컨대 가능도비를 추정하든지 해서 대안적 모형들을 비교하는 시뮬레이션을 이용할 필요가 있다. 그러한 시뮬레이션이 표 안의 숫자를 들여다보는 것만큼 편하지는 않겠지만, 그것을 조사하는 데 겨우 며칠이 더 걸리는 작업일 것이고, 그러한 작업이란 더욱 설득력 있는 결과를 얻기 위해 흔쾌히 지불할 수 있는 작은 비용에 불과할 터이다.

5.4 합의 구축하기

사회 과정은 지식의 생산과 관련하여 기회와 함께 실망스러운 전망도 같이 제공한다. 기회는 어떻게 연구가 수행되어야 하는지에 대한 규범에 미치는 영향력, 사람들이 지식으로 받아들이는 아이디어에 미치는 영향력, 그리고 자신의 경력에 미치는 영향력 등을 행사할 수 있다는 가능성으로부터 생겨난다. 기존의 규범을 싫어하는 사람은 그것을 바꾸려는 시도를 할 수 있을 것이다. 자신이 가치 있는 깨달음을 얻었다고 믿는 사람은 다른 사람들에게 그 가치를 설득시킬 수 있을 것이고, 명성이나 존경을 받고 싶은 사람은 현재 지배적인 위치를 점하고 있는 규범이 제공하는 이점을 활용할 수 있을 것이다.

사회 과정은 연구의 수행 활동과 함께 연구 결과들을 다른 사람에게 홍보하는 데에도 영향을 미친다. 몇 편의 연구가 어떻게 과학자들이 다른 사람들과의 상호교류를 통해서 관찰할 것들을 개발하고 해석하는지에 대해 보고하고 있다(Mitroff, 1974; Latour and Woolgar, 1979; Zukav, 1979; Knorr-Cetina, 1981). 연구자들 사이의 경쟁, 비밀, 왜곡된 결과들에 관해 서술하고 있는 연구들도 있다(Gaston, 1971; Gilbert, 1977; Samuelson, 1980; Over, 1982).

Peter and Olson(1983:111)은 사회과학자들에게 연구를 '실질적인, 그리고 방법론적인 이론의 형태로 아이디어를 마케팅하는 것'으로 바라보라고 촉구했다. 저자들은 자신의 작업을 보아줄 관중을 끌어 모아야 할 필요성이 있다. 즉, 잠재적 독자들에게 자신의 책과 논문들을 읽어보라고 설득하는 한편, 실제 독자들에게는 자신의 책과 논문에 실려 있는 아이디어와 이론들이 논리적으로 이치에 맞을 뿐만 아니라 유용하기까지 하다는 확신을 심어주는 것이 필요하다. 자신이 기여할 가치가 있는 무엇인가를 가지고 있다고 믿는 사회과학자들은 기꺼이 다른 사람들이 그 가치를 알아보도록 그들을 설득할 수 있어야 한다. 그러기 위해서, 사회과학자들은 잠재적인 독자들의 지각틀 속에 자신의 원고를 꿰맞출 수 있어야 한다. Davis(1971)는 사회학을 '흥미로운 것'으로 만들어주어서, 사람들의 관심을 끌고 영향력을 행사할 수 있게끔 해주는 특성들을 식별해내고자 노력했다. 그는 '흥미로운' 책들과 논문들은 독자들에게 겉으로 보기에 모순이 분명한 것들을 해결해보라고 도발하는 패턴을 보여준다고 추론했다. 그러한 패턴의 하나가 특정한 지역 상황에 특화된 것처럼 보이는 현상이 사실은 꽤 보편적으로 발생한다고 주장하는 것이 될 것이다. 또 다른 패턴 하나로, 불안정하고 항상 변화하는 것처럼 보이는 현상이 사실은 안정적이면서 변화하지 않는다고 주장하는 것을 들 수 있을 것이다.

지식의 생산에 관여된 사회적 과정들은 생산된 지식이 진정으로 유용한 깨달음이 아니라, 대개 또는 전체적으로 감염에 기반해서 이루어진 단명한 지식으로 그치는 경우에는 비관적인 전망 분위기를 조성하기도 한다. 연구자들은 자신들이 풍성한 결과를 끌어낼 가능성이 큰 방침을 추구하고 있다고 믿을 필요가 있기 때문에, 시류에 편승하는 경향이 있다. Jönsson and Lundin(1977)은 작은 회사들에서 일어나는 열정의 물결을 다음과 같이 묘사했다. 어떤 이가 다른 사람들이 매력적인 것으로 생각하는 신제품이나 전략적 아이디어를 제안하고, 점점 더 많은 사람이 이 아이디어의 찬성론자가 된다. 그러나 결과적으로, 사람들은 이 아이디어와 관련된 약점들을 알게 되고, 그 시류에 동참하는 사람들이 점점 줄어들게 되면서, 찬성론자들도 그 아이디어에 지지를 보내지 않게 된다. 찬성하는 사람들의 숫자는 점점 줄게 되고, 마침내 또 다른 어떤 사람이 이전의 것을 대체할 새 아이디어를 제안한다. 사회과학에서는 그런 열정의 물결을 쉽사리 목격할 수 있다. 조직연구에서는 상황적합성이론, 조직생태군이론, 제도이론 등이 이어져 왔다. 조직행동에서는 귀인이론, 조직시민행동, 정체성이론 등이 제시되었다. 미시경제학에서는 회사 행동이론, 게임이론(두 번), 그리고 대리인이론 등이 나왔다. 사회학에서는 상징적 상호주의, 민속방법론, 네트워크 이론들이 제시되어 오고 있다. 통계학 방법론에서는 요인분석, 계단식 회귀분석, 자동회귀이동평균, 로짓프로짓 분석, 헤크만 방법, 고정효과 모형 등이 이어지고 있다.

그러한 열정의 물결은 연구자들에게 이상주의와 진정성의 유지라는 과제를 안겨준다. 연구자들이 사회과학을 정년 보장이나 승진, 일류학술지에의 논문 게재, 더 나아가 사회적 소속감과 같은 개인적 이익을 얻고자 진행되는 게임에 불과한 것으로 인식하는 길로 들어서는 것은 너무나 쉽다. 박사과정 학생들은 성공적인 경력, 믿고 따를만한 증명된 사례들과 비법들을 창출할 공식을 원한다. 연구자들은 겁을 잔뜩 먹은 채 현재 유행을 타고 있는 주제를 뒤쫓아 가고 현재 유행을 타고 있는 연구방법을 사용하는 것에 그들의 성공이 달려있다고 믿거나, 적어도 그렇다고 추정한다. 그러나 지금 세상에 광범위하게 받아들여지고 있는 방법론적 슬로건은 지혜의 껍질만을 만들어내고 있을 뿐이다.

지식이 발달하기 위해서는 그것이 실제로 존재해야 하는데, 그 의미는 어떤 것은 이미 알려진 것이라는 합의, 즉 패러다임이 존재해야 한다는 것이다(Pfeffer, 1993). 그러나 현시대의 수많은 연구 규범들과 관행들이 합의 창출을 방해하고 있다. 연구자들은 자신과 개인적으로 동일시되는 새로운 아이디어들을 제안하고 홍보함으로써 자신의 경력을 더 높이 쌓아올린다. 아이디어를 제안하고 홍보한 연구자들은 자신의 아이디어가 다른 사람의 아이디어와 별반 다르지 않더라도 그 아이디어를 적극적으로 방어한다. 사회과학의 실질적인 진보는 사회과학자들이 성공적인 경력과 지위를 유지하는 일을 연구 설계를 명백히 드러내고 연구가 이바지한 부분을 세심하게 평가하는 일 다음에 둘 때라야 비로소 이루어질 수 있을 것이다. 사회과학자들은 진정으로 지식체계 전반에 걸쳐서 진보가 이루어지기를 원한다는 결정을 내려야할 필요가 있다는 것이다. Platt(1964)의 생각이 맞는다면, 사회과학자들은 어떤 아이디어들이 어리석거나 의미가 없으며, 많은 가설들이 이미 알려진 것들에 더하여 더 이상 유용한 지식을 제공하지 않는다는 사실을 입증하는 연구를 가치 있는 연구로 인정해야 한다. 즉, 사회과학자들은 효과적인 패러다임이란 어떤 방법론들이 비효과적이고, 어떤 논쟁거리들은 중요하지 않으며, 어떤 질문들에 대해서는 이미 만족스러운 대답이 나와 있다는 등을 식별내는 것임을 인식해야만 하리라 생각한다.

앞 장에서 서술했던 것처럼, Webster와 나(1988)는 사회과학자들로부터 동의를 얻은 지식체계를 설명해주는 기준(baseline) 명제들을 채택하여 사용할 것을 제안했다. 그런 기준 명제들 중에서 하나를 예로 든다면, '새로운 아이디어의 실행에 참여하면 그 아이디어를 좀 더 잘 받아들인다.'와 같은 것이 될 것이다. 사람들은 어떤 새로운 명제가 주장하고자 하는 것이 무엇인지를 알기 전까지는 그 명제가 지식의 증가에 이바지하는 부분이 있는지, 또는 없는지의 여부를 결정할 수가 없기 때문에, 합의된 지식체계가 점진적인 발달의 전제조건이 된다. 그러나 Webster와 나는 사회과학자들이 자발적으로 기준명제들에 대해서 동의할 가능성은 희박하리라고 추정했다. 많은 사회과학자들이 기준이 될 만한 자격을 갖추지 못한, 또는 중언부언하는 것이 되고 마는 특정한 명제들과 이해관계를 가지고 있기 때문이다. 사회과학자들은 공유된 틀에 그들의 아이디어를 투영하는 작업에 익숙하지 않기 때문에, 새롭게 사고하고 말하는 방식을 배워야 할 것이다. 어떤 사회과학자들은 이론적 명제들이라면 그것이 어떤 종류가 되었든 그 타당성에 대해서 의심의 끈을 놓지 않는다. 따라서 합의를 구축하는 일과 관련하여, 우리는 전문지식을 수호하는 문지기로서의 역할을 수행하고 있는 주요 학술지들이 명백한 조치들을 취해주어야 하리라고 생각했다. 특히, 핵심 학술지들은 다음의 세 가지 정책을 준수할 수 있어야 하지 않을까 생각한다.

1. 학술지는 기준선이 되는(baseline) 명제들을 반박하는 주장을 제기하는 연구들의 게재를 거부하여야 한다. 명제는 자연의 법칙으로 알려진 것이어서, 타당한 증거라면 그 명제들과 모순될 수가 없다. 이 법칙들로부터 분명하게 벗어난 것들은 외생적인 영향력이나, 영향력

들 사이의 상호작용, 또는 관찰 오류 등이 존재함을 암시한다.

2. 학술지는 기준선이 되는 명제들을 재확인하는 것 이상을 제시하지 못하고 있는 연구의 게재를 거부하여야 한다. 이미 알려진 자연의 법칙은 더 이상의 문서화 작업을 필요로 하지 않는다. 그러나 이러한 법칙들의 의미하는 바가 자명하지 않은 경우라면 그 의미들을 설명할 필요는 있을지 모르겠다.

3. 학술지는 게재 논문들 모두가 유관한 기준선이 되는 명제들 중에서 어떤 것이든 언급하고 있어야 한다는 주장을 견지해야 한다. 기존의 법칙들이 이미 적합한 것이라면 새로운 이론적 명제들을 필요로 하지 않을 것이고, 따라서 이 법칙들에 의해서 설명이 가능한 현상들은 그에 따라 설명되어야 마땅할 것이다.

기준선이 되는 명제들은 궁극적으로 적합한 법칙으로 증명이 될 것인가? 아니다. 물어볼 것도 없이 그렇지 않을 것이다. 첫째, 우리 인간은 복잡한 세상을 이해하기 위해서 노력하는 단순한 창조물이기 때문에, 우리들의 이론이 얼마 정도 잘못된 것일 수 있으리라고 기대하는 것이 당연하다. 그리고 우리는 희망을 품고 사는 창조물이기 때문에, 좀 더 잘하기를 바란다. 둘째, 사회과학은 복수의 명제들을 통합하기 위해서 구체성이 떨어지는 명제로부터 좀 더 구체적인 명제 쪽으로 옮아가야만 할 것이다. 기준선이 되는 명제들을 적용하려는 시도는 표준화된 측정도구에 대한 요구, 거기서 더 나아가서 좀 더 구체적인 명제들을 요구할 것이다. 셋째, 사회시스템의 일부 특성들을 변경하는 성향을 가지고 있는 과정은 이 특성들에게 거꾸로 영향을 미치는 반이론적 과정들을 야기하는 경향도 가지고 있다. 안정성은 변화 압력을 만들어내고, 합의는 반대를 이끌어내며, 제약은 반항을 유발하고, 순응은 독립심을 불러오고, 확신은 의심을 자아낸다. 따라서 과학적 패러다임이라는 존재 자체가 그 패러다임을 전복시키려 노력을 불러일으킬 것이다. 혁신과 현상유지 사이에는 피할 수 없는 상충관계가 존재한다. 어떤 지식 합의체라도 제안된 혁신안들 중 어떤 것들에 대해서는 그것이 실제로는 전혀 혁신적인 것이 아니라고 정의하면서 억누를 수밖에 없는데, 그 와중에 기존의 패러다임들이 진짜배기 혁신들을 이해하지 못하면 과오는 피할 수 없는 것이다. 과학의 진보가 점진적인 변화 시기와 극적인 새로운 방향 설정 사이를 시계추처럼 오가는 이유다. 그렇지만, 지식의 합의체는 진짜배기 혁신을 골라내는 일에 장애를 초래하는, 실제로는 소음에 불과한 혁신안들을 억제함으로써 진보가 가능하게끔 한다.

5.5 얼마나 잘 작동할 수 있을까?

실질적으로 사회과학 연구의 유효성을 개선하는 것은 가능하다. 몇몇 눈에 띄는 연구들이 그 가능성으로 나아가는 길을 개척하는 모험을 감수하고 있다. 개선을 이룰 수 있는 길이 많이 열려 있는데도, 그리고 유명세를 떨치고 있는 몇 가지 기법들은 대단히 비효과적임에도 불구하고, 많은 연구자들이 그 부적합성을 제대로 인식하지도 못한 채 그러한 책략들을 사용하고 있다. 연구자들이 현재 접근할 수 있는 기법들 중에서 가장 효과적인 것들을 사용하기만 해도, 겉으로만 요란한 결과들을 보고하고 있는 연구들은 줄어들 것이고, 더 많은 연구들이 장시간에 걸쳐 지속되는 가치를 창출해낼 수 있을 것이다.

그렇다고는 하더라도, 그러한 개선은 관행과 규범들에 대해 광범위하고도 극적인 변화를 요구할뿐더러, 기존의 틀 속에서 큰 몫을 차지하고 앉아있는 사람들의 기분을 상하게 할 것이기 때문에, 괄목할 만한 개선은 이루어질 것 같지가 않다. 겉만 번지르르한 연구 결과들이 줄어든다는 것은 연구자들이 연구하는 것마다 그것을 완성하기 위해서 한층 더 많은 노력을 기울여야만 한다는 것을 의미할 것이다. 결과적으로 연구논문들의 길이는 더 길어질 것이고, 게재되는 논문의 양은 줄어들 것이다. 많은 연구자들은 기존의 사회시스템 안에서 성공하기를 열망하고 있으며, 동료들의 기대나 그들을 고용하고 있는 사람들이 요구하는 것들을 무시할 수 있는 확신과 자신감을 가진 연구자들은 소수에 불과하다.

지식은 인간이 만들어내는 것이라는 사실과 마찬가지로, 지식의 진보를 방해하는 심각한 장애들 또한 사람들이 만들어낸다. 유명세를 타고 있는 연구 책략들이 본질적으로 나쁘다는 것이 아니다. 그보다는 오히려 사람들이 그것들을 부적절하게 적용하고 그것들에 내재된 약점들을 부당하게 이용해먹는 데 문제가 있는 것이다. 연구자들이 더 나은 길을 발견하고자 한다면, 기꺼운 마음으로 그래야 한다.

대규모적인 변화 가능성을 비관적으로 바라보고 있음에도 불구하고, 나는 감히 연구자들에게 조금씩이나마 좀 더 생산적인 연구 책략으로 실험에 임해주실 것을 주문한다. 사람과 사회시스템에 관한 지식을 창출하는 과정에서 직면하게 되는 도전들은 그 크기도 방대할뿐더러,

시시각각으로 변하기까지 한다. 그러한 도전들은 사회과학 연구를 최선의 노력을 다해야 함이 마땅한 고매한 소명으로 생각하는 사람들에 의해서만 극복될 수 있을 것이다.

"과학은 그것이 도달하고자 하는 목표에 마침내 도달했다고
생각하는 순간 위험한 것이 되어버린다."
-George Bernard Shaw(1911)

The Production of Knowledge

| 참고 문헌 |

Abelson, R. P. (1997). 'On the Surprising Longevity of Flogged Horses: Why There is a Case for the Significance Test', *Psychological Science*, 8(1): 12–15.

——— Aronson, E., McGuire, W. J., Newcomb, T. M., Rosenberg, M. J., and Tannenbaum, P. H. (1968). *Theories of Cognitive Consistency*. Chicago: RandMcNally.

Aldrich, H. E. (1972). 'Technology and Organizational Structure: A Reexamination of the Findings of the Aston Group', *Administrative Science Quarterly*, 17:26–43.

Altheide, D. L. and Johnson, J. M. (1980). *Bureaucratic Propaganda*. Boston, MA: Allyn & Bacon.

Ames, E. and Reiter, S. (1961). 'Distributions of Correlation Coefficients in Economic Time Series', *Journal of the American Statistical Association*, 56: 637–56.

Andrews, P. W. S. (1949). 'A Reconsideration of the Theory of the Individual Business', *Oxford Economics Papers*, 1: 54–89.

Armstrong, J. S. (1985). *Long-Range Forecasting: From Crystal Ball to Computer*, 2nd edn. New York: Wiley-Interscience.

Ashby, R. W. (1961). *Introduction to Cybernetics*. London: Chapman & Hall.

Bales, R. F. (1953). 'The Equilibrium Problem in Small Groups', in T. Parsons, R. F. Bales, and E. A. Shils (eds.), *Working Papers in the Theory of Action*. Glencoe, IL: Free Press, pp. 111–61.

Barnard, C. I. (1937). *The Functions of the Executive*. Lectures presented at the Lowell Institute, Boston. An expanded version was published as a book in 1938; Cambridge, MA: Harvard University Press.

Barnett, M. L., Starbuck, W. H., and Pant, P. N. (2003). 'Which Dreams Come True? Endogeneity, Industry Structure, and Forecasting Accuracy', *Industrial and Corporate Change*, 12(4): 653–72.

Barnett, W. P. and Hansen, M. T. (1996). 'The Red Queen in Organizational Evolution', *Strategic Management Journal*, 17: 139–57.

Bazerman, M. H. (1997). *Judgment in Managerial Decision Making*, 2nd edn. New York: Wiley.

Berkson, J. (1938). 'Some Difficulties of Interpretation Encountered in the Application of the Chi-Square Test', *Journal of the American Statistical Association*, 33: 526–36.

Bettman, J. R. and Weitz, B. A. (1983). 'Attribution in the Board Room: Causal Reasoning in Corporate Annual Reports', *Administrative Science Quarterly*, 28: 165–83.

Beyer, J. M. (1981). 'Ideologies, Values, and Decision Making in Organizations', in P. C. Nystrom and W. H. Starbuck (eds.), *Handbook of Organizational Design, Vol. 2*. New York: Oxford University Press, pp. 167–202.

Blaug, M. (1980). *The Methodology of Economics: Or How Economists Explain.* Cambridge: Cambridge University Press.

Boland, R. J., Jr. (1982). 'Myth and Technology in the American Accounting Profession', *Journal of Management Studies*, 19: 109–27.

Bonini, C. P. (1963). *Simulation of Information and Decision Systems in the Firm.* Englewood Cliffs, NJ: Prentice-Hall.

Box, G. E. P. and Draper, N. R. (1969). *Evolutionary Operation.* New York:Wiley.

Boyce, J. E. (1955). 'Comparison of Methods of Combining Scores to Predict Academic Success in a Cooperative Engineering Program'. Ph.D. thesis, Purdue University.

Brodie, R. J. and de Kluyver, C. A. (1987). 'A Comparison of the Short Term Forecasting Accuracy of Econometric and Naive Extrapolation Models of Market Share', *International Journal of Forecasting*, 3: 423–37.

Brunsson, N. (1982). 'The Irrationality of Action and Action Rationality: Decisions, Ideologies, and Organisational Actions', *Journal of Management Studies*, 19: 29–44.

Calhoun, M. A. and Starbuck, W. H. (2003). 'Barriers to Creating Knowledge', in M. Easterby-Smith and M. A. Lyles (eds.), *Handbook of Organizational Learning and Knowledge Management.* Oxford: Blackwell, pp. 473–92.

Campbell, D. T. and Russo, M. J. (1998). *Social Experimentation.* London: Sage.

Campbell, J. H. (1985). 'An Organizational Interpretation of Evolution', in D. J. Depew and B. H. Weber (eds.), Evolution at a Crossroads: *The New Biology and the New Philosophy of Science.* Cambridge, MA: MIT Press, pp. 133–68.

Campbell, J. P. (1982). 'Editorial: Some Remarks from the Outgoing Editor', J*ournal of Applied Psychology*, 67: 691–700.

——— Daft, R. L., and Hulin, C. L. (1982). *What to Study: Generating and Developing Research Questions.* Beverly Hills, CA: Sage.

Cappelli, P. and Sherer P. D. (1991). 'The Missing Role of Context in OB: The Need for a Meso-level Approach', *Research in Organizational Behavior*, 13: 55–110.

Cartwright, D. and Harary, F. (1956). 'Structural Balance: A Generalization of Heider's Theory', *Psychological Review*, 63: 277–93.

——— and Zander, A. (1953). 'Leadership: Introduction', in D. Cartwright and A. Zander (eds.), *Group Dynamics.* Evanston, IL: Row, Peterson, pp. 535–50.

Cattell, R. B. and Stice, G. F. (1954). 'Four Formulae for Selecting Leaders on the Basis of Personality', *Human Relations*, 7: 493–507.

Chan, W. T. (1963). *Source Book in Chinese Philosophy.* Princeton, NJ: Princeton University Press.

Chomsky, N. (1959). 'A Review of B. F. Skinner"s Verbal Behavior', *Language*, 35(1): 26–58.

Cicchetti, D. V. (1980). 'Reliability of Reviews for the American Psychologist', *American Psychologist*, 35: 300–3.

——— (1991). 'The Reliability of Peer Review for Manuscript and Grant Submissions: A Cross-Disciplinary Investigation', *Behavioral and Brain Sciences*, 14: 119−86 (includes 33 pages of comments by others and a response by Cicchetti).

——— and Eron, L. D. (1979). 'The Reliability of Manuscript Reviewing for the *Journal of Abnormal Psychology*', *Proceedings of the American Statistical Association (Social Statistics Section)*, 22: 596−600.

Claudy, J. G. (1972). 'A Comparison of Five Variable Weighting Procedures', *Educational and Psychological Measurement*, 32: 311−22.

Clemen, R. T. (1989). 'Combining Forecasts: A Review and Annotated Bibliography', *International Journal of Forecasting*, 5: 559−83.

Coch, L. and French, J. R. P., Jr. (1948). 'Overcoming Resistance to Change', *Human Relations*, 1: 512−32.

Cohen, J. (1977). *Statistical Power Analysis for the Behavioral Sciences*. New York: Academic Press.

——— (1994). 'The Earth is Round (p < .05)', *American Psychologist*, 49: 997−1003.

Cohen, M. D., March, J. G., and Olsen, J. P. (1972). 'A Garbage Can Model of Organizational Choice', *Administrative Science Quarterly*, 17: 1−25.

Coleman, J. S., Katz, E., and Menzel, H. (1966). *Medical Innovation*. Indianapolis: Bobbs-Merrill.

Connor, E. F. and Simberloff, D. (1983). 'Interspecific Competition and Species Co-occurrence Patterns on Islands: Null Models and the Evaluation of Evidence', *Oikos*, 41: 455−65.

——— ——— (1986). 'Competition, Scientific Method, and Null Models in Ecology', *American Scientist*, 74: 155−62.

Cool, K. and Schendel, D. E. (1988). 'Performance Differences Among Strategic Group Members', *Strategic Management Journal*, 9: 207−23.

Cummings, L. L. and Schmidt, S. M. (1972). 'Managerial Attitudes of Greeks: The Roles of Culture and Industrialization', *Administrative Science Quarterly*, 17: 265−72.

Czarniawska, B. (2001). 'Is It Possible to be a Constructionist Consultant?', *Management Learning*, 32: 253−66.

Davis, M. S. (1971). 'That's Interesting! Towards a Phenomenology of Sociology and a Sociology of Phenomenology', *Philosophy of Social Science*, 1: 309−44.

Dawes, R. M. and Corrigan, B. (1974). 'Linear Models in Decision Making', *Psychological Bulletin*, 81: 95−106.

Deese, J. (1972). *Psychology as Science and Art*. New York: Harcourt.

Denrell, J. (2004). 'Random Walks and Sustained Competitive Advantage', *Management Science*, 50: 922−34.

Denzin, N. K. (1978). *The Research Act*, 2nd edn. New York: McGraw-Hill.

Diebold, J. (1952). *Automation, the Advent of the Automatic Factory*. New York: Van

Nostrand.

Dorans, N. and Drasgow, F. (1978). 'Alternative Weighting Schemes for Linear Prediction', *Organizational Behavior and Human Performance*, 21: 316−45.

Downey, H. K., Hellriegel, D., and Slocum, J. W., Jr. (1975). 'Environmental Uncertainty: The Construct and Its Application', *Administrative Science Quarterly*, 20: 613−29.

——— Hellriegel, D., and Slocum, J. W., Jr. (1977). 'Individual Characteristics as Sources of Perceived Uncertainty', *Human Relations*, 30: 161−74.

Dreeben, R. (1968). *On What Is Learned in School. Reading*, MA: Addison-Wesley.

Dunbar, R. L. M. (1981). 'Designs for Organizational Control", in P. C. Nystrom and W. H. Starbuck (eds.), *Handbook of Organizational Design, Vol. 2*. New York: Oxford University Press, pp. 85−115.

——— and Goldberg, W. H. (1978). 'Crisis Development and Strategic Response in European Corporations', *Journal of Business Administration*, 9(2): 139−49.

Dutton, J. M. and Starbuck, W. H. (1967). 'How Charlie Estimates Run-Time', in M.P. Hottenstein and R.W. Millman (eds.), *Research Toward the Development of Management Thought*. Bowling Green, OH: Academy of Management, pp. 48−63.

——— and Starbuck,W. H. (1971a). *Computer Simulation of Human Behavior*. New York: Wiley.

——— and Starbuck, W. H. (1971b). 'Finding Charlie"s Run-Time Estimator', in J. M. Dutton and W. H. Starbuck (eds.), *Computer Simulation of Human Behavior*. New York: Wiley, pp. 218−42.

Edelman, M. (1977). *Political Language: Words That Succeed and Policies That Fail*. New York: Academic Press.

Eden, D. and Ravid, G. (1982). 'Pygmalion Versus Self-Expectancy: Effects of Instructor-and Self-Expectancy on Trainee Performance', *Organizational Behavior and Human Performance*, 30: 351−64.

Edwards, W., Lindman, H., and Savage, L. J. (1963). 'Bayesian Statistical Inference for Psychological Research', *Psychological Review*, 70: 193−242.

Einhorn, H. J. and Hogarth, R. M. (1975). 'Unit Weighting Schemes for Decision Making', *Organizational Behavior and Human Performance*, 13: 171−92.

Elliott, J. W. (1973). 'A Direct Comparison of Short-Run GNP Forecasting Models', *Journal of Business*, 46: 33−60.

Ellison, G. (2002). 'The Slowdown of the Economics Publishing Process', *Journal of Political Economy*, 110: 947−93.

Estes, W. K. (1957). 'Theory of Learning with Constant, Variable, or Contingent Probabilities of Reinforcement', *Psychometrika*, 22: 113−32.

——— (1997). 'Significance Testing in Psychological Research: Some Persisting Issues', *Psychological Science*, 8(1): 18−20.

Falk, R. and Greenbaum, C. W. (1995). 'Significance Tests Die Hard: The Amazing

Persistence of a Probabilistic Misconception', *Theory & Psychology*, 5: 75−98.

Faust, D. (1984). *The Limits of Scientific Reasoning*. Minneapolis, MN: University of Minnesota Press.

Faust, R. E. (1978). 'Emerging Challenges for the Research Scientist', *Research Management*, 21(3): 39−42.

Festinger, L. (1957). *A Theory of Cognitive Dissonance. Evanston*, IL: Row, Peterson.

Fidler, F., Thomason, N., Cumming, G., Finch, S., and Leeman, J. (2004). 'Editors can Lead Researchers to Confidence Intervals, But can't Make Them Think', *Psychological Science*, 15: 119−26.

Fiedler, F. E. (1967). *A Theory of Leadership Effectiveness*. New York: McGraw-Hill.

Fischhoff, B. (1980). 'For Those Condemned to Study the Past: Heuristics and Biases in Hindsight', in D. Kahneman, P. Slovic, and A. Tversky (eds.), *Judgment Under Uncertainty: Heuristics and Biases*. Cambridge: Cambridge University Press, pp. 335−51.

Fleishman, E. A., Harris, E. F., and Burtt, H. E. (1955). *Leadership and Supervision in Industry. Columbus*, OH: Ohio State University, Bureau of Educational Research.

Fleiss, J. L. (1994). 'Measures of Effect Size for Categorical Data', in H. Cooper and L. V. Hedges (eds.), *The Handbook of Research Synthesis*. New York: Sage, pp. 245−60.

Fromkin, H. L. (1969). 'The Behavioral Science Laboratories at Purdue's Krannert School', *Administrative Science Quarterly*, 14: 171−77.

Garvey, W. D., Lin, N., and Nelson, C. E. (1970). 'Some Comparisons of Communication Activities in the Physical and Social Sciences', in C. E. Nelson and D. K. Pollock (eds.), *Communications among Scientists and Engineers*. Lexington, MA: Heath Lexington, pp. 61−84.

Gaston, J. (1971). 'Secretiveness and Competition for Priority of Discovery in Physics', *Minerva*, 9: 472−92.

George, C. S., Jr. (1968). *The History of Management Thought. Englewood Cliffs*, NJ: Prentice-Hall.

Gibb, C. A. (1954). 'Leadership', in G. Lindzey (ed.), *Handbook of Social Psychology*. Cambridge, MA: Addison-Wesley.

Gilbert, N. G. (1977). 'Referencing as Persuasion', *Social Studies of Science*, 7: 113−22.

Gilpin, M. E. and Diamond, J. M. (1984). 'Are Serious Co-occurrences on Islands Non-random, and are Null Hypotheses Useful in Community Ecology?', in D. R. Strong L. Abele, and A. R. Thistle (eds.), *Ecological Communities: Conceptual Issues and the Evidence*. Princeton, NJ: Princeton University Press, pp. 297−315.

Gilson, R. J. and Mnookin, R. H. (1989). 'Coming of Age in a Corporate Law Firm: The Economics of Associate Career Patterns', *Stanford Law Review*, 41: 567−95.

Glass, G. V., McGraw, B., and Smith, M. L. (1981). *Meta-analysis in Social Research*. Beverly Hills, CA: Sage.

Goldberg, L. R. (1970). 'Man Versus Model of Man: A Rationale, Plus Some Evidence, for a Method of Improving on Clinical Inferences', *Psychological Bulletin*, 73: 422–32.

Gordon, G. and Marquis, S. (1966). 'Freedom, Visibility, of Consequences, and Scientific Innovation', *American Journal of Sociology*, 72: 195–202.

Gottfredson, D. M. and Gottfredson, S. D. (1982). 'Criminal Justice and (Reviewer) Behavior: How to Get Papers Published', *Criminal Justice and Behavior*, 9(3): 259–72.

Gottfredson, S. D. (1977). 'Scientific Quality and Peer-Group Consensus', Ph.D. thesis, Johns Hopkins University. (Dissertation Abstracts International, 38: 1950B.)

——— (1978). 'Evaluating Psychological Research Reports: Dimensions, Reliability, and Correlates of Quality Judgments', *American Psychologist*, 33(10): 920–34.

Greenwald, A. G. (1975). 'Consequences of Prejudice Against the Null Hypothesis', *Psychological Bulletin*, 82: 1–20.

Grinyer, P. H. and Norburn, D. (1975). 'Formal Strategizing for Existing Markets: Perceptions of Executives and Financial Performance', *Journal of the Royal Statistical Society*, Series A, 138: 70–97.

Guthrie, E. R. and Horton, G. P. (1946). *Cats in a Puzzle Box*. New York: Rinehart and Co.

Haire, M., Ghiselli, E. E., and Porter, L. W. (1966). *Managerial Thinking*. New York: Wiley.

Hargens, L. L. and Herting, J. R. (1990). 'Neglected Considerations in the Analysis of Agreement Among Journal Referees', *Scientometrics*, 19: 91–106.

Harris, R. J. (1997). 'Significance Tests have Their Place', *Psychological Science*, 8(1): 8–11.

Harvey, P. H., Colwell, R. K., Silvertown, J. W., and May, R. M. (1983). 'Null Models in Ecology', *Annual Review of Ecology and Systematics*, 14: 189–211.

Hatten, K. J. and Schendel, D. E. (1977). 'Heterogeneity Within an Industry: Firm Conduct in the U.S. Brewing Industry, 1952–1971', *Journal of Industrial Economics*, 26: 97–113.

Hayek, F. A. von (1975). *The Pretence of Knowledge*. Stockholm: The Nobel Foundation.

Hedges, L. V. (1987). 'How Hard is Hard Science, How Soft is Soft Science?', *American Psychologist*, 42: 443–55.

Heider, F. (1958). *The Psychology of Interpersonal Relations*. New York: Wiley.

Hendrick, C. (1976). 'Editorial Comment', *Personality and Social Psychology Bulletin*, 2: 207–8.

——— (1977). 'Editorial Comment', *Personality and Social Psychology Bulletin*, 3: 1–2.

Hilton, G. (1972). 'Causal Inference Analysis: A Seductive Process', *Administrative Science Quarterly*, 17: 44–55.

Hirschman, A. O. (1970). *Exit, Voice and Loyalty*. Cambridge, MA: Harvard University Press.

Hofstede, G. H. (1967). *The Game of Budget Control*. Assen: Van Gorcum.

Homans, G. C. (1950). *The Human Group*. New York: Harcourt Brace.

Hopwood, A. G. (1972). 'An Empirical Study of the Role of Accounting Data in Performance

Evaluation', *Empirical Research in Accounting: Selected Studies*(supplement to the *Journal of Accounting Research*), 10: 156−82.

Horrobin, D. F. (1990). 'The Philosophical Basis of Peer Review and the Suppression of Innovation', *Journal of the American Medical Association*, 263(10): 1438−41.

Hubbard, R. and Armstrong, J. S. (1992). 'Are Null Results Becoming an Endangered Species in Marketing?', *Marketing Letters*, 3(2): 127−36.

——— and Ryan, P. A. (2000). 'The Historical Growth of Statistical Significance Testing in Psychology−and Its Future Prospects', *Educational and Psychological Measurement*, 60: 661−81.

Hull, C. L. (1943). *Principles of Behavior*. New York: D. Appleton Century.

Hunter, J. E. (1997). 'Needed: A Ban on the Significance Test', *Psychological Science*, 8(1): 3−7.

——— and Schmidt, F. L. (1990). *Methods of Meta-analysis: Correcting Error and Bias in Research Findings*. Newbury Park, CA: Sage.

Industrial Democracy in Europe International Research Group (1981). *Industrial Democracy in Europe*. Oxford: Oxford University Press.

Jeffreys,W. H. and Berger, J. O. (1992). 'Ockham's Razor and Bayesian analysis', *American Scientist*, 80: 64−72.

Jick, T. D. (1979). 'Mixing Qualitative and Quantitative Methods: Triangulation in Action', *Administrative Science Quarterly*, 24: 602−11.

Jönsson, S. A. and Lundin, R. A. (1977). 'Myths and Wishful Thinking as Management Tools', in P. C. Nystrom and W. H. Starbuck (eds.), *Prescriptive Models of Organizations*. Amsterdam: North-Holland, pp. 157−70.

Karlgren, B. (1950). *The Book of Documents*. Stockholm Museum of Far Eastern Antiquities.

——— (1970). *Glosses on the Book of Documents*. Stockholm: Museum of Far Eastern Antiquities.

Kelley, H. H. and Thibaut, J. W. (1954). 'Experimental Studies of Group Problem Solving and Process', in G. Lindzey (ed.), *Handbook of Social Psychology*, Vol. 2. Cambridge, MA: Addison-Wesley, pp. 735−86.

Kelley, K. and Maxwell, S. E. (2003). 'Sample Size for Multiple Regression: Obtaining Regression Coefficients That are Accurate, Not Simply Significant', *Psychological Methods*, 8(3): 305−21.

Kiesler, C. A. (1971). *The Psychology of Commitment*. New York: Academic Press.

Kileen, P. R. (2005). 'An Alternative to Null-Hypothesis Significance Tests', *Psychological Science*, 16: 345−53.

King, A. S. (1974). 'Expectation Effects in Organizational Change', *Administrative Science Quarterly*, 19: 221−30.

Kirk, R. E. (1996). 'Practical Significance: A Concept Whose Time has Come', *Educational and Psychological Measurement*, 56: 746−59.

Klayman, J. and Ha, Y.-W. (1987). 'Confirmation, Disconfirmation, and Information in Hypothesis Testing', *Psychological Review*, 94: 211－28.

Knorr-Cetina, K. D. (1981). *The Manufacture of Knowledge: Toward a Constructivist and Contextual Theory of Science*. Oxford: Pergamon.

Kuhn, T. S. (1962). *The Structure of Scientific Revolutions*. Chicago, IL: University of Chicago Press.

Kunda, G. (1992). *Engineering Culture: Control and Commitment in a High-Tech Corporation*. Philadelphia, PA: Temple University Press.

Landy, F. J. and Vasey, J. (1984). 'Theory and Logic in Human Resources Research', in K. M. Rowland and G. R. Ferris (eds.), *Research in Personnel and Human Resources Management*. Greenwich, CT: JAI Press, pp. 1－34.

Latham, G. P. and Yukl, G. A. (1975). 'A Review of Research on the Application of Goal Setting in Organizations', *Academy of Management Journal*, 18: 824－45.

——— , Erez, M., and Locke, E. A. (1988). 'Resolving Scientific Disputes by the Joint Design of Crucial Experiments by the Antagonists: Application to the Erez - Latham Dispute Regarding Participation in Goal Setting', *Journal of Applied Psychology Monograph*, 73(4): 753－72.

Latour, B. (1987). *Science in Action*. Cambridge, MA: Harvard University Press.

——— and Woolgar, S. (1979). *Laboratory Life*. Beverly Hills, CA: Sage.

Lawler, E. E. III and Hackman, J. R. (1969). 'Impact of Employee Participation in the Development of Pay Incentive Plans: A Field Experiment', *Journal of Applied Psychology*, 53: 467－71.

Lawrence, P. R. and Lorsch, J.W. (1967). *Organization and Environment*. Boston, MA: Graduate School of Business Administration, Harvard University.

Lawshe, C. H. and Schucker, R. E. (1959). 'The Relative Efficiency of Four Test Weighting Methods in Multiple Prediction', *Educational and Psychological Measurement*, 19: 103－14.

Legge, J. (1865). *The Chinese Classics*. New York: Oxford University Press.

Lewin, K. (1943). 'Forces Behind Food Habits and Methods of Change', *National Research Council Bulletin*, 108: 35－65.

——— (1953). 'Studies in Group Decision', in D. Cartwright and A. Zander (eds.), *Group Dynamics*. Evanston, IL: Row, Peterson, pp. 287－301.

Lewis, M. W. and Grimes, A. J. (1999). 'Metatriangulation: Building Theory from Multiple Paradigms', *Academy of Management Review*, 24: 672－90.

Liden, R. C. and Graen, G. (1980). 'Generalizability of the Vertical Dyad Linkage Model of Leadership', *Academy of Management Journal*, 23: 451－65.

Locke, E. A. (1968). 'Toward a Theory of Task Motivation and Incentives', *Organizational Behavior and Human Performance*, 3: 157－89.

Loftus, E. F. (1979). 'The Malleability of Human Memory', *American Scientist*, 67: 312－20.

Loftus, G. R. (1996). 'Psychology will be a Much Better Science When We Change the Way We Analyze Data', *Current Directions in Psychological Science*, 5: 161–71.

Lovell, M. C. (1983). 'Data Mining', *Review of Economics and Statistics*, 65: 1–12.

Luce, R. D. and Galanter, E. (1963). 'Discrimination', in R. D. Luce, R. A. Bush, and E. Galanter (eds.), *Handbook of Mathematical Psychology, Vol. 1*. New York: Wiley, pp. 191–243.

Mach, E. (1905). *Erkenntnis und Irrtum; Skizzen zur Psychologie der Forschung* [Knowledge and Error; Outlines for the Psychology of Research]. Originally published in 1905. Reprinted in 1987 by Wissenschaftliche Buchgesellschaft, Darmstadt.

Mahoney, M. J. (1977). 'Publication Prejudices: An Experimental Study of Confirmatory Bias in the Peer Review System', *Cognitive Therapy and Research*, 1: 161–75.

——— (1979). 'Psychology of the Scientist: An Evaluative Review', *Social Studies of Science*, 9(3): 349–75.

——— , Kazdin, A. E., and Kenigsberg, M. (1978). 'Getting Published', *Cognitive Therapy and Research*, 2: 69–70.

Maier, N. R. F. (1963). *Problem-Solving Discussions and Conferences: Leadership Methods and Skills*. New York: McGraw-Hill.

Makridakis, S. and Hibon, M. (1979). 'Accuracy of Forecasting: An Empirical Investigation', *Journal of the Royal Statistical Society*, Series A, 142: 97–145.

——— and Winkler, R. L. (1983). 'Averages of Forecasts: Some Empirical Results', *Management Science*, 29: 983–96.

——— , Andersen, A., Carbone, R., Fildes, R., Hibon, M., Lewandowski, R., Newton, J., Parzen, E., and Winkler, R. L. (1982). 'The Accuracy of Extrapolation (Time Series) Methods: Results of a Forecasting Competition', *Journal of Forecasting*, 1: 111–53.

Marrow, A. J., Bowers, D. G., and Seashore, S. E. (1967). *Management by Participation*. New York: Harper & Row.

Marsh, H. W. and Ball, S. (1981). 'Interjudgmental Reliability of Review for the Journal of Educational Psychology', *Journal of Educational Psychology*, 73: 872–80.

Martinez, B. (2004). 'Spitzer Charges Glaxo Concealed Paxil Data', *Wall Street Journal*, June 3: B1–2.

Marx, K. (1904). *A Contribution to the Critique of Political Economy*. Chicago, IL: Kerr. First published in 1859.

Mayo, E. (1946). *The Human Problems of an Industrial Civilization*. Boston, MA: Harvard University Press, Graduate School of Business Administration.

Meehl, P. E. (1954). *Clinical Versus Statistical Prediction: ATheoretical Analysis and Review of the Evidence*. Minneapolis, MN: University of Minnesota Press.

Meier, B. (2004a). 'Two Studies, Two Results, and a Debate Over a Drug', *New York Times*, June 3: C1 and C4.

——— (2004b). 'A Medical Journal Quandary: How to Report on Drug Trials', *New York*

Times, June 21.

Meyer, A. D. (1982a). 'How Ideologies Supplant Formal Structures and Shape Responses to Environments', *Journal of Management Studies*, 19: 45－61.

——— (1982b). 'Adapting to Environmental Jolts', *Administrative Science Quarterly*, 27: 515－37.

Meyer, J. W. and Rowan, B. (1977). 'Institutionalized Organizations: Formal Structure as Myth and Ceremony', *American Journal of Sociology*, 83: 340－63.

Mezias, J. M. and Starbuck, W. H. (2003). 'Studying the Accuracy of Managers' Perceptions: A Research Odyssey', *British Journal of Management*, 14: 3－17.

Miller, D. (1990). *The Icarus Paradox: How Exceptional Companies Bring About Their Own Downfall*. New York: HarperCollins.

Mitroff, I. I. (1974). 'Norms and Counter-Norms in a Select Group of Apollo Moon Scientists: A Case Study of the Ambivalence of Scientists', *American Sociological Review*, 39: 579－95.

Newell, A. and Simon, H. A. (1956). 'The Logic Theory Machine, a Complex Information Processing System', *IEEE Transactions on Information Theory*, IT-2(3): S61－79.

———, Shaw, J. C., and Simon, H. A. (1958). 'Chess-Playing Programs and the Problem of Complexity', *IBM Journal of Research and Development*, 2(4): 320－35.

Nisbett, R. E. and Wilson, T. D. (1977). 'Telling More Than We can Know: Verbal Reports on Mental Processes', *Psychological Review*, 84: 231－59.

Nix, T. W. and Barnette, J. J. (1998). 'The Data Analysis Dilemma: Ban or Abandon. A Review of Null Hypothesis Significance Testing', *Research in the Schools*, 5(2): 3－15.

Normann, R. (1971). 'Organizational Innovativeness: Product Variation and Reorientation', *Administrative Science Quarterly*, 16: 203－15.

Nunnally, J. C. (1960). 'The Place of Statistics in Psychology', *Educational and Psychological Measurement*, 20: 641－50.

Nylenna, M., Riis, P., and Karlsson, Y. (1994). 'Multiple Blinded Reviews of the Same Two Manuscripts: Effects of Referee Characteristics and Publication Language', *Journal of the American Medical Association*, 272: 149－51.

Nystrom, P. C. and Starbuck, W. H. (eds.) (1981). *Handbook of Organizational Design, 2 vols*. New York: Oxford University Press.

——— and Starbuck, W. H. (1984). 'Organizational Facades', *Academy of Management, Proceedings of the Annual Meeting, Boston,* 1984: 182－85.

Orwin, R. G. and Cordray, D. S. (1985). 'Effects of Deficient Reporting on Metaanalysis: A Conceptual Framework and Reanalysis', *Psychological Bulletin*, 97: 134－47.

Over, R. (1982). 'Collaborative Research and Publication in Psychology', *American Psychologist*, 37: 996－1001.

Pant, P. N. and Starbuck, W. H. (1990). 'Innocents in the Forest: Forecasting and Research Methods', *Journal of Management*, 16: 433－60.

Payne, R. L. and Pugh, D. S. (1976). 'Organizational Structure and Climate', in M. D. Dunnette (ed.), *Handbook of Industrial and Organizational Psychology*. Chicago: Rand McNally, pp. 1125–73.

Peach, J. T. and Webb, J. L. (1983). 'Randomly Specified Macroeconomic Models: Some Implications for Model Selection', *Journal of Economic Issues*, 17: 697–720.

Penrose, E. T. (1959). *The Theory of the Growth of the Firm*. New York: Wiley.

Perloff, R. (1951). 'Using Trend-Fitting Predictor Weights to Improve Cross-Validation'. Ph.D. thesis, The Ohio State University.

Perrow, C. (1984). *Normal Accidents: Living with High-Risk Technologies*. New York: Basic Books.

Peter, J. P. and Olson, J. C. (1983). 'Is Science Marketing?', *Journal of Marketing*, 47: 111–25.

Peters, D. P. and Ceci, S. J. (1982). 'Peer-Review Practices of Psychological Journals: The Fate of Published Articles, Submitted Again', *Behavioral and Brain Sciences*, 5: 187–255 (includes 50 pages of comments by others and a response by Peters and Ceci).

Pfeffer, J. (1993). 'Barriers to the Advance of Organization Science: Paradigm Development as a Dependent Variable', *Academy of Management Review*, 18: 599–620.

Platt, J. R. (1964). 'Strong Inference', *Science*, 146: 347–53.

Polanyi, M. (1962). *Personal Knowledge*. London: Routledge.

Popper, K. R. (1959). *The Logic of Scientific Discovery*. New York: Basic Books.

Pratt, J.W., Raiffa, H., and Schlaifer, R. (1995). *Introduction to Statistical Decision Theory*. Cambridge, MA: MIT Press.

Pugh, D. S. (1981). 'The Aston Program of Research: Retrospect and Prospect', in A. Van de Ven and W. Joyce (eds.), *Perspectives on Organization Design and Behavior*. New York: Wiley, pp. 135–66.

Pugh, D. S., Hickson, D. J., Hinings, C. R., and Turner, C. (1968). 'Dimensions of Organization Structure', *Administrative Science Quarterly*, 13: 65–05.

Riecken, H.W. and Boruch, R. F. (eds.) (1974). *Social Experimentation: A Method for Planning and Evaluating Social Intervention*. Written by a committee of the Social Science Research Council. New York: Academic Press.

Rindova, V. P. and Starbuck, W. H. (1997a). 'Ancient Chinese Theories of Control', *Journal of Management Inquiry*, 6: 144–59.

——— and Starbuck, W. H. (1997b). 'Distrust in Dependence: The Ancient Challenge of Superior - Subordinate Relations', in T. A. R. Clark (ed.), *Advancements in Organization Behaviour: Essays in Honour of Derek Pugh*. Aldershot, Hants: Dartmouth Publishing.

Rivlin, A. M. and Timpane, P. M. (eds.) (1975). *Ethical and Legal Issues of Social Experimentation*. Washington, DC: Brookings Institution.

Robins, R.W., Gosling, S. D., and Craik, K. H. (1998). 'Psychological Science at the Crossroads', *American Scientist*, 86: 310–13.

Robinson, W. S. (1950). 'Ecological Correlations and the Behavior of Individuals', *American Sociological Review*, 15: 352–7.

Roethlisberger, F. J. and Dickson, W. J. (1939). *Management and the Worker*. Cambridge, MA: Harvard University Press.

Rosenberg, B. and Houghlet, M. (1974). 'Error Rates in CRSP and Compustat Databases and Their Implications', *Journal of Finance*, 29: 1303–10.

Rosenthal, R. (1994). 'Parametric Measures of Effect Size', in H. Cooper and L. V. Hedges (eds.), *The Handbook of Research Synthesis*. New York: Sage, pp. 231–44.

——— and Rubin, D. B. (1994). 'The Counternull Value of an Effect Size: A New Statistic', *Psychological Science*, 5: 329–34.

Rousseeuw, P. J. (1991). 'Why the Wrong Papers Get Published', *Chance: New Directions for Statistics and Computing*, 4(1): 41–3.

Sampson, E. E. (1969). 'Studies in Status Congruence', in L. Berkowitz (ed.), *Advances in Experimental Social Psychology*. New York: Academic Press, pp. 225–70.

Samuelson, F. (1980). 'J. B. Watson's Little Albert, Cyril Burt's Twins, and the Need for a Critical Science', *American Psychologist*, 35(6): 19–25.

Samuelson, S. S. and Jaffe, L. J. (1990). 'A Statistical Analysis of Law Firm Profitability', *Boston University Law Review*, 70: 185–211.

San Miguel, J. G. (1977). 'The Reliability of R&D Data in Compustat and 10-K Reports', *Accounting Review*, 52: 638–41.

Scarr, S. (1997). 'Rules of Evidence: A Larger Context for the Statistical Debate', *Psychological Science*, 8(1): 16–17.

——— and Weber, B. L. R. (1978). 'The reliability of Reviews for the American Psychologist', *American Psychologist*, 33: 935.

Schendel, D. and Patton, R. (1978). 'A Simultaneous Equation Model of Corporate Strategy', *Management Science*, 24: 1611–21.

Schlaifer, R. (1959). *Probability and Statistics for Business Decisions*. New York: McGraw-Hill.

Schmidt, F. L. (1971). 'The Relative Efficiency of Regression and Simple Unit Predictor Weights in Applied Differential Psychology', *Educational and Psychological Measurement*, 31: 699–714.

——— (1996). 'Statistical Significance Testing and Cumulative Knowledge in Psychology: Implications for the Training of Researchers', *Psychological Methods*, 1(2): 115–29.

Scott, W. A. (1974). 'Interreferee Agreement on Some Characteristics of Manuscripts Submitted to the *Journal of Personality and Social Psychology*', *American Psychologist*, 29: 698–702.

Seashore, S. E. (1954). *Group Cohesiveness in the Industrial Work Group*. Ann Arbor, MI: Institute for Social Research.

Shaw, G. B. (1911). 'On Doctors: Preface to "The Doctor's Dilemma"'. *Reprinted in Bernard*

Shaw: The Complete Prefaces, Volume 1: 1889–1913. London: Allen Lane, 1993. (The quotation is on page 406 in the 1993 reprint.)

Shrout, P. E. (1997). 'Should Significance Tests be Banned?', *Psychological Science*, 8(1): 1–2.

Simon, H. A. (1944). 'Decision Making and Administrative Organization', *Public Administration Review*, 4: 16–30.

——— (1950). 'Modern Organization Theories', *Advanced Management*, 15(10): 2–4.

——— (1952). 'Comments on the Theory of Organizations', *American Political Science Review*, 46: 1130–9.

Singer, B. and Benassi, V. A. (1981). 'Occult Beliefs', *American Scientist*, 69(1): 49–55.

Skinner, B. F. (1953). *Science and Human Behavior*. New York: Macmillan.

Smedslund, J. (1984). 'What is Necessarily True in Psychology?', in J. R. Royce and L. P. Mos (eds.), *Annals of Theoretical Psychology*. New York: Plenum Press, pp. 241–72.

Smigel, E. D. and Ross, H. L. (1970). 'Factors in the Editorial Decision', *American Sociologist*, 5: 19–21.

Snyder, M. (1981). 'Seek, and ye shall Find: Testing Hypotheses About Other People', in E. T. Higgins, C. P. Herman, and M. P. Zanna (eds.), *Social Cognition, The Ontario Symposium, Vol. 1*. Hillsdale, NJ: Erlbaum, pp. 277–303.

Snyder, P. and Lawson, S. (1993). 'Evaluating Results Using Corrected and Uncorrected Effect Size Estimates', *Journal of Experimental Education*, 61: 334–49.

Solow, R. M. (1957). 'Technical Change and the Aggregate Production Function', *Review of Economics and Statistics*, 39(3), 312–20.

Stagner, R. (1982). 'Past and Future of Industrial/Organizational Psychology', *Professional Psychology*, 13: 892–902.

Starbuck, W. H. (1964). 'The Aspiration Mechanism', *General Systems*, 9: 191–203.

Starbuck, W. H. (1965). 'Organizational Growth and Development', in J. G. March (ed.), *Handbook of Organizations*. Chicago, IL: Rand McNally, 451–533.

——— (1968). 'Organizational Metamorphosis', in R. W. Millman and M. P. Hottenstein (eds.), *Promising Research Directions*. State College, PA: Academy of Management, pp. 113–22.

——— (1973). 'Tadpoles into Armageddon and Chrysler into Butterflies', *Social Science Research*, 2: 81–109.

——— (1974). 'The Current State of Organization Theory', in J. W. McGuire (ed.), *Contemporary Management: Issues and Viewpoints*. Englewood Cliffs, NJ: Prentice-Hall, pp. 123–39.

——— (1976). 'Organizations and Their Environments', in M. D. Dunnette (ed.), *Handbook of Industrial and Organizational Psychology*. Chicago, IL: Rand McNally, pp. 1069–123.

——— (1981). 'A Trip to View the Elephants and Rattlesnakes in the Garden of Aston', in A. H. Van de Ven andW. F. Joyce (eds.), *Perspectives on Organization Design and*

Behavior. New York: Wiley, pp. 167–98.

——— (1983a). 'Computer Simulation of Human Behavior', *Behavioral Science*, 28: 154–65.

——— (1983b). 'Organizations as Action Generators', *American Sociological Review*, 48: 91–102.

——— (1985). 'Acting First and Thinking Later: Finding Decisions and Strategies in the Past', in J. M. Pennings (ed.), *Organizational Strategy and Change*. San Francisco: Jossey-Bass, pp. 336–72.

——— (1988). 'Surmounting Our Human Limitations', in R. Quinn and K. Cameron (eds.), *Paradox and Transformation: Toward a Theory of Change in Organization and Management*. Cambridge, MA: Ballinger.

——— (1989). 'Why Organizations Run into Crises … and Sometimes Survive Them', in K. Laudon and J. Turner (eds.), *Information Technology and Management Strategy*. Englewood Cliffs, NJ: Prentice-Hall.

——— (1992a). 'Learning by Knowledge-Intensive Firms', *Journal of Management Studies*, 29(6): 713–40.

——— (1992b). 'Strategizing in the RealWorld", International Journal of Technology Management, *Special Publication on Technological Foundations of Strategic Management*, 8(1/2): 77–85.

——— (1993a). '"Watch Where You Step!" or Indiana Starbuck Amid the Perils of Academe (Rated PG)', in A. Bedeian (ed.), *Management Laureates, Vol. 3*. Greenwich, CT: JAI Press, pp. 63–110.

——— (1993b). 'Keeping a Butterfly and an Elephant in a House of Cards: The Elements of Exceptional Success', *Journal of Management Studies*, 30: 885–921.

——— (1994). 'On Behalf of naı¨vete' in J. A. C. Baum and J. V. Singh (eds.), *Evolutionary Dynamics of Organizations*. London: Oxford University Press, pp. 205–0.

——— (1996). 'Unlearning Ineffective or Obsolete Technologies', *International Journal of Technology Management*, 11: 725–37.

——— (2000). 'Is Janus the God of Understanding?', in T. Lant and Z. Shapira (eds.), *Managerial and Organizational Cognition*. Hillsdale, NJ: Lawrence Erlbaum, pp. 351–65.

——— (2003a). 'The Origins of Organization Theory', in H. Tsoukas and C. Knudsen (eds.), *The Oxford Handbook of Organization Theory: Meta-theoretical Perspectives*. Oxford: Oxford University Press, pp. 143–82.

——— (2003b). 'Turning Lemons into Lemonade: Where is the Value in Peer Reviews?', *Journal of Management Inquiry*, 12: 344–51.

——— (2004). 'Why I Stopped Trying to Understand the Real World', Organization Studies, 25(7): 1233–54.

——— (2005). 'How Much Better are the Most Prestigious Journals? The Statistics of Academic Publication', *Organization Science*, 16: 180–200.

——— and Bass, F. M. (1967). 'An Experimental Study of Risk-Taking and the Value of

Information in a New Product Context', *Journal of Business*, 40: 155−65.

——— and Dutton, J. M. (1971). 'The History of Simulation Models', in J. M. Dutton and W. H. Starbuck (eds.), *Computer Simulation of Human Behavior*. New York: Wiley, pp. 9−102.

——— and Hedberg, B. L. T. (2001). 'How Organizations Learn from Success and Failure', in M. Dierkes, A. Berthoin Antal, J. Child, and I. Nonaka (eds.), *Handbook of Organizational Learning and Knowledge*. Oxford: Oxford University Press, pp. 327−50.

——— and Mezias, J. M. (1996). 'Opening Pandora's Box: Studying the Accuracy of Managers' Perceptions', *Journal of Organizational Behavior*, 17(2): 99−117.

——— and Milliken F. J. (1988). 'Challenger: Changing the Odds Until Something Breaks', *Journal of Management Studies*, 25: 319−40.

——— Greve, A., and Hedberg, B. L. T. (1978). 'Responding to Crises', *Journal of Business Administration*, 9(2): 111−37.

Staw, B. M. (1976). 'Knee-Deep in the Big Muddy: A Study of Escalating Commitment to a Chosen Course of Action', *Organizational Behavior and Human Performance*, 16: 27−44.

——— McKechnie, P. I., and Puffer, S. M. (1983). 'The Justification of Organizational Performance', *Administrative Science Quarterly*, 28: 582−600.

Stogdill, R. M. (1948). 'Personal Factors Associated with Leadership: A Survey of the Literature', *Journal of Psychology*, 25: 35−71.

——— and Coons, A. E. (1957). *Leader Behavior*. Columbus, OH: Ohio State University, Bureau of Business Research.

Sullivan, J. W. N. (1928). *The Bases of Modern Science*. London: Benn.

Sutcliffe, K. (1994). 'What Executives Notice: Accurate Perceptions in Top Management Teams', *Academy of Management Journal*, 37: 1360−78.

Sutton, R. I. and Rafaeli, A. (1988). 'Untangling the Relationship Between Displayed Emotions and Organizational Sales: The Case of Convenience Stores', *Academy of Management Journal*, 31: 461−87.

Task Force on Statistical Significance, Board of Scientific Affairs (1996). *Initial Report*. Washington, DC: American Psychological Association, www.apa.org/science/tfsi.html.

Tatsuoka, M. M. (1993). 'Effect Size', in G. Keren and C. Lewis (eds.), *A Handbook for Data Analysis in the Behavioral Sciences, Vol. 1: Methodological Issues*. Hillsdale, NJ: Erlbaum Associates, pp. 461−79.

Thompson, B. (2002). 'What Future Quantitative Social Science Research could Look Like: Confidence Intervals for Effect Sizes', *Educational Researcher*, 31(3): 24−31.

Thorndike, E. L. (1911). *Animal Intelligence*. New York: Macmillan.

Thune, S. S. and House, R. J. (1970). 'Where Long-Range Planning Pays Off', *Business Horizons*, 13(4): 81−7.

Tolman, E. C. (1948). 'Cognitive Maps in Rats and Men', *Psychological Review*, 55: 189−

208.

Tosi, H., Aldag, R., and Storey, R. (1973). 'In the Measurement of the Environment: An Assessment of the Lawrence and Lorsch Environmental Uncertainty Subscale', *Administrative Science Quarterly*, 18: 27–36.

Van Valen, L. (1973). 'A New Evolutionary Law', *Evolutionary Theory*, 1: 1–30.

Voltaire [F. M. Arouet] (1756). Chapter I, Part I of *Candide; or, the Optimist.*

Vroom, V. H. and Yetton, P. W. (1973). *Leadership and Decision-making*. Pittsburgh: University of Pittsburgh Press.

Walster, E., Berscheid, E., andWalster, G.W. (1973). 'Nww Directions in Equity Research', *Journal of Personality and Social Psychology*, 25: 151–76.

Watzlawick, P., Weakland, J. H., and Fisch, R. (1974). Change: *Principles of Problem Formation and Problem Resolution.* New York: Norton.

Weber, M. (1947). *The Theory of Social and Economic Organization.* London: Collier-Macmillan.

Webster, E. J. and Starbuck, W. H. (1988). 'Theory Building in Industrial and Organizational Psychology', in C. L. Cooper and I. Robertson (eds.), *International Review of Industrial and Organizational Psychology 1988.* London: Wiley, pp. 93–138.

Wesman, A. G. and Bennett, G. K. (1959). 'Multiple Regression vs. Simple Addition of Scores in Prediction of College Grades', *Educational and Psychological Measurement*, 19: 243–6.

Whitehurst, G. J. (1984). 'Interrater Agreement for Journal Manuscript Reviews', *American Psychologist*, 39: 22–8.

Whittington, C. J., Kendall, T., Fonagy, P., Cottrell, D., Cotgrove, A., and Boddington, E. (2004). 'Selective Serotonin Reuptake Inhibitors in Childhood Depression: Systematic Review of Published Versus Unpublished Data', *The Lancet*, 363(9418): 1341

Whyte, W. H., Jr. (1956). *The Organization Man.* New York: Simon & Schuster.

Wiener, N. (1948). *Cybernetics, or, Control and Communication in the Animal and the Machine.* Wiley-MIT.

Wilkinson, L. and Task Force on Statistical Inference (1999). 'Statistical Methods in Psychology Journals: Guidelines and Explanations', *American Psychologist*, 54: 594–604.

Wilson, S. (1955). *The Man in the Grey Flannel Suit.* New York: Simon & Schuster.

Winkler, R. L. (1984). 'Combining Forecasts' in S. Makridakis, A. Andersen, R. Carbone, R. Fildes, M. Hibon, R. Lewandowski, J. Newton, E. Parzen, and R. L. Winkler (eds.), *The Forecasting Accuracy of Major Time Series Methods.* Chichester: Wiley, 289–95.

——— and Makridakis, S. (1983). 'The Combination of Forecasts', *Journal of the Royal Statistical Society*, Series A, 146: 150–7.

Wold, H. O. A. (1965). 'A Graphic Introduction to Stochastic Processes', in H.O.A. Wold (ed.), *Bibliography on Time Series and Stochastic Processes.* Edinburgh, UK: Oliver and Boyd, 7–76.

Wolff, W. M. (1970). 'A Study of Criteria for Journal Manuscripts', *American Psychologist*, 25: 636–9.

Zukav, G. (1979). *The Dancing Wu Li Masters: An Overview of the New Physics*. New York: Bantam.

The Production
of Knowledge

| 찾아보기 |